核心素養導向課程設計
理論、方法、實作技巧與研究

黃瑞菘　著

五南圖書出版公司　印行

序

　　本書目的在於讓師資生及教師，迅速且完整的了解十二年國教核心素養內涵與精神，並進一步將之轉化為課程及教學設計，落實至教育現場。核心素養導向教育宗旨在於培養學生積極將所學學理、知識，轉化為解決問題的能力。為此，本書提出「核心素養導向2T2E」理論，即引領教師開展「教師引導、學生自主」的教育理念。

　　本書透過體驗式共同備課工作坊的實作方法，帶領師資生及教師實踐核心素養導向課程教學設計，並從行動中發現實作技巧與研究成果。

　　本書特色有三：

1. 領綱解碼：以三碼編碼架構串起「學習重點」、「核心素養」及「議題教育」，讓師資生及教師有條理地學習十二年國教的內涵。

2. 課程模組：整合十二年國教課程關鍵要素——「學習重點」、「核心素養」、「跨領域」及「議題教育」等，整合研發出「核心素養導向跨領域課程模組」。

3. 跨學科／領域共備：以體驗式工作坊的形式，帶領師資生及教師以小組為單位，進行跨領域共同備課。

　　透過課程及教學實作讓師資生及教師，理解十二年國教核心素養導向教育理念，進而設計、規劃核心素養導向課程與教學。

目　錄

十二年國教核心素養
教育的關鍵概念

課程設計首重課程願景、理念及目標的建立。先建立完備的課程願景、理念與目標，方能有所依據開展課程規劃與設計。

十二年國民基本教育，主要立基於全人教育的精神，以「成就每一個孩子適性揚才、終身學習」，作為擬定課程綱要的願景。期待接受過十二年國民基本教育者，可以適應未來的社會，發現自己的優點與強項，具備終身學習的能力。

面對未來生活及社會環境的變遷，十二年國教課程綱要的理念，訂定為「自發」、「互動」及「共好」。自發意味著能自主學習，培養自主批判性思維的能力。互動學習強調能動手實作，能從探索與實踐中學習知識。共好學習著重跨領域及互相學習。三者皆是面對未來社會很重要的自主學習能力。

十二年國教課程綱要，總共有啟發生命的潛能、陶養生活知能、促進生涯發展及涵育公民責任四個目標。啟發生命的潛能主要希望教師們可以發現每個學生的差異而因材施教，引導學生了解自己的長才。陶養生活知能希望課程設計中，要以生活情境中的知能進行課程的引導與學習。促進生涯發展期待在學習過程中，可以藉由課程引導學生的生涯發展。最後，涵育公民責任著重在課程中，適時導入社會實踐與培育公民責任之道德蘊含。

一、核心素養

　　十二年國教的核心素養是由教育「理念」及「目標」編定形成，共計有三個構面、九個項次，簡稱核心素養三面九項。在核心素養三面九項圖說中，以培養終身學習者為核心，由中心往外擴散為第一層，其核心素養的三個構面為自主行動、溝通互動、社會參與。各個構面皆有三個項次，自主行動構面包含身心素質與自我精進、系統思考與解決問題、規劃執行與創新應變。溝通互動構面包含符號運用與溝通表達、科技資訊與媒體素養、藝術涵養與美感素養。在社會參與構面包含道德實踐與公民意識、人際關係與團隊合作、多元文化與國際理解。在核心素養圖說中，最外圈圍繞著生活情境。換言之，所有的核心素養課程設計情境或素材，將取自於生活、運用於生活。

二、核心素養導向

　　「導向」一詞有引導及方針之意。核心素養共區分為總體綱要（總綱）及各領域／科目綱要（領綱）兩個層次。總綱與領綱兩個層次，由核心素養（三面九項）作為共同的方針與引導。

　　總綱層面由三面九項核心素養為標的，訂定出國小、國中及高中三個教育階段各項核心素養在執行時，應具有的具體教學內涵。

　　各領域／科目綱要層面在課程綱要上，也是依據三面九項的核心素養，但是需要結合各領域／科目的專業教學內容，擬定屬於各領域／科目自己領域的核心素養具體教學內涵。（備註：技術型高中無各領域核心素養具體內涵。）

　　各領域／科目在擬定屬於自己領域／科目的核心素養具體內涵後，將依據其核心素養發展各領域／科目的教學理念與目標，以及各領域／科目學習重點。其中，各領域／科目學習重點可區分為「學習表現」與「學習內容」兩個範疇。

　　所謂的「核心素養導向」一詞，就是總體課綱與各領域／科目課綱都依循相同的核心素養三面九項架構，並且以核心素養進行總綱、教育階段及各領域／科目各自教學具體內容的擬定，進而連貫課程總綱與領域／科目間的

衝接，以及強化統整各領域／科目。

理解十二年國教從總綱到課綱，皆是依循核心素養三面九項的架構。教師們在進行課程設計時，一定要注意各自的學科領域都有訂定三面九項核心素養的具體內涵。

三、各領域／科目課程綱要中的核心素養與學習重點

各領域／科目課程綱要（簡稱：領綱）首重——核心素養與學習重點。

在領綱中，有兩個重要的課綱依據：第一是核心素養，各領域都會訂定各領域三面九項核心素養在三個教育階段具體內涵中。（備註：有些領域三面九項具體內涵跨越不同的教育階段，例如：數學領域核心素養的自主行動——身心素養與自我精進項目，不分教育階段。）

各領域核心素養的具體內涵，主要是結合各教育階段核心素養及各領域的教學理念與目標後，能具體展現各領域的核心素養。

舉例說明，藝術領域核心素養中的自主行動——身心素養與自我精進項目，具體內涵為「參與藝術活動、增進美感知能」。其中參與藝術活動、增進美感知能的具體內涵，在課程設計中依據此項核心素養，安排學生參與藝術活動，並從活動中增進美感知能。參加活動增加美感即是藝術領域核心素養的自主行動——身心素養與自我精進的具體實踐與展現。

領綱中的學習重點包含「學習表現」（學習過程中表現行為）與「學習內容」（學習過程中的知識內容）兩個向度相互組構而成，學習重點在課程設計中占有很重要的地位，它可以引導課程設計、教材發展、教科書審查及學習評量設計。再者，依據學習重點的具體內涵加上教師的教學方法，即能完整實踐核心素養導向的課程教學。

領域中的核心素養與學習重點（含學習表現與學習內容）是建構核心素養導向課程設計的三要素。教師們在著手進行課程時，需要參考課綱中核心素養、學習重點中的學習表現及學習內容三者間的具體內涵，再依據具體內涵的描述，開展或檢視課程設計的教案，進而將教學導入核心素養的教育理念與目標。

表1-1　藝術領域／科目學習重點

藝術領域／科目學習重點		藝術領域核心素養
學習表現	學習內容	
音樂 　音2-V-1 　使用適當的音樂語彙，賞析不同時期與地域的音樂作品，探索音樂與文化的多元。 　音2-V-2 　能探究樂曲創作背景與文化的關聯，並闡述自我觀點。 藝術生活 　藝3-V-1 　能認識文化資產，豐富藝術生活。	音樂 　音A-V-1 　多元風格之樂曲* 　音A-V-2 　音樂展演形式* 　音A-V-5 　音樂家與音樂表演團體* 美術 　美P-V-4 　藝術與社會*、生態藝術*、藝術行動、藝術職涯 藝術生活 　藝P-V-1 　設計思考與美感經驗* 　藝P-V-3 　流行音樂與創意產業* 　藝P-V-5 　表演藝術及在地文化活動的參與習慣*	藝-U-B3 善用多元感官，體驗與鑑賞藝術文化與生活。

註：第五學習階段之學習內容附「*」標記者，表示每科目開設二學分時需具備的內容。

四、三碼學會查領綱

　　三碼學會查領綱主要是以十二年國教總綱到領綱三碼編碼規則，快速建構教師們在進行課程設計時，可查詢課綱的方法與規則。教師們在進行課程設計時，對於領綱依據參考常常發生無法正確的查詢，或是引用錯誤的狀況產生。深入了解課程設計查詢引用課綱的困難點，發現主要原因在於教師們在面對課綱中繁瑣的課綱依據及具體內涵，缺少一套簡單易懂的查詢規則。

然而，課綱在規劃擬定的過程中，已經建構好各領域課綱的編碼原則與代碼涵義。為了讓教師們可以快速建構及了解總綱到各領域課綱的編碼原則與代碼涵義，本書以「三碼學會查領綱」的方法，解決教師們在查詢課綱所面對的問題，讓教師們都可以正確的查詢及引用領綱中的課綱依據。

「三階教育、五階學習、第一是生活」，是了解十二年國教編碼規則最重要的口訣要素。教師們在了解總綱到領綱的編碼規則時，首先要了解十二年國教的教育階段與學習階段及領域的分類。三階教育、五階學習、第一是生活的口訣示意如下：

(一)三階教育指的是十二年國教三個教育階段，即國小、國中及高中。

(二)五階學習主要在說明十二年國教依據學習與認知理論，將十二年區分為五個學習階段，即國小各計有三個學習階段，一、二年級為第一學習階段，三、四年級為第二學習階段，五、六年級為第三學習階段；國中七、八、九三個年級為第四學習階段；高中十、十一、十二三個年級為第五學習階段。

(三)第一是生活主要說明國小一、二年級為第一學習階段。在第一學習階段中，除了語文、數學及健康與體育三學科外，其他課程皆整合為生活領域課程。所以，除上述三個學科外，各領域或學科都不會在第一學習階段擬定課程綱要。換言之，規劃國小一、二年級課程設計時，除語文、數學及健康與體育學科外，就需要依據「生活領域課程綱要」進行生活課程的規劃與設計。

五、核心素養的三碼編碼原則

各領域／學科的核心素養以三碼進行系統性的規劃。領綱中的核心素養以三碼進行編碼，三碼代表意涵說明如下：

(一) 第一碼：領域代碼

領綱中核心素養第一碼代表領域別，並且以領域別名稱的第一個字進行編碼代稱。例如：藝術領域的核心素養第一碼，就會用「藝」當作第一碼。又如，自然科學領域第一碼，就以「自」字為代碼；數學領域第一碼就以

「數」字為代碼。所以，當教師在查詢三碼時，判別第一碼的代碼為國字縮寫時，即可以判斷此項的具體內涵為那個領域的「核心素養」。

(二) 第二碼：教育階段

領綱中核心素養的第二碼，為教育階段代碼。國民小學代碼為「E」；國民中學代碼為「J」；普通型高中代碼為「S-U」。由第二碼就可以判斷此項核心素養，適用於哪個教育階段。

(三) 第三碼：總綱核心素養項目（三面九項）

領綱中核心素養的第三碼為總綱核心素養三面九項的項目編碼。三個構面中，自主行動代碼為A；溝通互動代碼為B；社會參與代碼為C。三個構面往下，項次各自依據A1、A2、A3進行項次編碼。例如：自主行動代碼為A，其三個項次身心素養與自我精進代碼為A1；系統思考與解決問題代碼為A2；規劃執行與創新應變代碼為A3；以此類推。

在此舉例說明，假設今天藝術領域教師在進行課程設計時查詢核心素養的具體內涵，查出來的藝術領域核心素養三個代碼及具體內涵為「藝-J-A1-參與藝術活動，增進美感知能」，教師可以由第一碼檢視領域的正確性，第二碼檢視教育階段是否符合課程設計，第三碼則可以了解課程設計所依據核心素養的具體內涵。

各領域都有核心素養的三面九項，但是不一定每個項次在三個教育階段都有具體內涵，因此核心素養也有兩碼的特例。例如：數學領域領綱有三面九項，但是在自主行動（A）——身心素養與自我精進項目（A1）三個教育階段一致，所以數學領域中自主行動核心素養僅有兩個代碼。如數-A1指能堅持不懈地探索與解決數學問題，具備數學思考能力以及精確與理性溝通時所必須的數學語言，並擁有學習力以成就優質的生涯規劃與發展。

六、學習重點中學習表現與學習內容的三碼編碼原則

不同的學習領域，其學習重點中的「學習表現」與「學習內容」三碼的編碼原則均不相同。要了解各領域學習表現與學習內容的編碼方式，一定要

先了解三碼所代表的意涵、編碼的規則，才能依據學習階段或年級進行課綱的查詢，並且引用課綱的具體內涵作為課程設計之用。

要了解藝術領域學習表現與內容的三碼原則，需要先了解「表現、鑑賞及實踐」三個學習構面的架構。藝術領域是以表現、鑑賞及實踐，建構藝術領域中各科目的關鍵內涵，並且開展、引導藝術領域的學習表現與學習內容。

藝術領域學習表現與學習內容三碼說明如下：

第一碼：藝術領域科目縮寫+1、2、3是藝術領域的「學習表現」。

藝術領域科目縮寫+E、A、P是藝術領域的「學習內容」。

藝術領域中科目縮寫如下：

「音」指音樂、「視」指視覺藝術、「表」指表演藝術、「美」指美術、「藝」指藝術生活、「演」指表演創作、「設」指基本設計、「多」指多媒體音樂、「新」指新媒體藝術。

第二碼：學習階段，以羅馬數字表示。（注意：藝術領域沒有第一學習階段。）

第三碼：流水號。

學習重點	學習構面（第一碼）	學習階段（第二碼）	流水號（第三碼）
學習表現	表現1、鑑賞2、實踐3	Ⅱ、Ⅲ、Ⅳ、Ⅴ	1、2、3……
學習內容	表現E、鑑賞A、實踐P	Ⅱ、Ⅲ、Ⅳ、Ⅴ	1、2、3……
	E代表表現（expression） A代表鑑賞（appreciation） P代表實踐（practice）		

備註：藝術領域國小課程為「領域教學」。在「學習表現」第一碼編碼「沒有加入科目縮寫」，直接以表現1、鑑賞2、實踐3表示。學習內容第一碼編碼則有加入科目縮寫+E、A、P。

藝術領域查詢學習表現舉例說明：

藝術領域普通高中美術科老師在進行美術課程設計時，查詢藝術領域課

綱中的學習表現與學習內容，在學習表現課綱三碼及具體內涵如下：

美1-V-1-能運用多元視覺符號詮釋生活經驗，並與他人溝通。

其中第一碼是美術課程的科目縮寫「美」+「1（表現）」，可以判讀是藝術領域的學習表現課綱。第二碼為「V」是第五學習階段，等同高中教育階段。第三碼為流水號「1」，具體內涵為「能運用多元視覺符號詮釋生活經驗，並與他人溝通」。在課程設計時，要運用視覺符號詮釋生活經驗，並且了解視覺符號溝通的意義與內涵。

相同情境，在此課程設計中，查詢學習內容課綱三碼及具體內涵如下：

美E-V-3-影音媒體與表現技法、數位媒體與表現技法。

其中第一碼是美術課程科目縮寫「美」+「E（表現）」，可以判讀是藝術領域學習內容的課綱。第二碼為「V」意指第五學習階段，也是高中教育階段。第三碼為流水號「3」，具體內涵為「影音媒體與表現技法、數位媒體與表現技法」。在課程設計中，便要讓學生能學習到影音媒體或是數位媒體的表現技法。

藝術領域學習表現及學習內容三碼的判讀原則，第一碼可以檢視是哪一個科目屬性，並且相同科目的縮寫可以檢視科目在引用學習表現與學習內容是否相對應。再者，從表現、鑑賞與實踐在學習表現及學習內容的數字與英文字母的判斷，也能了解課程設計中，在三個學習構面所引用依據的內容。

第二碼學習階段的判讀原則，可以對應課程設計學習階段是否正確，並且從中了解引用依據是否符合課程所在的學習階段之中。

第三碼的具體內涵文字是作為課程設計很重要的依據，可藉由具體內涵交相檢視課程設計、教材教法及評量的設計原則。

七、學習表現與學習內容雙向細目表

運用學習表現與學習內容雙向細目表，開展課程設計中的學習目標、活動與評量。教師們在查詢完各領域／科目課綱中的核心素養、學習表現及學習內容後，教師需要利用「學習表現與學習內容雙向細目表」進行課程目標、學習活動及評量的設計。

延續上例普通高中美術科老師，在查詢美術課程中學習表現及學習內容

後的課程設計步驟。為開展課程設計的學習目標、活動與評量，教師將在領綱中所查詢到的學習表現填入雙項細目表的上方欄位，並將所查詢到的學習內容填入雙項細目表的左側欄位。經由相異軸向的交叉對應，便可以藉由學習表現及學習內容的課綱具體內涵文字，引導或激發教師進行學習目標的擬定，規劃學習活動及評量。

學習內容　＼　學習表現	由學習階段選擇（學習表現項目）	範例 美1-V-1　能運用多元視覺符號詮釋生活經驗，並與他人溝通
由學習階段選擇（學習內容）	學習目標 學習活動 學習評量	
範例 美E-V-3　影音媒體與表現技法*、數位媒體與表現技法		請教師設定 學習目標 學習活動 學習評量

八、素養導向2T2E課程設計理論

　　素養教育強調以學生為學習主體進行教學，教學取向著重學生學習歷程中的體驗。再者，素養教育強調「啟發引導、自主探索、體驗實踐、多元評量」作為四項課程設計的準則。綜合素養教育的願景、理念及目標，教師們可以運用素養導向2T2E課程設計理論進行課程的規劃與設計。

　　素養導向2T2E課程設計理論，總共區分為二個主體、四個學習設計，雙層疊合。二個主體分別是教師與學生，素養教育強調「教師引導、學生自主」。課程設計需要以教師作為課程設計的主體，啟發學生進行自我探索學習內容，進而達到教師與學生皆能在課程教學中互動對話及成長。

2T2E

To Teaching Design, To Experiential Learning

教師引導、學生自主

| Theory | Tool | Experience | Evaluation |
| 理論、主題 | 工具、方法 | 學習體驗 | 用後評估 |

　　第一層面以教師為主體，共有四個學習設計，分別是「學習主題、學習方法、學習體驗、學習評量」。其中針對教師所需要進行教學設計的擬定，分別有「學習主題與學習方法」二個T（Theory & Tool）。針對規劃學生在課程學習過程中所需要進行學習歷程的設計，則有「學習體驗與學習評量」二個E（Experience & Evaluation）。

　　1. 學習主題（Theory）：係指教師在進行課程設計時，需先訂定課程的主題內容。課程中先要有主題，才能將課程進行定位，進而鋪陳課程內容。

　　2. 學習方法（Tool）：主要指授課過程中，教師們需要構思採取適宜的學習方法與工具，有效的啟發學生學習動機、引領學生理解思考學習的知識內容。

　　3. 學習體驗（Experience）：主要指教師在學習歷程中，要讓學生藉由體驗實行學習活動設計。學習歷程需要設計學習體驗活動，才能讓學生運用多元的感知體驗方式理解學習內容知識。

　　4. 學習評量（Evaluation）：主要是教師針對學生的學習體驗進行有效性的檢視，進而了解學生在體驗學習內容過程中的吸收程度，或是在學習之後實踐與力行於生活層面的實質表現。在歷程性評量與總結性評量，皆可採取多元性評量設計。

　　雙層疊合指的是四個學習設計，藉由教師與學生二個主體，開展上下區分為「教師引導與學生自主」的二個層次。上層為教師在進行課程設計時的設計思考，下層為學生自主學習的實質學習歷程。教師與學生兩個主體，藉由四個學習設計相互疊合，雙層整體性的建構素養教育。

2T2E

To Teaching Design, To Experiential Learning

教師引導、學生自主

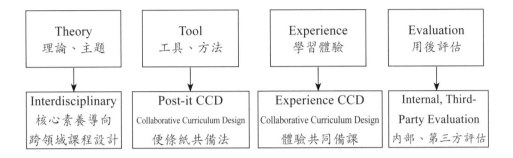

Theory 理論、主題	Tool 工具、方法	Experience 學習體驗	Evaluation 用後評估
Interdisciplinary 核心素養導向 跨領域課程設計	Post-it CCD Collaborative Curriculum Design 便條紙共備法	Experience CCD Collaborative Curriculum Design 體驗共同備課	Internal, Third- Party Evaluation 內部、第三方評估

運用素養導向2T2E課程設計理論，引導師資生核心素養導向跨領域課程設計，實質體驗素養教育課程設計、落實理論與實作，建構素養教育課程設計模組與樣態。面對新課綱素養教育的開展，本書以素養導向2T2E課程設計理論，引導師資生體驗學習素養導向課程設計。在2T2E四個課程學習設計階段規劃說明如下：

1. 學習主題：核心素養教育主要培育學生具備知識、情意與態度三項聚合的核心素養。單科課程設計對於師資生或現職教師而言，簡而易學。反之，對於跨領域的課程設計則具有困難度。因此，素養教育課程設計中，如何引導教師進行「核心素養導向跨領域課程設計」，即是主要學習課程設計的主題。

2. 學習方法：跨領域課程設計需要二個領域以上的領域進行共同備課，為使二個領域以上的教師能一起共同備課，學習方法使用「便條紙共備法（Post-it CDD）」。

3. 學習體驗：跨領域課程設計過程，主要指體驗共備課程的歷程。體驗設計上將採取階段性的帶領，師資生採取團隊合作的形式體驗共同備課的歷程。

4. 學習評量：學習評量策略運用內部與第三方評量二種策略機制，檢

視課程設計內容。內部評量運用小組成員自我檢視課程設計各個階段的難易程度，評量各階段所產生課程設計內容的信度（reliability）。第三方評量採取專家教師輔導檢核課程設計內容，確立課程設計的效度（validity）。

　　素養導向2T2E課程設計理論，上層是教師在設計核心素養課程設計規劃時所需要構思的四個學習內容，下層則為師資生在進行課程時具體的四個學習內容，雙層相互疊合整體架構出「核心素養導向跨領域課程設計」研究。

單元2

核心素養導向課程模組

第一章　前言

　　就前一單元提及的十二年國教核心素養導向教育理念落實，本研究提出了「核心素養導向課程模組」。此課程模組具備下列特色：

　　1. 關鍵要素落實至課程設計：核心素養導向課程設計關鍵要素，包括「領域核心素養」、「學習重點」、「議題融入」與「跨學科／領域」，並就此開展「學習目標」、「學習活動」、「多元評量」及「學習成效」。

　　2. 強化課程整合與連貫性：各領域核心素養三面九項，乃根據總綱核心素養三面九項而來的。因此，不同領域核心素養是立足在相同的架構與設計理念，所以將「核心素養」納入課程規劃當中，有助於與其他領域連結整合。

　　就藝術領域而言，其學習重點更是核心素養的落實與具體化，將「學習重點」納入課程規劃設計以幫助學生達到均衡學習。

　　不論是「核心素養」還是「學習重點」，均考量了學生的三個教育階段的心智發展，而有國民小學、國民中學及高級中等學校教育階段之別。具教育階段統整的課程規劃，可以幫助各教育階段學生學習更具連貫性且達到深度學習的目的。

　　3. 跨學科／領域規劃：核心素養導向教育強調培養學生解決問題的能力，而此基礎在於學生能應用所學知識，以不同學科／領域知識分析、探究問題，進而提出解決方法。

　　將「跨學科／領域」納入課程規劃，教師不僅教導學生主要學習課程範疇，亦可以應用跨學科／領域課程以提升學生學習興趣，引導學生深度學習。

　　4. 議題教育融入：跨學科／領域培養學生以所學的各學科／領域知識探究問題，如何將知識學習與問題探究作連結，則有賴「議題教育」融入課程規劃當中。

　　圖2-1為「核心素養導向課程模組圖」，分為兩個部分；以灰階框線表示課程設計依據，以虛線框線表示教學活動規劃。

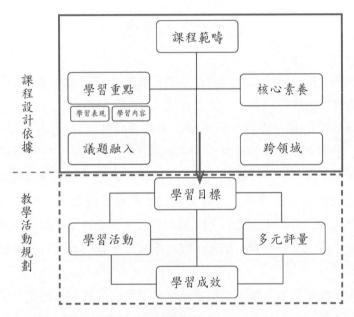

圖2-1　核心素養導向課程模組──簡版

　　規劃核心素養導向課程時，首要是確立學生應學習的課程範疇。接著根據課程範疇與預計培養學生具備哪方面的知識、能力與態度，規劃本課程的「學習重點」與「核心素養」。至於「議題融入」與「跨學科／領域」可視學生學習需求彈性搭配。例如：此課程僅規劃「議題融入」或是「跨學科／領域」，或是兩者互相搭配同時規劃為課程的一部分。

　　當完成灰階框線「課程設計依據」後，再進行虛線框線「教學活動規劃」，內容包括「學習目標」、「學習活動」、「多元評量」與「學習成效」等。虛線框線與灰階框線是互相呼應搭配的。例如：當本課程規劃了「議題融入」時，「學習目標」、「學習活動」、「學習成效」及「多元評量」均要適時規劃搭配所擇定的議題教育。

第二章　核心素養導向課程模組架構與規劃搭配機制

　　上小節已說明「核心素養導向課程模組」的架構，本小節將進一步說明課程模組中的每一關鍵要素之間的搭配關係。

　　圖2-2是完整版的「核心素養導向課程模組圖」，同樣分為「課程設計依據」與「教學活動規劃」兩個部分。此兩個部分規劃是統籌於同一課程範疇之下的，但上下部分是相互影響搭配的。例如：「課程設計依據」若規劃

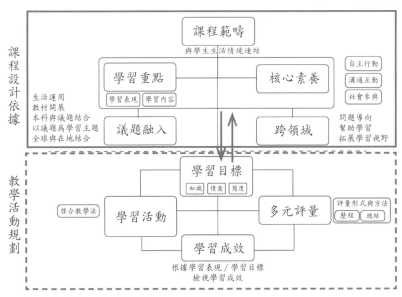

圖2-2　核心素養導向課程模組──完整版

了「跨領域」，那麼在「教學活動規劃」部分的「學習目標」、「學習活動」、「多元評量」及「學習成效」，則必須適時規劃「跨領域」。

反之，當學生學習成效不彰時，可據此反過來修正「課程設計依據」部分中的「學習重點」與「核心素養」規劃。換言之，「課程設計依據」與「教學活動規劃」是雙向溝通的設計機制。

以下就此課程模組圖說明每一關鍵要素之間的搭配機制。為解說方便，將拆成「課程設計依據」與「教學活動規劃」兩部分。

一、核心素養導向課程設計依據規劃搭配機制

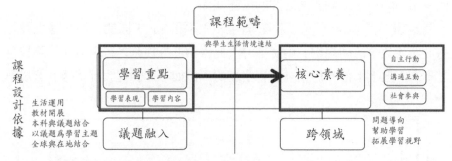

圖2-3 課程設計依據結構與關聯

(一) 核心素養導向教育理念的落實

在確立教授的課程知識範疇後，擇定領域學習重點中的「學習內容」，即規劃學生於該課程中需要學習的知識、原理及技能等。接著是「學習表現」的規劃，偏向規劃學生學習認知、能力與態度的培養。藝術領域的學習內容與學習表現是統整在「表現」、「鑑賞」、「實踐」三個學習構面之下。因此，當所規劃的「學習內容」屬於「表現」構面時，其搭配的「學習表現」亦應屬於「表現」構面。

在規劃「學習重點」後，再依其內涵規劃適合的領域核心素養，即「學習重點」與「核心素養」是互相搭配的。

(二) 跨學科／領域

　　承上，教師可視學生學習需求，斟酌是否在課程中加入跨學科／領域元素。假設主要教授的課程知識為藝術領域的美術，規劃跨數學領域。從跨領域的角度，反思「學習重點」與「核心素養」，除了規劃藝術領域的學習重點與核心素養，宜加入適宜的數學領域的「學習重點」與「核心素養」。如圖2-4中虛線箭頭所示。

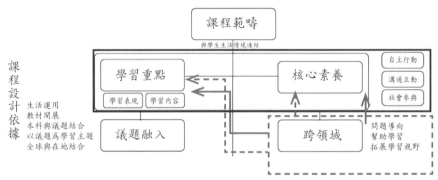

圖2-4　跨學科／領域課程連動「學習重點」與「核心素養」

　　於規劃跨學科／領域課程時，除了上述「學習重點」與「核心素養」之外，仍要注意下列事項：

　　1. 思考跨學科／領域課程規劃的目的：就學生的學習角度而言，跨學科／領域課程模式有下列三種：一、問題導向跨學科／領域課程；二、幫助學習跨學科／領域課程；三、拓展學習視野跨學科／領域課程，以上三種模式可以彈性擇一或是將二種以上課程模式納入課程規劃當中。

　　2. 確立主、副學科／領域：於思考規劃跨領域課程模式之後，宜據此思考副學科／領域。例如：主要教授的課程知識為藝術領域音樂學科，跨領域課程模式為「問題導向跨領域課程」。教師根據學生學習需求，或是預期培養學生具備哪一種能力，而選擇副領域。因此，副領域的選擇相當多元，例如：數學領域、自然領域或是社會領域等。

　　不論所規劃的副領域為何？相同的課程範疇、跨領域模式中，因為所規劃的副領域不同，而形成不同的課程內容。換言之，「學習重點」與「核心

素養」規劃將會截然不同。如圖2-4所示，灰階箭頭表示了數學領域以外副領域，教師於規劃課程時可以彈性規劃。

(三)議題融入

1. 議題教育與核心素養教育的關係

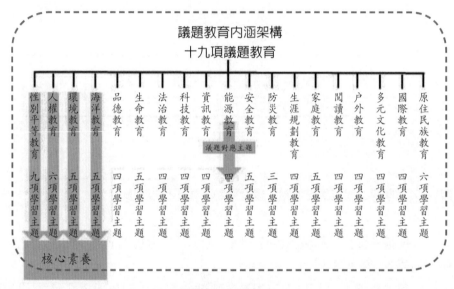

圖2-5　議題教育內涵架構

圖2-5以虛線框線表示十九項議題教育內涵與架構，並各自開展學習主題。另外，「性別平等教育」、「人權教育」、「環境教育」及「海洋教育」，更規劃了呼應總綱核心素養的「議題教育核心素養」。在課程規劃中納入議題教育，對於學生學習具備下列優點：

(1)營造學習情境，與生活情境連結，培育學生解決問題的能力。

(2)十九項議題教育內容含括全球化與臺灣在地議題，以培養學生成為

世界公民或是社會公民。

(3)十九項議題教育濃縮了當今全球、臺灣各層面現象與問題，可以提升學生觀察或是發掘問題的能力。

(4)議題教育往往牽涉不同層面或是領域知識，因此可以讓學生學習整合及運用所學不同學科或是領域的知識。

2. 議題教育規劃機制：具備十九項議題教育整體概念後，教師可視學生學習需求，斟酌是否在課程中規劃「議題教育」。假設主要教授的課程知識為藝術領域的美術學科，規劃議題融入為「海洋教育」，對於課程設計依據具有哪些影響，下列將以規劃機制圖說明。

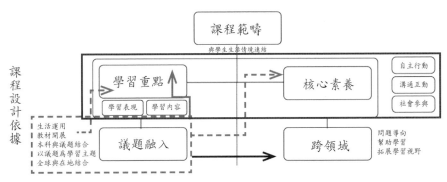

圖2-6 議題融入連動課程設計依據

(1)學習重點規劃：除了原本規劃的藝術領域學習重點，宜根據所規劃的「海洋教育議題」的內容調整或是增加「學習重點」內容，如圖2-6中灰階箭頭所示。

(2)議題教育核心素養規劃：圖2-6中以虛線框線表示路徑者，為「性別平等教育」、「人權教育」、「海洋教育」及「環境教育」四項。由於此四項議題教育規劃「議題核心素養」，在規劃課程時除了必須議題核心素養納入規劃，另外宜檢視增修「學習重點」內涵。

(3)跨學科／領域規劃：前提及了議題融入作用之一在於引導學生整合運用跨學科／領域知識，因此，規劃了議題教育後，可進一步考量跨學科／領域規劃與否，如圖2-6中以黑線箭頭表示者。

3. 議題教育規劃模式：議題教育規劃模式有四，於規劃議題教育時可作為參考。

(1) 生活運用：以問題為導向。

(2) 教材開展：從授課教材中思索可延伸的議題教育內容。

(3) 本科與議題結合：可視教授的課程範疇，思索與其相關聯的議題教育範圍。

(4) 以議題為學習主題：即一開始規劃核心素養導向課程時，便以十九項議題教育其一為規劃內容。

溫馨小叮嚀

上述說明「議題教育」規劃機制，在於讓師資生了解核心素養課程設計依據中的每個要素，可依教師課程規劃與學生學習需求搭配應用。而每一個要素之間都是牽一髮而動全身，互相搭配呼應的。

二、核心素養導向教學活動規劃

前小節已說明了核心素養導向課程設計依據關鍵要素與各要素之間的搭配機制，以下將說明「課程設計依據」與「教學活動規劃」之間的雙向互動與搭配機制。

(一)訂定學習目標

核心素養導向課程不僅注重學生學習學科／領域知識，同時也著重學生情意、態度的培養。因此在訂定學習目標時，宜規劃知識、情意與態度的學習目標。而學習目標規劃宜參考前面已規劃的「學習重點」、「核心素養」，又當課程另外規劃了「議題融入」或是「跨領域」時亦同時含括。

圖2-7中，不同箭頭之說明，黑色框線表示學習重點與核心素養，虛線框線代表議題融入，灰階框線表示跨領域。換言之，學習目標規劃時的參考依據包括了已規劃的「學習重點」、「核心素養」、「議題融入」及「跨領域」（即跨學科／領域課程中的副學科／領域範疇）。

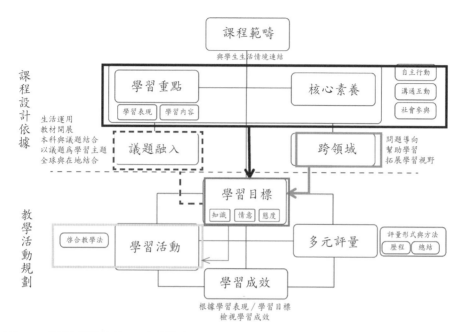

圖2-7 課程設計依據互動建構學習目標

溫馨小叮嚀

當課程規劃跨學科／領域時，於訂定學習目標不僅要兼顧主科目的知識、情意及態度學習目標，所跨副學科／領域其知識、情意或態度學習目標亦適時規劃。

(二)學習活動規劃

於訂定學習目標後，搭配「啟合學習法」規劃「學習活動」，即圖2-8中以黑色框線與黑色箭頭表示者。

啟合學習法包括四個部分：1.啟：即規劃或設計能引起學生學習興趣的活動；2.承：發展教學活動，開展有趣活潑的教學活動設計；3.轉：導入學科／領域應學習的知識範疇或單元；4.合：設計生活應用活動，引導學生活用所學學科／領域知識。此四部分可依教師教學與學生學習需求，適時彈性搭配運用。

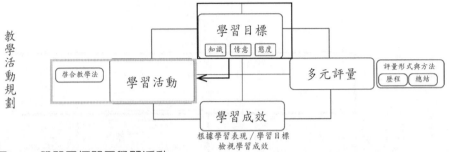

圖2-8 學習目標開展學習活動

> **溫馨小叮嚀**
>
> 當課程規劃跨學科或跨領域時,應將所跨學科或領域納入學習活動規劃中。換言之,學習活動架構爲啟合學習法,但內容應包括主/副學科或領域的學習範疇。

(三)多元評量規劃

1.多元評量規劃依據

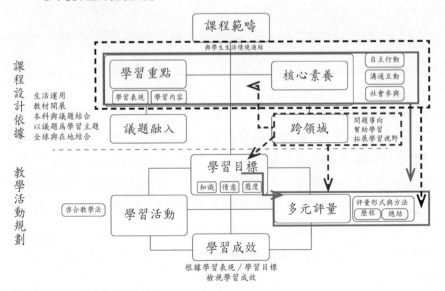

圖2-9 多元評量的動態連結

　　如圖2-9所示，多元評量設計依據包括已規劃的「學習重點」、「核心素養」與「學習目標」，如灰階框線所示。

　　另外，圖2-9中虛線框線即指當課程規劃跨學科或跨領域時，其學習重點與核心素養及學習目標同時也會根據所跨學科或領域適度搭配規劃。因此，這樣的規劃同時也會反應至多元評量的規劃與設計。

　　2. 多元評量內涵：多元評量內涵應包括總結性評量與形成性評量，對於學生學習有不同的幫助，因此在規劃多元評量時宜兩者兼顧。

第三章　結論

　　課程模組最後的關鍵要素是教學活動規劃中的「學習成效」，一方面可以了解學生的學習成效；另一方面，可作為教師課程設計依據與教學活動設計方向調整的依據，如圖2-10所示。

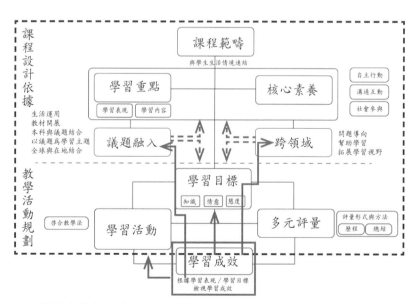

圖2-10　學習成效的連動關係

　　圖2-10中粗灰階框線表示「學習成效」，以粗灰階箭頭表示調整的可能性。為方便說明，故以箭頭表示。但當學生學習成效不如預期時，教師能調整的方向有多種可能性，可能是重新設計「學習活動」或是其他模組要素，需要調整的部分可能只有一個，也可能是二個以上同時調整。

　　假設學生學習成效不如預期的部分，是「議題融入」與「跨學科／領域」二個部分，如圖2-10中黑色框線表示。如前小節所言，在課程中整合此兩個要素，影響的內容包括了「核心素養」、「學習重點」與「學習目標」。因此當調整的要素為「議題融入」時，應同時檢視該課程的「核心素養」、「學習重點」與「學習目標」是否有需要修正之處。在圖2-10中，以虛線箭頭表示。

　　本單元以圖示的方式，說明了「核心素養導向課程模組」組成要素以及各要素之間的搭配機制。一方面讓師資生了解核心素養課程設計依據中的每個要素，乃是根據課程規劃與學生學習需求搭配應用。此外，每一個要素並非獨立存在課程模組當中，每一個要素都是牽一髮而動全身，互相搭配影響的。

單元3

議題教育內涵架構與規劃機制

第一章　前言

　　議題教育規劃了十九項議題，有系統、有架構地全面含括且濃縮重大社會變遷與全球化潮流現象、狀況，有助於學生全面且深入了解社會、全球潮流，進而適應社會、世界潮流與變動。

　　議題教育如何落實至教育現場，並與十二年國教課程規劃理念結合？可從下列三方面討論：

　　1. 學習情境與生活情境的連結：核心素養教育強調學生應了解並掌握社會議題與世界潮流脈動，並運用所學不同領域的知識原理，分析、思考社會與世界重大議題。議題教育有助於學生將學習情境與生活情境連結，讓學生能夠藉此統整不同的學科／領域知識，並能加以應用，乃至於進一步針對議題提出相應的解決之道。

　　2. 啟發主動學習潛能：啟發學生主動學習的潛能，而這些潛能包括分析力、探究力、創造力或行動力等，以積極進取的態度學習各學科／領域知識，提升自我主動學習興趣，以達到核心素養導向倡導的終身學習理念。由於議題存在於每個人的生活情境當中，且貼近學生生活，因此可以就某一特定議題引導學生發掘問題、分析問題，乃至於探究議題與所學知識原理的關係，並進一步提出因應之道。

　　3. 公民素養與責任的培養：公民素養的培育須根植於各教育階段，並從個人主體逐漸擴展至國家、社會乃至於世界，涉及人權、國家認同、環境永續發展、多元文化尊重或是科技發展等不同層面。議題教育導入核心素養課程能夠協助學生建立正確且全面的公民視野與公民責任，並據此積極關注國家社會、全球發展，並能適應社會、全球變遷脈動。

　　上已略述議題融入與核心素養導向課程規劃的關聯，接下來本單元學習目標有三，希望在此基礎認知與了解上，可以有系統地將議題教育融入課程設計規劃當中，落實議題教育：

　　1. 了解十九項議題教育規劃架構與實質內涵。
　　2. 了解十九項議題教育的編碼規則。
　　3. 了解十九項議題教育的規劃機制。

第二章　議題教育的架構與實質內涵

一、十九項議題訂定與架構

　　十九項議題擬定與規劃，乃是反映並整合了當今社會重大變遷、世界潮流脈動。議題內容包括全球共通的且為國家政策，可以視為培養現代國民與世界公民的關鍵內涵，同時也反應了我國社會重要且具急迫性的議題或現象。十九項議題架構圖，如圖3-1所示。

　　圖3-1為十九項議題教育內涵架構名稱，每一議題教育項下規劃了若干學習主題。此外，「性別平等教育」、「人權教育」、「環境教育」及「海洋教育」依據總綱核心素養三面九項的架構，規劃了議題教育核心素養。

　　藉由十九項議題教育引導學生關注全球脈動與潮流，同時也能關注自身國家、社會的重要問題與現象。然而學生站在個人自身的角度，十九項議題內涵與自我個體的關係如何？又具備何種特色？以下為十九項議題性質表（見表3-1）。

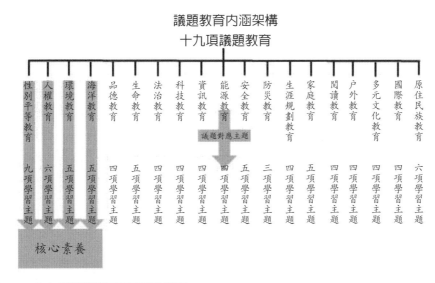

圖3-1　十九項議題教育內涵架構表

表3-1　十九項議題性質表

十九項議題性質	議題教育
人	生命教育、人權教育、品德教育、安全教育、家庭教育、法治教育、性別平等教育、生涯規劃教育、閱讀素養教育
自然環境	環境教育、海洋教育、能源教育、防災教育、戶外教育
文化社會	多元文化教育、原住民教育、國際教育
科技生活	資訊教育、科技教育

　　表3-1依十九項議題內涵性質，分為「人」、「自然環境」、「文化社會」及「科技生活」四類。與人相關的議題包括了「性別平等教育」與「人權教育」等九類；與自然環境相關的議題包括了「環境教育」與「海洋教育」等五類；與文化社會相關的議題包括了「多元文化教育」等三類；與科技生活相關的議題則包括「資訊教育」二類。

　　從表3-1性質歸納可知議題教育乃是引導學生思考並反思人類生存與發展，再進一步擴及自然環境、文化社會。同時也因應科技快速發展，透過科

技生活相關議題教育，培養學生科技素養與建立正確的科技態度。議題教育層面廣泛，且緊扣當今全球、社會變遷重要現象，是培養學生具備良好國民素養與引導其成為世界公民的關鍵。

二、十九項議題教育架構與開展

上小節已介紹十九項議題教育內涵與架構，延續此架構進一步從兩個層面說明議題教育的開展，其一為「學習主題」、其二為「教育階段」。

(一)十九項議題教育學習主題規劃

表3-2　十九項議題教育對應學習主題表

	十九項議題教育架構	學習主題
1	性別平等教育	生理性別、性傾向、性別特質與性別認同多樣性的尊重
		性別角色的突破與性別歧視的消除
		身體自主權的尊重與維護
		性騷擾、性侵害與性霸凌的防治
		語言、文字與符號的性別意涵分析
		科技、資訊與媒體的性別識讀
		性別權益與公共參與
		性別權力關係與互動
		性別與多元文化
2	人權教育	人權的基本概念
		人權與責任
		人權與民主法治
		人權與生活實踐
		人權違反與救濟
		人權重要主題等

（續）

	十九項議題教育架構	學習主題
3	環境教育	環境倫理
		永續發展
		氣候變遷
		災害防救
		能源資源永續利用
4	海洋教育	海洋休閒
		海洋社會
		海洋文化
		海洋科學與技術
		海洋資源與永續
5	品德教育	品德發展層面
		品德核心價值
		品德關鍵議題
		品德實踐能力與行動
6	生命教育	哲學思考
		人學探索
		終極關懷
		價值思辯
		靈性修養
7	法治教育	公平正義之理念
		法律與法治的意義
		人權保障之憲政原理與原則
		法律之實體與程序的知識與技能
8	科技教育	科技知識
		科技態度
		操作技能
		綜合能力

（續）

	十九項議題教育架構	學習主題
9	資訊教育	運算思維與問題解決
		資訊科技與合作共創
		資訊科技與溝通表達
		資訊科技的使用態度
10	能源教育	能源意識
		能源概念
		能源使用
		能源發展
		行動參與
11	安全教育	安全教育概論
		日常生活安全
		運動安全
		校園安全
		急救教育
12	防災教育	災害風險與衝擊
		災害風險的管理
		災害防救的演練
13	生涯規劃教育	生涯規劃教育之基本概念
		生涯教育與自我探索
		生涯規劃與工作／教育環境探索
		生涯決定與行動計畫
14	家庭教育	社會變遷對家庭的影響
		家人關係與互動
		親密關係發展與婚姻預備
		家庭活動與社區參與
		家庭資源管理與環境永續

（續）

	十九項議題教育架構	學習主題
15	閱讀素養	閱讀的歷程
		閱讀的媒材
		閱讀的情境脈絡
		閱讀的態度
16	戶外教育	觀察並覺知環境，提高對環境的敏感性
		戶外生活技能學習及實踐
		培養愛護環境的責任感
		校外教學與考察研究
17	多元文化教育	我族文化的認同
		文化差異與理解
		跨文化的能力
		社會正義
18	國際教育	國家認同
		國際素養
		全球競合力
		全球責任感
19	原住民教育	原住民族語言文字的保存及傳承
		認識部落與原住民族的歷史經驗
		原住民族的名制、傳統制度組織運作及其現代轉化
		原住民族文化內涵與文化資產
		原住民族土地與生態智慧
		原住民族營生模式

　　從表3-2可知十九項議題教育項下細分成若干「學習主題」，從同一議題不同面向、層面，引導學生從性別平等教育、人權教育或是生涯規劃教育等了解自身個體與權益；或是從環境教育、海洋教育或能源教育，思考人類

發展與自然環境共存及永續生存。十九項議題教育讓學生從不同面向了解自我、他人與所處的環境，也提醒了學生全球人類生存、適應環境遇到的問題與困境。期望學生能透過十九項議題教育，習得適應生存的關鍵知能。

　　在同一議題教育項下的「學習主題」又是如何規劃？具備哪些特點？以下舉「性別平等教育」、「人權教育」、「環境教育」及「海洋教育」探討學習主題規劃的特色，以利師資生進行議題教育規劃。

1. 性別平等教育「學習主題」規劃

表3-3　性別平等教育學習主題一覽表

性別平等教育	
議題學習主題性質	議題學習主題
性平觀念建立	生理性別、性傾向、性別特質與性別認同多樣性的尊重
	性別與多元文化
	身體自主權的尊重與維護
	性騷擾、性侵害與性霸凌的防治
性別歧視消除	性別角色的突破與性別歧視的消除
	語言、文字與符號的性別意涵分析
	科技、資訊與媒體的性別識讀
性別平等參與	性別權益與公共參與
	性別權力關係與互動

　　從表3-3可知性別平等教育共規劃了九項「學習主題」，將學習主題依性質可歸納成「性別觀念建立」、「性別歧視消除」與「性別平等參與」三類。師資生於進行性別平等教育規劃時，可以就此三面向引導學生全面了解性別平等以及性別平等的重要性，同時兼顧不同面向的性別平等教育學習主題的規劃。

　　(1)性別平等觀念建立：希望透過對自我的性別、身體特徵、性傾向、性別認同等自我察覺與理解，同時也能尊重他人的性別、性傾向以消除性別

歧視。協助學生建構正確的性別價值觀與性騷擾、性侵害相關防治觀念，並以此為出發點維護自身與他人的身體自主權。

(2)性別歧視消除：從正確的性別平等觀念，反思存在日常生活（家庭、學校或職場）、媒體或是語言文字中的性別歧視或是性別意涵等。循序漸進引導學生能夠使用具性別平等的語言符號，或是針對媒體中的性別歧視提出解決的方法。

(3)性別平等參與：積極參與性別平等相關公共活動，了解性別人際關係與互動。從與他人的互動溝通擴展至群體社會，進而了解不同性別的權力關係並學習與他人溝通互動。

2.人權教育「學習主題」規劃

表3-4　人權教育學習主題一覽表

人權教育	
議題學習主題性質	議題學習主題
人權觀念建立	人權的基本概念
	人權重要主題
人權維護與保障	人權與責任
	人權與民主法治
人權實踐與救濟	人權與生活實踐
	人權違反與救濟

人權教育共規劃了六項學習主題，依學習主題性質歸納成「人權觀念建立」、「人權維護與保障」及「人權實踐與救濟」三類，於進行議題教育規劃時宜兼顧每一個面向，才能讓學生具備更完整的人權教育觀念。

(1)人權觀念建立：讓學生具備基本人權觀念，包括人權「不能剝奪」與「普遍性」。在了解具有的人權後，同時也應認識人權的義務與責任。權利與義務責任是相對的概念，都是從人權的角度出發，並藉以讓學生明白維護和尊重人權的重要性，以成就發展不同的人格特質。

(2) 人權維護與保障：人權的不可剝奪是建立在民主與法治體制之上，更有賴個人維護，避免任何人的人權被踐踏。因此對於每個人而言，人權不僅是權利，同時也是責任。

(3) 人權實踐與救濟：人權不僅存在於民主法治國家體制之中，同時也存在於每個人的日常生活之中。即人權應實踐於生活的人際互動中，不分你我、不分族群與文化，都應避免各種歧視與偏見。然而，當發生違反人權的事件時，可以透過社會抗爭或是司法救濟導正，即人權是不斷被爭取並與時俱進的。

3. 環境教育「學習主題」規劃：人類發展與自然環境息息相關，尤其是工業發展衍生出的環境汙染、資源耗竭等，乃至於當今影響全球人類生存的氣候變遷等都是環境教育的重要內涵。在此前提之下，環境教育共規劃了五項學習主題，如表3-5所示。

表3-5　環境教育學習主題表

環境教育	
議題學習主題性質	議題學習主題
人我觀點	環境倫理
極端氣候與防災	氣候變遷
	災害防救
共存共榮	能源資源永續利用
	永續發展

依環境教育學習主題性質歸納出「人我觀點」、「極端氣候與防災」及「共存共榮」三類，如表3-5所示。

(1) 人我觀點：引導學生了解人與環境的關係，包括生物的多樣性與生命價值，了解人類發展與環境保護同等重要，以及明白人為破壞對環境、生物造成的影響。

(2) 極端氣候與防災：了解氣候趨勢與極端氣候對於人類生活與發展的

影響,以及臺灣相關氣候變遷因應政策,並能思考適宜的改進方法或解決方式。同時,學生也應該了解過去臺灣曾經發生的重大天災,並具備防範天災的知識與技能。

(3) 共存共榮:地球上的能源如石油、煤礦等都是人類生存與文明發展的必需資源,然而任何的資源都有耗盡之日。因此,資源、能源運用宜本著循環利用的理念,同時也要明白能源竭盡與環境汙染的關係。教導學生本著愛護與回饋的心態與自然共存,才能使地球上的所有生命、資源得以延續和發展。

4. 海洋教育「學習主題」規劃

表3-6 海洋教育學習主題表

海洋教育	
議題學習主題性質	議題學習主題
海洋國家	海洋文化
	海洋社會
海洋知識與技能培養	海洋休閒
	海洋科學與技術
海洋永續發展	海洋資源與永續

海洋教育共規劃了五項學習主題,依學習主題性質歸納成「海洋國家」、「海洋知識與技能培養」及「海洋永續發展」三類,於進行議題教育規劃時宜兼顧每一個面向,才能讓學生了解自身國家的天然地理環境,並能從事海洋相關活動,進而培養與海洋共存發展的正確觀念。

(1) 海洋國家:培養學生具備海洋歷史與國家發展、經濟及產業關係。另一方面從海洋文化的角度,了解自身居住的環境歷史、宗教、藝術及文學等文化發展與特色。在為學生建立臺灣是海洋國家的觀念後,期望學生能夠積極主動關心海洋發展政策,或是以臺灣海洋國家各種面貌為主題進行文學、藝術創作。

(2)海洋知識與技能培養：建立學生全面海洋相關知識，包括臺灣的海洋環境與海岸地形、海洋生物與生態、海洋環境與災害、海洋資源或是海上交通工具等。另一方面也能參與海洋休閒活動，培養游泳技巧或水域求生技能等，或是進一步規劃、設計海洋生態休閒旅遊活動等。

(3)海洋永續發展：透過海洋水產產品、海洋資源（鹽……）等，讓學生了解海洋與日常生活的緊密關聯性，再進一步引導學生了解、思考人類發展與海洋環境、生態的關係。循序漸進讓學生明白海洋資源與國家產業發展、人民生活的重要關聯，以培養其愛護、珍惜海洋資源，並能針對相關問題提出解決之道。

(二)十九項議題教育與教育階段的對應關係

接續上一小節掌握了十九項議題教育名稱、內涵與各自項次下規劃學習主題面向；然同一議題教育的每一個學習主題考量不同教育階段學生心智發展，其議題實質內涵規劃略有不同，分為國民小學、國民中學及高級中等學校三個教育階段，如表3-7所示。

表3-7　十九項議題融入與教育階段雙向細目表

議題融入　　　　教育階段		國民小學	國民中學	高級中等學校
議題	學習主題			
性別平等教育	九項學習主題			
人權教育	六項學習主題			
海洋教育	五項學習主題			
環境教育	五項學習主題			
品德教育	四項學習主題	議題實質內涵		
生命教育	五項學習主題			
法治教育	四項學習主題			
科技教育	四項學習主題			

（續）

議題融入 ＼ 教育階段	國民小學	國民中學	高級中等學校
資訊教育	四項學習主題 ────→		
能源教育	四項學習主題 ────→		
安全教育	五項學習主題 ────→		
防災教育	三項學習主題 ────→		
家庭教育	五項學習主題 ────→		
生涯規劃教育	四項學習主題 ────→		
多元文化教育	四項學習主題 ────→		
閱讀素養教育	四項學習主題 ────→		
戶外教學教育	四項學習主題 ────→		
國際教育	四項學習主題 ────→		
原住民教育	六項學習主題 ────→		

　　從表3-7可知十九項議題教育各自項次下規劃有若干學習主題，同一學習主題因教育階段不同，再規劃各教育階段議題實質內涵。下舉表3-8海洋教育項次下的「海洋社會」學習主題，說明議題實質內涵的開展。

　　表3-8所舉例子為「海洋教育」項次下的「海洋社會」學習主題，以不同線框呈現各教育階段中知識範疇相近的學習主題，因此可歸納出「海洋社會」的學習目標與範疇有四：

　　1. 灰階框線表示海洋產業：具備海洋產業結構觀念，以及了解此結構與國家經濟發展的關係。

　　2. 虛線框線表示海洋國家：了解臺灣開拓歷史與海洋的關係，以及臺灣為海洋國家的地理環境特色，進一步分析同為臺灣與其他海洋國家發展的異同。

　　3. 黑色框線表示海洋主權：建立學生臺灣海洋主權、權益等觀念，以及海洋地理具備的戰略地位。

表3-8 議題教育與教育階段對應表

學習主題	海洋教育		
	各教育階段議題實質內涵		
	國民小學	國民中學	高級中等學校
海洋社會	海E4 認識家鄉或鄰近的水域環境與產業。	海J4 了解海洋水產、工程、運輸、能源與旅遊等產業的結構與發展。	海U4 分析海洋相關產業與科技發展，並評析其與經濟活動的關係。
	海E5 探討臺灣開拓史與海洋的關係。	海J5 了解我國國土地理位置的特色及重要性。	海U5 認識海洋相關法律，了解並關心海洋政策。
	海E6 了解我國是海洋國家，強化臺灣海洋主權意識。	海J6 了解與日常生活相關的海洋法規。	海U6 評析臺灣與其他國家海洋歷史的演變及異同。
		海J7 探討與海洋相關產業之發展對臺灣經濟的影響。	海U7 認識臺灣海洋權益與戰略地位。

4. 細框線表示海洋法律：包括海洋相關法規與法律，乃至了解並關注海洋相關國家政策。

就縱向檢視表3-8，可知此規劃架構具備下列兩項特質：

1. 學習均衡：除了國民小學教育階段並未規劃海洋法規／法律範疇之外，前面提及的海洋社會四個學習範疇皆落實至每一個教育階段。如此的規劃架構，可確保每一教育階段學習範疇平均。

2. 觀念建構：每一教育階段學習範疇規劃是由大範疇至小範疇。就表

3-8中國民小學教育階段來看，引導學生了解水域環境與產業發展的關係，接著再論述臺灣開拓史與海域位置的關係，最後再讓學生了解臺灣為海洋國家的主權觀念。

就橫向檢視表3-8可知，同一學習主題且同一學習範疇落實至三個教育階段時，配合學生心智發展採取由淺而深的橫向規劃架構，以帶領學生循序漸進深入學習。

溫馨小叮嚀

同一議題項下的每一個學習主題在三個教育階段，各自再開展出議題實質內涵，且依學習需求與心智發展狀況，其規劃的內容與項次是不等的。

第三章 議題教育的編碼規則與規劃機制

在《議題教育手冊》羅列了完整的十九項議題教育實質內涵，每一則議題教育實質內涵前以編碼區別之。議題編碼具有下列作用：一、議題教育的編碼及組織架構，可以協助教師兼顧議題教育與授課知識範疇的關聯；二、可藉由議題教育架構編碼，檢視議題教育規劃是否兼顧不同面向的議題教育，讓學生的學習更全面、均衡。

此外，「性別平等教育」、「人權教育」、「環境教育」及「海洋教育」更根據總綱核心素養三面九項架構，規劃了相應的議題教育核心素養，此核心素養亦同樣以編碼規劃組織。因此，本小節將說明十九項議題實質內涵與議題核心素養編碼方式，以及議題教育融入規劃機制。

一、十九項議題教育編碼規則

(一)十九項議題教育融入實質內涵編碼

下舉三例議題教育條目，說明其編碼規則：

表3-9　議題教育編碼拆解示例表

	第一碼 議題類別	第二碼 教育階段	第三碼 學習主題	第四部分 實質內涵
例1	性	J	3	檢視家庭、學校、職場中基於性別刻板印象產生的偏見與歧視。
例2	多	U	5	具備跨文化省思的能力。
例3	科	E	1	了解平日常見科技產品的用途與運作方式。

第一碼：議題類別縮寫

十二年國教共規劃了十九項議題融入，編碼時以議題全名縮寫代表之，如表3-10所示。

表3-10　十九項議題教育編碼縮寫對照表

議題教育全稱	議題簡稱
性別平等教育	性
人權教育	人
環境教育	環
海洋教育	海
品德教育	品
生命教育	生
法治教育	法

（續）

議題教育全稱	議題簡稱
科技教育	科
資訊教育	資
能源教育	能
安全教育	安
防災教育	防
家庭教育	家
生涯規劃教育	涯
多元文化教育	多
閱讀素養	閱
戶外教育	戶
國際教育	國
原住民教育	原

　　從表3-10可知縮寫多以議題教育名稱的第一字代表。就「議題教育編碼拆解示例表」的例1，可知此議題教育類別為「性別平等教育」、例2為「多元文化教育」、例3為「科技教育」。

溫馨小叮嚀

1. 生涯規劃教育以全名第二字作為議題簡稱，乃為避免與「生命教育」以「生」為議題簡稱混淆。

2. 每一議題教育項次下，規劃有若干學習主題。同一教育議題項次下的不同學習主題，其編碼的第一碼均是相同的。如「海洋教育」項次下，規劃了「海洋休閒」、「海洋社會」、「海洋文化」、「海洋科學與技術」及「海洋資源與永續」五個學習主題。這些學習主題下各教育階段議題實質內涵編碼，均以「海」為第一碼。

第二碼：教育階段

議題融入編碼的第二碼表示教育階段，包括國民小學教育階段、國民中學教育階段及高級中等學校教育階段，分別以大寫英文字母代表，如表3-11所示。

表3-11　議題融入教育階段代碼對應

教育階段	代碼
國民小學	E
國民中學	J
高級中等學校	U

就表3-11教育階段代碼表檢視前面所舉的三則議題教育示例（見表3-9），可知例1的第二碼為「J」表示國民中學教育階段，例2的第二碼「U」表示高級中等學校教育階段，例3的第二碼為「E」代表國民小學教育階段。

換言之，於規劃議題教育時必須注意課程實施的教育階段，並就編碼中的第二碼查詢並規劃相應的議題教育實質內涵。

溫馨小叮嚀

議題融入高級中等學校教育階段，包括普通型高級中等學校與技術型高級中等學校。

第三碼：學習主題

議題融入編碼的第三碼代表學習主題，其實際對應情形可參閱《議題融入說明手冊》。每一議題教育的學習主題與教育階段各有其對應情形，以表3-12說明性別平等教育項下的兩個學習主題，在三個教育階段開展情形。

表3-12　性別平等教育議題實質內涵

教育階段　　學習主題	議題實質內涵		
	國民小學	國民中學	高級中等學校
性別角色的突破與性別歧視的消除	性E3 覺察性別角色的刻板印象，了解家庭、學校與職業的分工，不應受性別的限制。	性J3 檢視家庭、學校、職場中基於性別刻板印象產生的偏見與歧視。	性U3 分析家庭、學校、職場與媒體中性別不平等現象，提出改善策略。
科技、資訊與媒體的性別識讀	性E7 解讀各種媒體所傳遞的性別刻板印象。	性J7 解析各種媒體所傳遞的性別迷思、偏見與歧視。 性J8 解讀科技產品的性別意涵。	性U7 批判科技、資訊與媒體的性別意識形態，並尋求改善策略。 性U8 發展科技與資訊能力，不受性別的限制。

　　性別平等教育項次下共規劃了「性別角色的突破與性別歧視的消除」等九大學習主題，表3-12則列舉「性別角色的突破與性別歧視的消除」及「科技、資訊與媒體的性別識讀」二項學習主題。同一學習主題根據不同教育階段學生心智發展，再規劃若干議題實質內涵。表中性別平等教育項次下的「性別角色的突破與性別歧視的消除」學習主題，分別在三個不同教育階段，規劃了性E3、性J3及性U3議題實質內涵。表中另列舉了性別平等教育項次下的「科技、資訊與媒體的性別識讀」學習主題，分別在三個不同教育階段，規劃了一則以上不等的實質內涵。

　　就表3-9中的例1「性J3檢視家庭、學校、職場中基於性別刻板印象產生的偏見與歧視」。其第三碼為3，所對應的學習主題為「性別角色的突破與性別歧視的消除」。

(二)議題教育核心素養的編碼規則

　　1. 議題教育核心素養的編碼架構：十二年國民基本教育為將核心素養落實至課程發展而訂定了三面九項，以連貫各教育階段及各科目／領域。議題融入同時也是落實核心素養教育的關鍵，因此「性別平等教育」、「人權

教育」、「環境教育」及「海洋教育」也依據三面九項核心素養架構規劃了
相對應的議題教育核心素養，如表3-13所示。

表3-13　議題教育核心素養架構表

核心素養面向	核心素養項目	議題融入核心素養			
		性別平等教育	人權教育	海洋教育	環境教育
A 自主 行動	A1 身心素養與 自我精進	性A1	人A1	海A1	環A1
	A2 系統思考與 解決問題	性A2	人A2	海A2	環A2
	A3 規劃執行與 創新應變	性A3	人A3	海A3	環A3
B 溝通 互動	B1 符號運用與 溝通表達	性B1	人B1	海B1	
	B2 科技資訊與 媒體素養	性B2	人B2	海B2	環B2
	B3 藝術涵養與 美感素養		人B3	海B3	環B3
C 社會 參與	C1 道德實踐與 公民意識	性C1	人C1	海C1	環C1
	C2 人際關係與 團隊合作	性C2	人C2	海C2	
	C3 多元文化與 國際理解	性C3	人C3	海C3	環C3

註：本表為闡述議題教育核心素養開展與規劃情形，故省略議題教育實質內涵，
　　僅以編碼表示，以方便比較對照。

　　表3-13第一欄及第二欄為總綱核心素養三面九項，包括「A自主行動」、「B溝通互動」及「C社會參與」三面向，每一面向再開展三項核心素養項目，如面向C社會參與規劃了「C1道德實踐與公民意識」、「C2人際關係與團隊合作」及「C3多元文化與國際理解」。最右邊四欄分別為「性別平等教育」、「人權教育」、「海洋教育」及「環境教育」。

　　以性別平等教育為例，與核心素養三面九項A1對應的核心素養為性A1，與核心素養三面九項B2對應的核心素養為性B2，與核心素養三面九項C3對應的核心素養為性C3。

　　在表3-13中，以斜線表示的部分乃是從缺的部分。從議題教育來看，性別平等教育未規劃與「B3藝術涵養與美感素養」相關的議題核心素養；環境教育則是未規劃「B1符號運用與溝通表達」與「C2人際關係與團隊合作」相關的議題核心素養。

　　下面表3-14列舉A面向「自主行動」項下「A1身心素養與自我精進」，進一步說明上述四項議題教育核心素養開展的情形。

表3-14　「A1身心素養與自我精進」於各議題教育中的實質內涵對照表

核心素養面向	核心素養項目	議題融入核心素養實質內涵			
		性別平等教育	人權教育	海洋教育	環境教育
A 自主 行動	A1 身心素養與 自我精進	性A1 尊重多元的生理性別、性別氣質、性傾向與性別認同，以促進性別的自我了解，發展不受性別限制之自我潛能。	人A1 能從自我探索與精進中，不僅建立對自我之尊重，更能推己及人，建立對他人、對人性尊嚴之普遍性尊重。	海A1 能從海洋探索與休閒中，建立合宜的人生觀，探尋生命意義，並不斷精進，追求至善。	環A1 能從人類發展與環境負擔的平衡中，思考人類發展的意義與生活品質的定義，建立合宜的人生觀，探尋生命意義。

依據總綱對於「A1身心素養與自我精進」項目的規劃說明可知,主要培養學生具備健全的身心。能透過選擇、分析新知並應用新知,以作為生涯規劃之用,並能夠據此不斷精進自我。表3-14所列舉乃就A1項目下於不同議題教育核心素養實質內涵開展的情形,規劃側重於引導學生就不同議題教育所學知識,探求生命的潛能與生命意義。

2. 議題教育核心素養的編碼拆解示例

表3-15 議題教育核心素養編碼拆解示例

	第一碼: 議題教育縮寫	第二碼: 總綱核心素養 三面九項	文字說明: 實質內涵
例1	人	B3	能欣賞、理解與人權相關之藝術、音樂、戲劇等創作,並能透過藝術或人文作品表達人性尊嚴之價值。
例2	海	B1	能善用語文、數理、肢體與藝術等形式表達與溝通,增進與海洋的互動。

第一碼:議題教育縮寫

就表3-15第1例中的「人」,表示人權教育;第2例中的「海」,表示海洋教育。

第二碼:核心素養面向

就表3-15第1例的第二碼為B3,表示此議題教育核心素養乃是根據「B3藝術涵養與美感素養」發展而來的。第2例的第二碼為B1,表示此議題教育核心素養乃是根據「B1符號運用與溝通表達」發展而來。

至此介紹了議題融入對於核心素養課程設計的重要性,同時也闡述了十九項議題融入設計架構、實質內涵以及編碼規則。具備基本的議題融入相關概念,可於日後在課程設計時將議題教育納入規劃。下小節將說明議題教育的規劃機制。

溫馨小叮嚀

「性別平等教育」、「人權教育」、「海洋教育」及「環境教育」核心素養乃是根據總綱核心素養三面九項架構而來，但在編碼僅有兩碼。第一碼為代表四大議題縮寫，第二碼乃表示總綱核心素養三面九項架構，並未有教育階段差異之別。

二、議題教育規劃機制

為說明議題教育規劃機制，表3-16將舉一示例說明。

表3-16　議題教育規劃示例——以藝術領域中的音樂學科為例

科目	學習重點		核心素養	議題教育		
	學習內容	學習表現		議題	學習主題	議題實質內涵
音樂	音P-V-1 當代多元文化 音P-V-2 文化資產保存與全球藝術文化相關議題 音P-V-3 音樂的跨領域應用	音3-V-1 能探究在地及全球藝術文化相關議題，並以音樂展現對社會及文化的關懷。	藝-U-C3 探索在地及全球藝術與文化的多元與未來。	人權教育	人權與生活實踐	人U5 理解世界上有不同的國家、族群和文化，並尊重其文化權。
				環境教育	永續發展	環U4 思考生活品質與人類發展的意義，並據以思考與永續發展的關係。
				海洋教育	海洋文化	海U9 體認各種海洋藝術的價值、風格及其文化脈絡。

　　表3-16以藝術領域中的音樂學科作為示例，說明學習重點、核心素養與議題教育規劃搭配的機制包括下列項目：

(一) 教育階段與學習階段一致

　　藝術領域學習重點規劃了二至五段學習階段，同一核心素養及同一議題教育則分為國小、國中及高中三個教育階段。於規劃時，須注意所規劃的「學習重點」、「核心素養」及「議題教育」的學習階段與教育階段具有一致性。如表3-16例子，其學習重點為第五學習階段，因此在擇定核心素養與議題教育時，必須選擇規劃高級中學教育階段，以此類推。

(二) 範疇具相關性

　　如表3-16所舉示例，「學習表現」規劃在於培養學生具備藝術文化相關知能，並能透過音樂實踐展現對社會、文化的關懷。在此前提之下，議題教育規劃必須與「社會、文化議題」相關。因此，可規劃的相應議題教育包括了「人權教育」、「海洋教育」與「環境教育」。可知在規劃核心素養、學習重點與議題教育時，須注意的是三者所規劃培養學生應具備的知識、態度或情意方向與目標具有一致性。

(三) 與其他課程規劃要素搭配開展

　　在規劃了學習重點、核心素養與議題融入後，必須將所規劃的「議題教育」實質內涵落實至學習目標、學習活動及評量策略等課程規劃要素當中。如此一來，議題教育才能真正落實至教學現場，引導學生深入學習重要議題。

溫馨小叮嚀

表3-16所提議題教育規劃示例，教師可依學生學習需求或是欲引導學生關注哪方面的公共議題來規劃教育議題，並非僅限於以上所規劃的三種議題教育。

單元4

核心素養導向教育與跨學科／領域課程設計規劃

第一章　前言

　　十二年國民基本教育的跨學科／領域的課程內涵，是以學生的適性發展為基礎，並考量課程或議題知識架構的完整性，而由學校或教師統籌規劃而出的課程；亦即當教師發現領域課程有需要和其他領域課程師資或是議題融入時，可以發展成特色課程，都能夠在研議後為學校開設或教學上的適用。此跨學科／領域課程類型屬於校訂課程的一環，是十二年國民基本教育的特色之一。

第二章　十二年國民基本教育領域課程架構

一、八大學習範疇領域

(一)領域課程學習

　　從表4-1可知三個教育階段的部定課程，包括「語文」、「數學」、「社會」、「自然科學」、「藝術」、「綜合活動」、「科技」及「健康與

體育」八大學習領域。八大學習範疇規劃架構乃是考量知識屬性、社會環境變遷及新知創新等，藉由寬廣且基礎的學習範疇達到十二年國教全人教育的理念。

表4-1 教育階段與八大領域課程對應架構表

教育階段暨年級 / 領域	國民小學			國民中學	普通型高級中等學校
	一、二年級	三、四年級	五、六年級	七至九年級	十至十二年級
語文	國語文	國語文	國語文	國語文	國語文
	本土語文 / 新住民語文	本土語文 / 新住民語文	本土語文 / 新住民語文		
		英語文	英語文	英語文	英語文
數學	數學	數學	數學	數學	數學
社會	生活課程	社會	社會	歷史	歷史
				地理	地理
				公民與社會	公民與社會
自然科學		自然科學	自然科學	生物	生物
				理化	物理
					化學
				地球科學	地球科學
藝術		藝術	藝術	音樂	音樂
				視覺藝術	美術
				表演藝術	藝術生活
綜合活動		綜合活動	綜合活動	家政	生命教育
				輔導	生涯規劃
				童軍	家政
科技				資訊科技	資訊科技
				生活科技	生活科技
健康與體育	健康與體育	健康與體育	健康與體育	健康教育	健康與護理
				體育	體育

(二) 分科教學

　　從表4-1可知部分領域分為若干科目，其原因有二：1.依知識屬性與內涵的關係而分科目；2.考量了不同教育階段或是學習階段學生心智發展之故。就表4-1可知除了數學領域不分科之外，其餘領域在不同教育階段（或是學習階段）皆有分科目的規劃。

　　以藝術領域為例，在國民小學教育階段施行領域教學，即第二及第三學習階段以藝術統括，但學習範疇包括了音樂、視覺藝術及表演藝術三科目。

　　在國民中學教育階段則是採彈性施行領域教學與分科教學，學習範疇包括了音樂、視覺藝術及表演藝術三科目。在高級中等學校教育階段，則採分科教學。

> **溫馨小叮嚀**
>
> 藝術領域在高級中等學校教育階段課程規劃包括了表4-1所示的必修課程外，仍規劃有加深加廣選修課程，其範疇包括「表演創作」、「基本設計」、「多媒體音樂」與「新媒體藝術」四科目。

(三) 跨學科／領域課程設計

　　1. 領域教學與分科教學：表4-2歸納了三個教育階段，共五個學習階段在六大領域課程規劃情形。知識學理規劃為六大領域自有其考量，但在不同教育階段因學生心智發展等因素，故領域課程在三個教育階段、五個學習階段視領域課程特質，而有領域教學或是分科教學之別，如表4-2所示。

　　其中一至三學習階段為國小教育階段，除了第一學習階段中社會、自然科學、藝術及綜合活動統整為生活課程未規劃科技領域課程外，皆採領域教學。

　　國民中學為第四學習階段，除了科技領域採分科教學，其餘領域則是採彈性領域或分科教學。

表4-2 教育階段與領域課程規劃對照表

領域＼教育與學習階段	國民小學教育階段		國民中學教育階段	高級中等學校教育階段
	一	二、三	四	五
社會	統整為生活課程	領域教學	彈性領域／分科教學	分科教學
自然科學		領域教學	彈性領域／分科教學	分科教學
藝術		領域教學	彈性領域／分科教學	分科教學
綜合活動		領域教學	領域教學	分科教學
科技			分科教學	分科教學
健康與體育	領域教學	領域教學	彈性領域／分科教學	分科教學

　　高級中學為第五學習階段，在六大領域中皆採分科教學。然總綱或是領域課程綱要仍強調規劃跨學科探究活動、探究實作與應用等課程，以強化學生應用與整合課程知識的能力。

　　2. 跨學科課程規劃：從上述說明可知十二年國民基本教育部定課程包括八大領域，而每一領域因知識屬性不同而有分科目之別，可視課程規劃與學生學習需求而進行跨學科或跨領域課程規劃。兩者的差異在於跨學科指的是同一領域中的不同科目整合為一課程內容，跨領域指的是不同領域或是不同領域中的科目整合為一課程內容，如表4-3所示。

表4-3　跨學科／領域課程設計組合搭配表

	語文	數學	社會	自然科學	藝術	綜合活動	科技	健康與體育
語文	跨學科	跨領域	跨領域	跨領域	跨領域	跨領域	跨領域	跨領域
數學	跨領域		跨領域	跨領域	跨領域	跨領域	跨領域	跨領域
社會	跨領域	跨領域	跨學科	跨領域	跨領域	跨領域	跨領域	跨領域
自然科學	跨領域	跨領域	跨領域	跨學科	跨領域	跨領域	跨領域	跨領域
藝術	跨領域	跨領域	跨領域	跨領域	跨學科	跨領域	跨領域	跨領域
綜合活動	跨領域	跨領域	跨領域	跨領域	跨領域	跨學科	跨領域	跨領域
科技	跨領域	跨領域	跨領域	跨領域	跨領域	跨領域	跨學科	跨領域
健康與體育	跨領域	跨領域	跨領域	跨領域	跨領域	跨領域	跨領域	跨學科

　　表4-3中，灰階框格表示為同一領域中跨學科課程規劃，如社會領域包括歷史、地理及公民與社會三科目，可以擇取社會領域中的任二科目或是三科目規劃成一門跨學科課程。又如藝術領域在高中教育階段採分科教學，必修課程包括音樂、美術及藝術生活三科目，擇取任二科目或三科目規劃成一門跨學科課程。

　　同領域內不同學科之間知識是互有關聯，規劃課程時若能整合二科以上的學科知識，可以引導學生統整應用不同學科知識以解決問題。

溫馨小叮嚀

數學領域由於不分科目，故無法規劃數學領域跨學科課程。

3. 跨領域課程規劃：如表4-3所示，跨領域課程意指不同領域間科目整合規劃為一門課程內容。例如：自然領域跨藝術領域或是數學跨語文，乃至於科技跨社會等皆屬跨領域課程內容。然除了數學領域不分學科之外，其餘領域皆因學習知識範疇而分有若干學科，因此跨領域課程規劃的搭配整合具有相當多的可能性，關係到領域項下科目規劃以及教育階段不同而有所不同，如表4-4所示。

表4-4　普通型高級中等學校教育階段跨領域課程搭配示例──自然跨藝術

藝術領域 自然領域	音樂	美術	藝術生活
生物			
化學			
物理			
地球科學			

表4-4以普通型高中教育階段的藝術領域與自然領域進行跨領域課程為例。藝術領域規劃有音樂、美術及藝術生活三科目，自然領域規劃有生物、化學、物理及地球科學四科目。當課程內容規劃包括一科以上自然領域及一科以上藝術領域科目即屬跨領域課程。例如：藝術領域美術、自然領域化學及地球科學整合為一課程內容，或是藝術領域音樂與自然領域物理統整為一課程內容等皆可。

跨領域課程的領域科目整合依據，是以二個或二個以上領域內的學科與其他領域內學科互相整合搭配。至於跨領域課程規劃的目的與機制等內容，待下節說明。

第三章 跨學科與跨領域課程規劃模式

前已定義並區別跨學科及跨領域課程差異，在此將介紹跨學科及跨領域課程規劃模式。即從學生學習探討如何規劃跨學科或跨領域課程，以及跨學科或跨領域課程對學生學習的重要性。

規劃跨學科或跨領域課程前必須先規劃好主、副科目／領域，如此一來才不致於主要學習知識範疇失焦。主科目／領域意指學生主要學習的知識範疇／科目，副科目則是作為輔助學習的知識範疇／科目。

一、跨學科與跨領域課程中的規劃模式

(一)問題導向學習

問題導向學習乃源自於醫學教育，以實際面臨的狀況或是問題，幫助學生習得專業知識，並能夠將專業知識轉化為解決問題的實務能力。相較於講述式學習，問題導向學習是以學生學習為中心。教師所擔任的角色便是引導學生觀察、發掘問題進行深度學習，不僅有系統學習知識，且能將知識應用於問題解決。

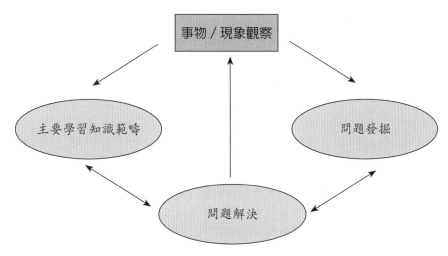

圖4-1 問題導向跨領域課程模組

　　圖4-1可見問題導向跨領域課程模組共包括四個步驟，即事物／現象觀察、主要學習知識範疇、問題發掘與問題解決。在跨學科／領域課程規劃中如何將主學科／領域及副學科／領域整合為一課程內容，可透過圖4-1的四個步驟。

　　首先，教師可先就欲讓學生學習的知識內容，尋找適當的事物或現象等引導學生觀察或是分析現象或事物。接著就所觀察的事物／現象適時融入學生主要學習的知識範疇／科目，即跨學科／領域中的主要學科／領域知識原理；另一方面，引導學生發掘事物或現象中隱藏的問題。最後再引導學生針對問題提出解決的方法，或是能針對問題提出自己的想法與觀點。在上述四個歷程中，除了主要學習知識範疇以主學科為規劃範疇，其餘皆可以主、副科目個別或是搭配規劃。

　　老師引導學生學習、學生主動學習，學習不再是單向的，而是老師與學生之間的往來互動。不單是知識、原理的學習，而是能觀察事物現象並發掘其中問題或是深入挖掘之處，進而利用所學習的知識、原理等針對所觀察事物、狀況或是問題提出解決之道，或是尋求合理的解釋，這便是問題導向跨學科／領域學習課程規劃的目的之一。在此舉二例問題導向跨領域課程規劃，探討其主、副科目／領域搭配規劃方式。

案例一：**數學跨藝術問題導向課程**

表4-5　數學跨藝術問題導向跨領域課程設計

教案名稱	數列與級數—遞迴關係
實施年級	高中一年級
學習知識內涵及範疇	數列與級數及遞迴關係
主科目（領域）	數學／數學領域
副科目（領域）	美術／藝術領域
跨領域課程規劃內涵	引導學生觀察並探討地磚、建築構造中的規律現象，以數學領域中的數列與級數及遞迴關係的知識角度，探討規律的原因與現象。

表4-5乃就課程設計中涉及跨領域課程規劃相關要素整理出來，學生主要學習的知識範疇是高級中學一年級的數列與級數及遞迴關係。將表中的課程相關資訊以問題導向跨領域課程模組畫出，如圖4-2所示。

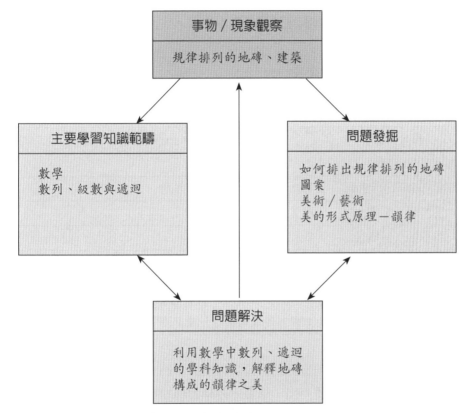

圖4-2 數學跨藝術問題導向跨領域課程模組圖

數學跨藝術問題導向課程模組規劃，包括四個部分：

1. 觀察事物或現象：帶領學生就地磚進行觀察，引導學生發現地磚排列具有規律性與重複性等特質。

2. 發掘問題：透過副領域—藝術領域中的美術學科營造問題情境，讓學生思考如何設計排列整齊又極富變化之美的地磚圖案。

3. 主要學習知識範疇：導入主要學習知識範疇，即跨領域課程中的主科目學習範疇。就本示例而言，從數列、級數與遞迴的知識角度，重新理解地磚圖案的規律性與整體規律產生的變化之美。

4. 問題解決：學生不僅能夠學習數列與遞迴學科知識，也能從此角度解釋說明美術中規律排列圖案隱藏的數學之美。

案例二：自然跨藝術問題導向課程

表4-6　自然跨藝術問題導向跨領域課程設計

教案名稱	薄膜干涉與七彩繽紛的光碟片
實施年級	高中一年級
學習知識內涵及範疇	波的反射、折射、干涉與繞射
主科目（領域）	物理／自然領域
副科目（領域）	美術／藝術領域
跨領域課程規劃內涵	帶領學生觀察泡泡、光碟片所呈現的色彩，並導入物理——光波干涉原理解釋泡泡、光碟片等呈現的色彩。最後利用跨領域——藝術領域美術表現的方式，解決廢棄光碟片造成的環境汙染問題。

上舉例子為問題導向自然跨藝術課程設計示例，就課程設計中涉及跨領域課程規劃相關要素整理而出，學生主要學習的知識範疇是高級中學一年級的波的反射、折射、干涉與繞射。同樣地，將此課程內容以問題導向跨領域課程模組畫出架構圖（圖4-3）如下：

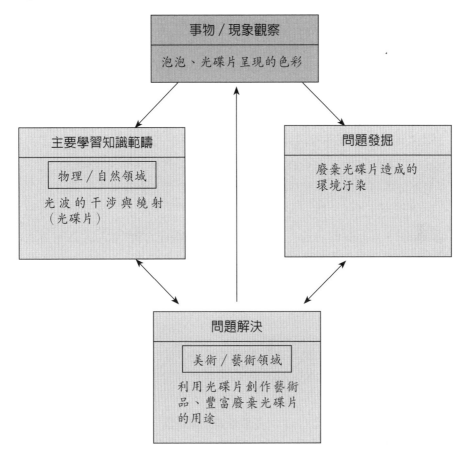

圖4-3 自然跨藝術問題導向跨領域課程模組圖

自然跨藝術問題導向課程模組規劃，包括四個部分：

1. 觀察事物或現象：帶領學生觀察泡泡、光碟片等，並找出共同特色。

2. 發掘問題：利用環境議題中的能源資源永續利用學習主題，讓學生明白光碟片除了保存資料的功用，因光干涉而呈現多彩外觀，但因含重金屬成分，故有環境汙染的問題。透過議題教育營造問題情境，引導學生思考如何提升廢棄光碟片的再利用。

3. 主要學習知識範疇：導入主要學習知識範疇，即跨領域課程中的主

科目學習範疇。就本示例而言，高中一年級物理學科的光波干涉與繞射等，讓學生了解泡泡與光碟片所呈現的繽紛色彩是因為光波的干涉現象。

4. 問題解決：在廢棄光碟片回收引發的環境汙染問題上，考量光碟片外觀特色具繽紛色彩，引導學生透過藝術創作降低光碟片丟棄數量，提升光碟片再利用率。

問題導向跨領域課程規劃，在於培養學生思考能力以及解決問題的能力。解決問題的同時，能夠將課程所學學科知識轉化為解決問題的能力。在思索問題並尋找答案的過程中，才能讓學生的學習更具深度。

在規劃設計這樣的跨領域課程時，宜將主科目角色定位在學生主要學習的知識範疇；副科目的角色可以如同前面所提案例一用來營造問題情境，或案例二的副科目角色則是用來引導學生思索解決廢棄光碟片造成的環境汙染問題。

(二) 幫助學生學習

當部分科目或領域知識原理較艱澀或是抽象難以理解、記憶時，透過跨領域課程設計，可以幫助學生學習或是提升其學習興趣。

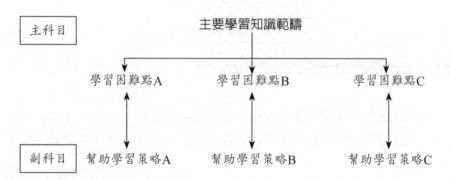

圖4-4 幫助學習型跨領域課程模組

如圖4-4所示，幫助學生學習的跨領域課程設計含括三部分：

1. 主要學習知識範疇：規劃並確定學生的主要學習知識範疇，即主科

目中學生所要學習的範圍。

2. 學習困難點：分析主科目知識原理中學生學習成效較差，或是較艱澀難理解的部分。

3. 幫助學習策略：針對學生學習成效較薄弱或是艱深的部分，提出幫助學生的學習策略。跨領域課程即副科目在跨領域／學科課程擔任的角色之一。下舉二例跨領域課程設計，說明如何透過副科目整合規劃以幫助學生學習。

案例一：自然跨藝術領域課程 —— 酸鹼反應

表4-7　幫助學習型跨領域課程設計表 —— 自然跨藝術領域

教案名稱	酸鹼反應
實施年級	國中二年級
學習知識內涵及範疇	酸鹼反應
主科目（領域）	理化／自然領域
副科目（領域）	視覺藝術／藝術領域
跨領域課程規劃內涵	教導學生指示劑變色原理，另一方面透過色彩視覺藝術創作，讓學生利用所學酸鹼中和知識原理調製出創作需要的顏色。

上舉表4-7為自然跨藝術課程設計示例，就課程設計中涉及跨領域課程規劃相關要素整理而出，學生主要學習的知識範疇是國民中學二年級的酸鹼中和。將表4-7轉化為「幫助學習型跨領域課程模組」，其課程架構圖如圖4-5所示。

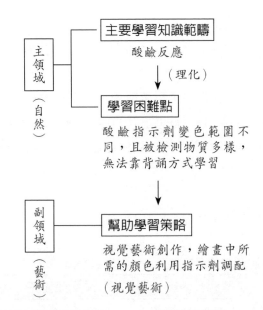

圖4-5 幫助學習型跨領域課程模組──自然跨藝術領域

自然跨藝術領域幫助學習課程模組規劃,包括三個部分:

1. 主要學習知識範疇:本示例中學生主要學習知識範疇為自然領域中理化科的酸鹼中和。

2. 學習困難點分析:酸鹼指示劑變色範圍不同,無法以背誦的方式學習;再者背誦變色範圍的學習成效不大,能將酸鹼指示劑特性或原理應用於生活或其他層面才是學習的目的。

3. 幫助學習策略:結合副領域──藝術領域,引導學生進行視覺藝術創作,而過程中所需的顏色皆運用所學酸鹼中和原理調製。副科目/領域的角色在於讓學生靈活運用所學的主科目/領域知識、原理,取代背誦的方式。

案例二：藝術跨語文領域課程──詩中一幅畫

表4-8 幫助學習型跨領域課程設計表──藝術跨國語文領域

教案名稱	詩中一幅畫
實施年級	國小五年級
學習知識內涵及範疇	多元媒材、技法與視覺藝術創作
主科目（領域）	視覺藝術／藝術領域
副科目（領域）	國語文／語文領域
跨領域課程規劃內涵	教導學生以多元媒材、技法進行視覺藝術創作，將國語文文本內涵轉化為藝術創作主題或是發想創作主題。

上舉例子為藝術跨語文領域課程設計示例，就課程設計中涉及跨領域課程規劃相關要素整理而出，學生主要學習的知識範疇是國民小學五年級視覺藝術創作的媒材與技法等。將表4-8轉化為幫助學習型跨領域課程模組，其課程架構圖如圖4-6所示。

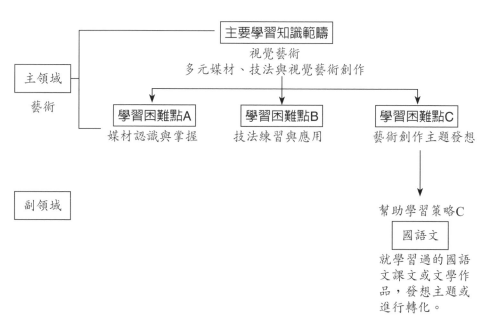

圖4-6 幫助學習型跨領域課程模組──藝術跨語文領域

藝術跨語文領域幫助學習課程模組規劃，包括三個部分：

1. 主要學習知識範疇：本示例中學生主要學習知識範疇為多元媒材、技法與視覺藝術創作。

2. 學習困難點分析：就此課程規劃的主要學習知識範疇，分析學生學習過程可能遇到的困難點有三，如圖4-6所示。困難點A、B皆是主科目所需學習的知識、技能範疇。

3. 幫助學習策略：學習困難點C「藝術創作主題發想與構思」可以利用跨領域中的副學科，在此示例為語文領域中的國語文引導學生構思藝術創作主題或內涵。此示例採取的方式為帶領學生運用已學過的國語文課文內涵，將其中的思想、情感等轉化為藝術創作內容，或是據此發想自身想表達的觀點或是思想。

溫馨小叮嚀

在幫助學生學習的跨學科／領域課程設計時，除了主要學習知識範疇是不可任意變動者外，其他可以根據學生學習成效不彰或是學習興趣低落等問題，利用跨學科／領域提升學生的學習成效或興趣。上舉二例中，因學生興趣或是學習背景不同而可能有不同的學習困難點，此時跨領域的規劃與選擇是可彈性規劃的。反之，同樣的學習知識範疇與學習困難點，教師亦可提出不同的幫助學習策略，此時，副領域的選擇亦可能隨之變動，可以彈性規劃。

(三) 拓展學習視野

即透過跨學科／領域課程引導學生能將所學的知識原理或是概念，從主要學習的學科延伸至其他學科。學習視野既是垂直深入，同時也能平行延伸。下舉二例跨領域課程設計說明如何透過學科／領域整合規劃，以幫助學生拓展學習視野。

案例一：**藝術跨社會領域課程設計 —— 舞動華爾滋**

表4-9　拓展跨領域學習視野課程設計表 —— 藝術跨社會領域

教案名稱	舞動華爾滋
實施年級	高中二年級
學習知識內涵及範疇	華爾滋的音樂節奏與風格
主科目（領域）	音樂／藝術領域
副科目（領域）	地理、歷史／社會領域
跨領域課程規劃內涵	主要教導學生了解華爾滋的音樂節奏與風格，並能區別與其他舞蹈的不同。進一步從華爾滋起源及演變等角度，即歷史與地理等社會領域知識進一步了解華爾滋相關知識。

上舉跨領域課程主要學習知識領域為藝術領域中的音樂學科，主要知識範疇為華爾滋音樂節奏與風格。整合了社會領域中的地理與歷史學科，目的在於拓展學生的學習視野。

即打破單一學科／領域的界線，不僅從音樂學科的角度深入了解華爾滋的風格與音樂節奏；另一方面，分別從歷史學科、地理學科的角度了解、探討華爾滋的起源、發展，甚至華爾滋的傳播。讓學生了解華爾滋不僅是眾多舞蹈種類之一，也可視為歐洲政治變遷、文化傳播等現象之一。

在此，即從舞蹈—「華爾滋」連結不同學科／領域知識，從不同學科／領域知識角度了解華爾滋，如圖4-7所示。每一學科知識原理如同一視角，帶領學生從不同的視角了解並探索「華爾滋」。此模式的跨領域課程規劃引導學生從不同學科／領域視角審視並探究同一事物或現象，讓學習更全面性、更寬廣。

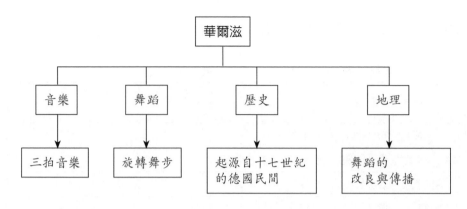

圖4-7 拓展學習視野跨領域課程模組──藝術跨社會領域

案例二：自然跨藝術領域課程設計──多采多姿的生態系─森林生態系

表4-10 拓展跨領域學習視野課程設計表──自然跨藝術領域

教案名稱	多采多姿的生態系─森林生態系
實施年級	國中一年級
學習知識內涵及範疇	了解森林生態系的環境與動植物
主科目（領域）	生物／自然領域
副科目（領域）	視覺藝術／藝術領域
跨領域課程規劃內涵	讓學生了解生物學生態系相關知識原理。另一方面，從色彩的概念引導學生觀察、歸納動植物色彩形成與變化，以了解生物多樣性，最後再讓學生深入了解生態系與生物多樣性的關聯。

上舉自然跨藝術課程主要學習知識科目為自然領域中的生物學科，範疇為森林生態系環境與動植物。整合了藝術領域中的視覺藝術學科，目的在於培養學生將主要學習學科中的某一概念或觀點，拓展至其他學科或領域。

圖4-8右邊為主要學習學科知識生態系與動植物，可以再拆解成若干觀

點。其中植物構造與色彩兩個觀點可以平行延展至視覺藝術中，即構造、色彩在生物與視覺藝術兩個學科裡具有不同的意義。

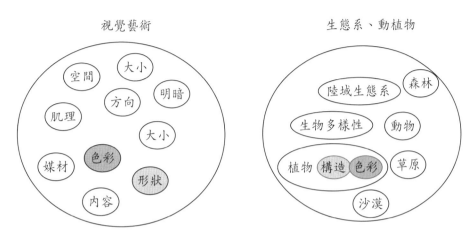

圖4-8 拓展學習視野跨領域課程模組——自然跨藝術

　　在此跨領域課程設計中，以「色彩」概念連結了生物學科與視覺藝術學科。每一種動植物都有屬於自己的色彩，如同視覺藝術中的色相，包括紅、橙、黃、綠等各種顏色。「色彩」此概念存在於生態系的動植物中，但在不同物種之間具有不同的意義，牽涉了遺傳、演化及生物多樣性等層面生物重要觀念。

　　因此，本跨領域課程規劃先引導學生觀察、歸納植物的色彩，再進一步導入主要學習知識。透過此類型跨領域課程規劃，引導學生在日後能將主科目所學知識概念，平行連結至其他學科知識，訓練其整合不同學科或領域知識的能力。

　　總結以上三種跨學科／領域課程規劃模式以及六則示例，可知跨學科／領域課程具備下列優點：

1. 營造學習情境，培養學生分析、歸納問題的能力，並能根據所學學科或領域知識，針對問題提出解決之道或是提出個人見解與想法。

2. 幫助學生從不同學科或領域知識角度，理解或是分析同一事物或現

象。

　　3. 兼顧不同學生的學習需求與學習優勢，提升其對於不擅長科目或領域的學習成效及興趣。

二、跨學科與跨領域課程規劃要素

　　上一小節已闡述了跨學科／領域課程規劃模式，本小節將簡略說明跨學科／領域課程規劃的重要要素，包括下列三大項目：

(一) 設計依據（學習表現、學習內容、核心素養）

　　設計依據包括學習內容、學習表現與核心素養三部分。在規劃上述三部分時，必須兼顧主科目領域與副科目領域的學習內容、學習表現與核心素養規劃。規劃的實質內涵則視跨學科／領域教案課程規劃模式，以及主、副科目／領域實質內涵而訂定。

(二) 學習目標訂定

　　核心素養教育不僅著重學生習得學科／領域知識原理，同時注重學生情意、態度養成。不僅如此，跨學科／領域學習目標規劃必須考量學生在主、副科目中，應習得的知識原理與情意態度。

跨學科／領域　學習目標	主學科／領域	副學科／領域
知識原理學習目標		
情意、態度學習目標		

(三) 教學活動設計

　　透過一連串的教學活動，引導學生學習。跨學科／領域課程規劃在規劃教學活動內容時，宜將主學科／領域及副學科／領域學習目標適度轉化為教學活動內涵。

> **溫馨小叮嚀**
>
> 進行跨學科／領域課程設計時必須注意課程實施年級，即主、副學科／領域僅能同一教育階段之間的學科／領域互相搭配，或是較高學習階段的科目／領域搭配較低學習階段的學科／領域，以免學生先備知識不足、學習成效不佳。

核心素養導向教育理念的落實與共同備課機制

第一章　前言

　　教案是教師教學設計藍圖。核心素養導向教案包括許多關鍵設計要素，如核心素養、學習表現與學習內容等，為此本研究研發了核心素養導向教案設計討論歷程表。目的有二：一、讓師資生了解核心素養導向教案設計規劃要素；二、核心素養導向教育相當重視跨學科或跨領域，透過討論歷程表能整合不同學科／領域師資生的專業知識，共同討論核心素養導向跨領域教案。

　　本單元學習目標如下：

　　1. 了解核心素養導向教案設計規劃要素。

　　2. 學會使用核心素養導向教案設計討論歷程表，有系統、有組織地整合不同學科／領域師資生的意見與看法，共同討論、規劃出核心素養導向跨學科／領域教案。

第二章　跨領域核心素養導向教案設計討論歷程表架構與內涵

一、核心素養導向教育理念的實踐

　　十二年國民基本教育理念以「核心素養」作為課程發展的主軸，不僅縱向連貫了國民小學、國民中學及高級中學三個教育階段，同時也橫向連結了各科目／領域間的知識內容，以強化學生知識統整應用的能力。

　　核心素養不僅是教育最終理想，即培養學生具備解決問題的能力、知識與態度，更是十二年國民基本教育落實的方針與方法。從核心素養開展出各領域三面九項核心素養具體內涵及各科目／領域學習重點（包括學習內容與學習表現），與核心素養息息相關的議題教育更是依三面九項架構規劃了與每個議題相對應的核心素養。再者，核心素養導向教育重視各科目／領域知識的整合與應用，因此跨科目／領域課程規劃亦是核心素養導向教育的關鍵。

　　因此，為帶領師資生及現職教師將核心素養理念落實至教案設計，本研究設計了「核心素養導向教案設計討論歷程表」，整合核心素養導向教案規劃的關鍵要素，包括核心素養、學習重點、跨領域規劃及議題融入等。當師資生進行跨領域核心素養導向教案設計時，可以利用此表進行共同備課。

二、跨領域核心素養導向教案設計討論歷程表架構

　　本研究為了整合不同學科／領域師資生專業，進而設計了「核心素養導向教案設計討論歷程表」，以方便共同設計、規劃跨領域教案。討論歷程表，如表5-1所示。

表5-1 核心素養導向教案設計討論歷程表

系列＿＿＿ 組員名字＿＿＿ 紀錄者＿＿＿

討論歷程	教學單元訂定	跨領域	學習目標擬定	查詢領域學習重點 階段III	查詢領域核心素養具體內涵 階段II	議題融入	教學活動設計階段IV				試教暨學習單設計	教材選用或設計	教學設備/資源	整體教案規劃反試教檢視省思心得
							引起學習動機的活動規劃	發展教學活動（主、副科目）	導入學習知識的活動設計（主科目）	生活應用活動規劃				
小組討論紀錄（請詳細紀錄）	1.授課年級： 2.授課時間：	1.單一學科/領域 2.跨學科/領域 主科目： 副科目：	1.單元基本核心知識、原理學習 2.情意、態度養成	1.學習內容 2.學習表現		1-1 四大議題 性別平等/人權教育/環境教育/海洋教育 1-2 四大議題 學習主題 2-1 十五議題 2-2 十五議題 學習主題 3.不規劃議題融入	詳盡策略規劃 詳盡策略規劃	詳盡策略規劃 詳盡策略規劃	詳盡策略規劃 詳盡策略規劃	詳盡策略規劃 詳盡策略規劃	1.教具準備 2.授課內容演練 3.簡報/海報/媒體（多媒體應用） 4.學習單設計	教科書以外的教材		
自我檢視														

本討論歷程表設計是根據下列架構設計：

(一) 教學單元知識確定

1. 教學單元須先思考此教案實行的教育階段為國小、國中或高中。

2. 決定教育階段，需要再進一步思考學習階段，例如：教育階段為國中，學習階段為第四學習階段，則此教案教授的教學單元則為國中第四學習階段適用。如果教育階段為高中，學習階段為第五學習階段，則此教案教授的教學單元為高中第五學習階段適用。

3. 討論教學主題或範疇。

4. 規劃跨學科／領域教案時，在上一步驟已確立學生主要學習科目／領域。在此必須思考擇定哪一學科／領域為副學科／領域。例如：設定此教案為自然跨藝術，自然領域為主要領域、藝術為副領域。再進一步決定自然的物理學科為主要學科，藝術領域的美術為副學科。

5. 訂定授課時間，即此教學單元需要多少的授課時間？這必須考量整學期授課進度或是授課單元的難易程度而決定。

溫馨小叮嚀

教學單元（主題）、教育階段與學習階段的選擇，必須考量學生心智發展而訂定。

(二) 學習目標擬定

核心素養導向教育理念，學習知識原理是基本，進一步應培養學生情意及態度學習。因此在訂定學習目標時，宜規劃兩大層面：

1. 單元基本核心知識、原理的學習目標
    例如：了解「酸鹼中和」的原理。
    例如：學習「色光三原色」的原理。

2. 情意、態度養成的學習目標
　　例如：了解如何記錄或歸納、分析實驗數據及結果。
　　例如：如何透過藝術創作，表達自我對於環境自然議題的看法，甚
　　　　　至喚起社會大眾對於環保議題的重視。

溫馨小叮嚀

1. 情意、態度養成的學習目標訂定，可參考所選擇對應的學習表現與核
　心素養內容修正訂定。
2. 跨學科／領域教案於訂定學習目標時，宜兼顧主、副學科／領域。

(三) 核心素養導向設計依據
　　此階段包括核心素養、學習重點及議題融入三部分。

1. 領域核心素養規劃
　　(1) 領域核心素養與教案規劃的關聯：領域核心素養訂定的目標在於引
導學生除了學科／領域知識、技能學習之外，能夠將學習的知識或技能與生
活連結，並逐步培養適應生活與能對問題提出因應之道的能力。
　　(2) 領域核心素養規劃要點
　　　①跨領域教案在進行核心素養規劃時，應含括主、副領域核心素
　　　　養。例如：規劃數學跨藝術教案時，核心素養規劃應包括數學領
　　　　域與藝術領域；或是國語文跨社會領域，核心素養對應宜包括國
　　　　語文與社會兩個領域的核心素養。
　　　②注意教育階段亦會影響核心素養內涵的擇定與對應。E代表國民
　　　　小學教育階段，J代表國民中學教育階段，U代表高級中學教育階
　　　　段。因此，當所規劃的教案設定為高中一年級時，其所對應的核
　　　　心素養具體內涵第二碼應是U，以此類推。

> **溫馨小叮嚀**
>
> 1. 跨學科／領域核心素養擇定時，宜參考所跨學科／領域領綱核心素養
>   具體內涵，並找出相對應的核心素養。
> 2. 各學科／領域核心素養具體內涵，根據學生心智發展而有不同教育階
>   段之別。然而，部分學科／領域因特色差異，不同教育階段對應的總
>   綱核心素養面向是相同的。如數學領域的「C社會參與」中的「C1道
>   德實踐與公民意識」，其國民小學、國民中學及高級中等學校所對應
>   的具體內涵均為「具備立基於證據的態度，建構可行的論述，並發展
>   和他人理性溝通的素養，成為理性反思與道德實踐的公民」。

　　2. 學習重點規劃：各學科／領域學習重點，皆包括「學習內容」與
「學習表現」兩大內容。

　　(1) 學習內容查詢與規劃

　　　　①「學習內容」乃是學科／領域基礎且重要的原理、概念、知識
　　　　　等，根據不同教育階段學生心智發展以及各學科／領域特色，規
　　　　　劃成有系統、組織的架構。

　　　　②各領域學習內容依其特色而有不同的學習構面，如藝術領域學習
　　　　　內容是由「表現」、「鑑賞」及「實踐」三個構面統整而起的。
　　　　　又如國語文領域的學習內容分為「文字篇章」、「文本表述」及
　　　　　「文化內涵」三大類別。

　　　　③根據規劃的知識內容範疇查詢相對應的學習內容。學習內容對應
　　　　　不限於一則，可視學生學習狀況、需求增減。

　　　　④規劃跨學科／領域教案時，「學習內容」規劃應該參考主、副學
　　　　　科／領域的學習內容實質內涵。

　　(2) 學習表現查詢與規劃

　　　　①「學習表現」乃是引導學生學習認知、能力與態度的培養，與上
　　　　　述的「學習內容」息息相關，用以引導課程安排、教材研發及教
　　　　　學設計與學習評量規劃的依據，但兩者的著重點不盡相同。

②規劃「學習表現」時，宜思考學生於學習知識原理、概念之外，要培養哪方面的學習認知？或是哪種能力與態度的培養？如自然領域的學習表現面向包括了「探究能力—思考智能」、「探究能力—問題解決」及「科學的態度與本質」三個層面。又如藝術領域學習表現包括了「表現」、「鑑賞」及「實踐」三構面。根據規劃的單元知識範疇並考量學生心智發展，以對應適宜的學習表現。

③規劃跨學科／領域教案時，「學習表現」對應規劃宜含括主、副學科／領域的學習表現實質內涵。

溫馨小叮嚀

1. 學習重點包括「學習內容」與「學習表現」兩大範疇，於規劃教案時兩者缺一不可。
2. 規劃學習內容與學習表現時，宜注意所規劃教案的學習階段對應。即當規劃教案的單元知識為國中一至三年級時，其學習內容與學習表現對應為第四學習階段七至九年級，以此類推。
3. 各領域課程綱要提供了「領域學習重點與核心素養呼應表參考示例」，可供師資生規劃核心素養導向教案時參考。

---

3. 議題融入規劃

(1) 議題融入在教學過程的意義與作用：議題融入包括「性別平等」、「人權教育」及「多元文化」等十九項議題，內容含括了國內外重大情勢及社會議題。因此，具有時代性與世界社會連結等特質，適合納入教案規劃的一環，可用來營造學習情境。

(2) 議題融入的查詢

①思考教案單元知識內容，以及應培養學生的認知、能力與態度等，訂定適合的議題融入方向，如「性別平等」或「多元文化」

等。參考《議題融入說明手冊》各議題的學習主題與實質內涵，再從選定融入的議題中縮小範疇。如性別議題的學習主題包括了「性別角色的突破與性別歧視的消除」和「性別權力關係與互動」等九個學習主題，再從九個學習主題中擇一。

②注意議題融入實質內涵亦有教育階段之別，可參考《議題融入說明手冊》中的學習主題與教育階段對照表，根據授課內容擇定對應的教育階段議題實質內涵。

③根據擇定的議題及教授的教育階段，查詢所擇定議題的實質內涵，填入表5-1第七欄「議題融入」。

(3) 議題融入的落實規劃：在此需要進一步思考如何將上面擇定的議題，融入且落實至教案規劃當中。首先，轉化為情意、態度的學習目標；次之，落實至教學活動設計；最後，作為學習單設計的依據等，可就學生學習需求與教師教學設計思考。

溫馨小叮嚀

1. 十九項議題融入實質內涵可查詢《議題融入說明手冊》。
2. 可參考各領域課程綱要中的議題融入「○○領域課程綱要」學習重點示例，進一步了解議題融入與學習重點對照脈絡。
3. 於填入議題融入實質內涵時，宜將三碼編碼及實質內涵（文字說明）完整填入表中，以利後續教案開展對照使用。

(四) 教學活動設計

教學活動設計依本研究研發「啟合學習法」設計，包括四部分：1.引起學習動機的活動規劃；2.發展教學活動；3.導入學理知識的活動設計及4.生活應用活動規劃。主、副科目／領域知識內容依學生學習需求與教師課程規劃彈性融入其中，或是主、副科目／領域整合為一教學活動。

與四個教學活動對應的是評量策略，即在規劃教學活動時，同時規劃相

對應的評量策略，用以觀察學生的學習成效；另一方面，也可作為教師修正教學活動的參考。

(五) 試教暨教案規劃省思

完成跨領域共同備課後，組員可就表5-1每一教案要素反思其缺失或是針對討論過程中組員意見歧異的部分，再重新討論與規劃。

第三章　共同備課機制操作

一、共同備課目的

建立共同備課機制目的有三：

(一)呼應新課綱強調知識整合的教育理念，以融合不同學科／領域專長的師資生，設計規劃出統合知識的教案。

(二)藉此讓師資生及在職教師吸收他人長處與看法，有助於其日後面對不同學習狀況、能力及反應的學生。

(三)共同備課過程中每位成員對於教案設計的規劃，可以根據不同的學生學習需求或課程安排發展成數個教案，讓教案更具靈活性及彈性。

二、共同備課機制方法

共同備課採小組團體討論方式，進行教案設計規劃討論。以下就此教案設計討論歷程表說明操作步驟與方法。

本小節按跨領域共同備課要素並舉一示例，說明如何整合組員意見與專業，共同規劃跨領域課程。

(一) 教學單元知識確定

表5-2 中等教育階段跨領域核心素養導向教案設計討論歷程──教學單元知識訂定

討論歷程	教學單元訂定I	學習目標擬定
小組討論紀錄（請詳細紀錄）	1.國中／高中 2.授課年級 3.設定主／副單元 4.授課時間 國中一年級 主科：視覺藝術─策展 副科：自然科學─環境汙染與防治（Me） 授課時間：4堂課 國中二年級 主科：視覺藝術─臺灣當代藝術 副科：社會領域 授課時間：3堂課 國中一年級 主科：視覺藝術─藝術的形式要素 副科：自然─地球和太空（Fb） 授課時間：2堂課	1.單元基本核心知識、原理學習目標 2.情意、態度養成 1.知識學習目標 (1)具備基本策展相關知識，並能規劃具有主題的展覽。 (2)具備全球氣候暖化的知識。 2.情意、態度學習目標 (1)能夠運用藝術相關知識，解決社會、環境重大議題。 (2)培養學生獨立思考及表達個人想法、觀點的能力。 1.知識學習目標 明白氣候暖化造成的影響及相關重要議題。 2.情意、態度學習目標 能夠主動發掘生活周遭的社會、環境等問題。

　　1. 組員針對「教學單元訂定I」內容表達個人想法與意見：上舉示例以國民中學教育階段藝術領域視覺藝術科為主要教授科目，至於跨領域課程中的主、副科目／領域、教案實施年級及授課時間等必須經過組員討論，即主科目為藝術領域的視覺藝術。由於要規劃跨領域課程，因此副科目／領域必須經過討論。

　　跨領域共同備課的第一步如表5-2所示，確立教學單元及訂定學習目標。參與的組員討論後，可以利用不同顏色的便利貼寫下個人意見與看法。就「教學單元訂定I」中，分別以灰階與不同框線代表不同組員的意見，討論內容包括教案實施年級、跨領域主／副科目與學習的實質內涵以及預計的上課時間。

　　2. 意見討論與整合：教學單元內容經組員討論後，決定以灰階方框的意見為最終定案，故以橢圓圓圈圈定，代表最終方案。

(二) 學習目標擬定

　　根據前一步驟中規劃的主、副科目學習範疇訂定學習目標，如表5-2以箭頭表示者。核心素養導向教育不僅重視知識的學習，同時也著重情意、態度等的培養。因此，訂定學習目標時宜考量上述兩種學習目標。

　　訂定學習目標時除了宜考量知識與情意兩大層面的學習目標，於規劃跨領域教案時更必須考量所跨科目／領域的知識、情意學習目標，不宜偏頗主科目，如下表所示：

跨領域　　學習目標	知識目標	情意、態度目標
主科目	主科知識目標	主科情意、態度目標
副科目	副科知識目標	副科情意、態度目標

　　如上表所示，跨領域課程擬定學習目標時，因為主、副科目與知識、情意目標等相乘，而有表中四個不同面向的學習目標。在規劃跨領域課程時，可以彈性納入調配，不限於四個面向全都規劃，但要兼顧主、副科目以及知

識情意目標。

　　將以上所舉示例擬定的學習目標分析如下表，可見在擬定學習目標時不僅兼顧了主、副科目，同時也分別訂定了知識與情意學習目標。

跨領域　　學習目標	知識目標	情意、態度目標
主科目—視覺藝術	具備基本策展相關知識，並能規劃具有主題的展覽。	能夠運用藝術相關知識，解決社會、環境重大議題。
副科目—自然科學	明白氣候暖化造成的影響及相關重要議題。	

(三) 核心素養導向設計依據

　　核心素養導向設計依據包括核心素養、學習重點與議題融入三要素，三者間宜互相搭配規劃，具有連貫性。

1. 核心素養內涵規劃與訂定

　　(1)主科目／領域核心素養規劃：跨領域課程於訂定核心素養時，宜同時兼顧主、副科目／領域的核心素養。在訂定核心素養後，並就此對照學習重點規劃內容，兩者之間能夠互相呼應與搭配。

　　表5-3「查詢領域核心素養具體內涵階段II」，三個組合的意見分別以灰階或不同的框線表示。經組員討論決定藝術領域核心素養具體內涵，為「藝-J-A2認識設計式的思考，理解藝術實踐的意義」，乃是根據本教案學生主要學習知識—策展而來。希望學生在學習策展相關知識後，能夠進一步發掘展覽具備的深層意義並加以應用。利用展覽的教育意義及引領大眾觀看並察覺多元的觀點等，以解決重大議題或是其他生活所遭遇的問題。

　　(2)副科目／領域核心素養規劃：自然領域核心素養為「自-J-C1從日常學習中，主動關心自然環境相關公共議題，尊重生命的重要」，乃契合本課程設計。希望學生能夠策劃自然環境相關議題，以喚醒大眾對於此議題的關注，進而尊重環境與生命。

表5-3　中等教育階段跨領域核心素養導向教案設計討論歷程──課程設計依據

討論 歷程	查詢領域核心素養 具體內涵階段II	查詢領域學習 重點階段III	議題融入	跨領域
小組討論紀錄（請詳細紀錄）	藝-J-C1 探討藝術活動中社會議題的意義 自-J-C1 從日常學習中，主動關心自然環境相關公共議題，尊重生命的重要性。 藝-J-A3 嘗試規劃與執行藝術活動，因應情境需求發揮創意。 藝-J-A2 認識設計式的思考，理解藝術實踐的意義。 藝-J-C2 透過藝術實踐，建立利他與合群的知能，培養團隊合作與溝通的協調能力。	學習內容（藝） 視P-IV-2 展覽策劃與執行 學習表現（藝） 視2-IV-3 能理解藝術產物的功能與價值，以拓展多元視野。 學習表現（自） po-IV-1 能從學習活動、日常經驗及科技運用、自然環境、書刊及網路媒體中，進行各種有計畫的觀察，進而能察覺問題。	環境教育議題 環J8 了解臺灣生態環境及社會發展面對氣候變遷的脆弱性與韌性。 環境教育議題 環J10 了解天然災害對人類生活、生命、社會發展與經濟產業的衝擊。 環境教育議題 環J7 透過「碳循環」，了解石化燃料與溫室氣體、全球暖化以及氣候變遷的關係。	藝術跨自然

（續）

討論歷程	查詢領域核心素養具體內涵階段II	查詢領域學習重點階段III	議題融入	跨領域
		學習內容（藝） 視P-IV-1 公共藝術、在地藝文活動、藝術薪傳 學習內容（自） Me-IV-4 溫室氣體與全球暖化 學習表現（藝） 視1-IV-4 能透過議題創作，表達對生活環境及社會文化的理解。	學習內容（藝） 視P-IV-2 展覽策劃與執行 學習表現（藝） 視3-IV-2 能規劃或報導藝術活動，展現對自然環境與社會議題的關懷。	

溫馨小叮嚀

1. 核心素養具體內涵規劃宜與教案規劃內容與目標契合，一方面可以讓學生於學習單元知識、原理之外，培養其應用能力，並能關注生活周遭相同議題。

2. 上舉示例核心素養規劃乃是針對學生學習單元知識—策展而來。當教師規劃教案若有其他安排時，亦可將主科目核心素養訂為「藝-J-C1探討藝術活動中社會議題的意義」或是「藝-J-C2透過藝術實踐，建立利他與合群的知能，培養團隊合作與溝通的協調能力」。當核心素養規劃能與學習重點、教學活動設計等相呼應或是彼此互補，皆可依學生需求安排規劃。

2. 學習重點內涵規劃與訂定：學習重點包括學習內容與學習表現，前者為學生學習知識內容範疇，後者為學生應培養的態度及情意等，兩者宜互相搭配不可偏廢。

(1)主科目／領域學習重點規劃：藝術領域學習內容規劃為「視P-IV-2展覽策劃與執行」，仍是根據學生學習知識範疇訂定。學習表現則是立基於基本學習知識範疇後，進一步培養學生實踐藝術、關懷社會的能力。因此選定為「視3-IV-2能規劃或報導藝術活動，展現對自然環境與社會議題的關懷」。

(2)副科目／領域學習重點規劃：自然領域學習內容同樣根據學生學習知識範疇訂定，為「Me-IV-4溫室氣體與全球暖化」，即學生應具備基礎的全球暖化相關知識。配合本教案規劃宗旨，並立足於全球暖化與氣候變遷等先備知識上，引導學生進一步從中擇定小範圍主題或是最值得關注的問題，透過相關資料蒐集與閱讀等，最後結合藝術策展活動知識，規劃一場以全球暖化為議題的藝術展覽活動。故自然領域學習表現選定「po-IV-1能從學習活動、日常經驗及科技運用、自然環境、書刊及網路媒體中，進行各種有計畫的觀察，進而能察覺問題」。

3. 議題融入：當規劃教案時，如欲配合議題融入，必須確定下列兩項。首先，根據教案所教知識範疇以及學生學習需求等確認議題融入的範疇，即十九項議題中擇定適切者。再者，根據所擇定的議題融入，進一步確定「學習主題」。

溫馨小叮嚀

當規劃跨領域教案時，若同時規劃議題融入，必須注意學習目標、學習重點及核心素養規劃的搭配。上舉示例最後決議議題融入學習主題，為「環J8了解臺灣生態環境及社會發展面對氣候變遷的脆弱性與韌性」。因此，教案中規劃的關注自然環境議題，可將範圍限縮至臺灣自然環境生態的關注。

(1)十九項議題：上舉示例，三位組員皆擇定十九項議題中的「環境教育」。

(2)議題教育的學習主題：環境教育項下分有五個學習主題。上舉示例中三位組員對於學習主題規劃看法略有不同，經最後討論擇定「環J8了解臺灣生態環境及社會發展面對氣候變遷的脆弱性與韌性」。

4.跨領域：「跨領域」及「教學單元訂定I」是互相呼應的欄位，透過再次檢視前面欄位中涉及跨領域課程設計，包括核心素養與學習重點、學習目標等的訂定，檢視是否兼顧主、副科目／領域、各項間的規劃是否具有關聯性。

(四) 教學活動設計

在規劃完畢教案設計依據後，應據此開展教學活動設計，同時規劃多元評量、教材擇定與教學資源設備等，如表5-4、5-5所示。

表5-4　中等教育階段跨領域核心素養導向教案設計討論歷程──教材與教學資源擇定

討論歷程	教材選用或設計	教學設備／資源
小組討論紀錄（請詳細紀錄）	1.國立臺灣美術館網站https://www.ntmofa.gov.tw/ 2.YouTube北美館2014臺北雙年展策展人專訪—Nicolas Bourriaud https://www.youtube.com/watch?v=QbOL29mBWJk	1.電腦教室 2.投影機 1.校外教學活動—博物館參觀 2.學習單
	1.自製課程簡報 2.Google Art Project 線上博物館https://www.google.com/culturalinstitute/beta/	1.策展結構討論海報 2.策展企劃書格式

（續）

討論歷程	教材選用或設計	教學設備／資源
	1.環境資訊中心http://e-info.org.tw/ 2.其他各種生態、環境相關網站或是新聞資訊（可供學生查詢並了解現今重大環境議題網路資源皆可）	

　　表5-4中教材與教學資源規劃乃是配合預計的教學活動而擇定的，當完成教學活動設計後，可以再回頭檢視是否有缺漏或是需要刪減增補之處。

表5-5　中等教育階段跨領域核心素養導向教案設計討論歷程——教學活動設計1

討論歷程	教學活動設計階段IV			
小組討論紀錄（請詳細紀錄）	引起學習動機的活動規劃	發展教學活動（主、副科目）	導入學理知識的活動設計（主科目）	生活應用活動規劃
	分組討論 1.詢問學生是否參觀過任何展覽？主題為何？ 2.印象最深的部分？ 1.讓學生觀看策展人專訪相關影片，同時介紹擇定的一場展覽內容。	1.引導學生應用藝術設計思維發掘生活、環境等議題。 如何運用藝術思維及方式讓大眾關注重大環境生態議題？策展？戲劇？音樂創作？短片？微電影？	1.教導基本策展相關知識，如空間、主題及展品挑選。（配合自製的教學簡報） 基本的策展相關知識導入。	利用教室空間進行策展。 以組為單位策劃一場展覽。

（續）

討論歷程	教學活動設計階段IV			
	2.填寫學習單	2.引導學生思考策展人在展覽中擔任的角色。	教導學生基本的策展相關知識。	結合全校活動，進行展覽策劃。
	1.擇定一場展覽，帶領學生進行校外參訪。（如受限於課堂時間有限，可以利用google線上博物館及當時展覽線上相關資訊替代。） 2.搭配學習單，引導學生紀錄校外參訪所見。	1.選擇一場展覽，讓學生以分組的形式，討論展覽應包括的元素以及意義。 2.引導學生發想展覽主題。（導入全球氣候暖化相關知識） 1.導入全球氣候暖化相關知識，並以臺灣為主要探索對象，引導學生蒐集、發掘臺灣氣候暖化相關議題。		

（續）

討論歷程	教學活動設計階段Ⅳ			
	評量策略規劃	評量策略規劃	評量策略規劃	評量策略規劃
	能否聆聽組員的意見，並加以整合整理。	以組為單位，擬定臺灣氣候暖化相關議題。	填寫學習單：作品挑選理由與展覽主題的關係。	繳交策展計畫書（依策展計畫格式）
	能夠依照學習單的提示與引導，發掘並歸納策展人擔任的角色以及策展的意義、目的等。	以組為單位，報告策劃一場展覽應具備的元素。	小組報告：假設自己為策展人，要規劃一場關於臺灣氣候暖化生態、環境影響的議題。1.展覽主題 2.展覽作品形式或作者 3.展覽空間	擇定一全校性活動，進行策展規劃。
	1.能夠依照學習單引導，紀錄個人所見以及觀察展覽必備的要素。2.能夠熟悉google線上博物館使用方式，查詢所需資訊。	筆試：能夠就所查詢的資料分析、歸納全球氣候暖化形成的生態、環境問題，並指出臺灣在此情境下所遇的重大生態、環境問題。	筆試 策展相關知識	書面報告：策展計畫

（續）

　　表5-5為教學活動設計，組員可以依序就啟、承、轉及合四個部分討論適當的教學活動。同樣的，以不同灰階、框線代表不同的意見與看法。當意見分歧時經討論以橢圓圓圈選出最終定案，將表5-5中的定論整理如表5-6所示。

表5-6　中等教育階段跨領域核心素養導向教案設計討論歷程──教學活動設計2

討論歷程	教學活動設計階段IV			
小組討論紀錄（請詳細紀錄）	引起學習動機的活動規劃 實地參訪，讓學生實際參觀展覽，感受其氛圍。擇定一場展覽，帶領學生進行校外參訪。（如受限於課堂時間有限，可以利用google線上博物館及當時展覽線上相關資訊替代。）	發展教學活動（主、副科目） 1.選擇一場展覽，讓學生以分組的形式，討論展覽應包括的元素以及意義。 2.引導學生應用藝術設計思維發掘生活、環境等議題。 3.引導學生思考策展人在展覽中擔任的角色。 4.導入全球氣候暖化相關知識，並以臺灣為主要探索對象，引導學生蒐集、發掘臺灣氣候暖化相關議題。	導入學理知識的活動設計（主科目） 教導基本策展相關知識，如空間、主題、展品形式及展品擇定。（配合自製的教學簡報）	生活應用活動規劃 以組為單位策劃一場展覽。

（續）

討論 歷程	教學活動設計階段IV			
	評量策略規劃	評量策略規劃	評量策略規劃	評量策略規劃
	分析、歸納資料	筆試	分組口頭報告	計畫書撰寫
	1.能夠依照學習單引導，紀錄個人所見以及觀察展覽必備的要素。 2.能夠熟悉google線上博物館使用方式，查詢所需資訊。	能夠就所查詢的資料分析、歸納全球氣候暖化形成的生態、環境問題，並指出臺灣在此情境下所遇的重大生態、環境問題。	假設自己爲策展人，要規劃一場關於臺灣氣候暖化下生態、環境遭遇的問題。 1.展覽主題 2.展覽作品形式或作者 3.展覽空間	繳交策展計畫書

1. 教學活動設計：教學活動設計乃是根據本研究提出的「啟合學習法」，涵蓋啟、承、轉及合四個部分。規劃跨領域教案時，運用「啟合學習法」將主、副科目學習範疇融合成連貫且整合的教學活動，以引起學生學習興趣。整合主、副科目知識，主科目知識原理學習，將知識轉化為解決問題的能力。

(1) 啟—引起學習動機：即啟發學生學習興趣。引起學生的學習趣興方式很多，例如：①將學生的生活情境與學習情境連結；②引導學生觀察生活周遭事物、環境或是探究事物原理的動機。在此則是帶領學生直接參觀展覽，讓學生觀察展覽中除了作品之外，其他構成展覽的要素，讓學生親身體驗展覽氛圍。

(2) 承一發展教學活動：就上舉示例而言，將學生應學習的主科目與副科目知識整合成一個活動。引導學生深入思考策展的意義，並能將策展思維拓及至不同的面向，能夠在實踐策展過程中尋找、發掘問題，且能應用策展解決問題。

(3) **轉**一導入主科目學理知識或原理：將學生應習得的主科目／領域知識、原理等導入。就上舉範例而言，乃是策展相關知識，讓學生了解展覽必備的要素，並能夠規劃簡單的展覽，用以反映時事、個人觀點等。

(4) 合一生活應用活動：目的在於讓學生能活用課堂所學的學科／領域知識，或是根據基本知識延伸而出的情意、態度或技能等。就上舉示例而言，則是讓學生針對臺灣氣候暖化造成的環境問題為主題，並據此策劃展覽。讓學生在日常生活中實踐藝術，在過程中能以藝術思維、觀點或是方法解決問題。在此解決問題，則是希望透過展覽喚起大眾對於氣候暖化的關注。

2. 評量策略規劃

(1) 與教學活動搭配：在規劃完一個教學活動時，便同時規劃相對應的評量策略，如表5-6雙箭頭表示者。以檢視教學活動設計與學生學習成效之間的關係，以作為教學活動改進的參考。

(2) 多元化評量策略：透過橫向對照檢視評量策略規劃，是否兼顧了歷程性評量與形成性評量以及評量形式與內涵宜多元，如表5-6中灰階橢圓圈表示者。

(3) 網路資料蒐集：能夠針對問題，蒐集網路資料，並從資料中找出共同點或是脈絡，訓練學生舉出證據來證明自己的觀點或是理論的能力。另一方面，在電子資料數量龐大的時代，是相當重要的能力。適時加入多媒體、電腦應用元素，才能讓學習更貼切時代發展與潮流。

(4) 紙筆測驗：搭配教師設計的學習單或是一系列與教授課堂知識相關的題目進行測驗，以訓練學生具備邏輯、組織的文字表達能力。

(5) 口頭報告：在此規劃以小組口頭報告的方式作為評量策略之一。目的在於培養學生具邏輯、組織的口頭表述方式，能言簡意賅表達想法或觀

點。另一方面，也能藉此訓練學生聆聽、整合他人意見的能力；同時也能學習與同儕溝通，適時表達個人意見。

(6) 紙本報告：與生活應用結合，讓學生以組為單位策劃一場環境議題的展覽，最後繳交策展企劃書。

(五) 試教暨教案規劃省思

以下兩欄則是在教案規劃後，用以反思教案設計；另一方面討論教案中的學習單內容，如下兩個表格所示：

討論歷程	試教暨學習單設計
小組討論紀錄（請詳細記錄）	1. 授課簡報一份 2. 授課內容演練 3. 學習單設計 學習單內容規劃： 1. 展覽構成的要素：人、事、時、地、物 2. 策展計畫書架構

討論歷程	整體教案規劃及試教檢視省思心得
小組討論紀錄（請詳細記錄）	讓組員依各教案構成要素，自評哪一部分最難。 多元評量策略規劃較為困難。 主、副學科知識整合為一個教學活動。 將所規劃的核心素養內涵落實至教學活動、評量策略中。

單元6

核心素養導向教案與設計依據（一）

第一章　前言

　　教案是教師教學設計藍圖，本單元目的在於帶領師資生一步步根據核心素養內涵及學習重點，規劃建構核心素養導向教案。

　　本單元學習目標：

　　1. 了解核心素養導向教案規劃依據的內涵，以及對學生學習的影響與助益。

　　2. 具備八大領域學習重點與核心素養架構及內涵的基本觀念，並學會查詢學習重點與領域核心素養。

　　3. 明白核心素養導向教案設計依據的內涵與搭配機制，包括學習重點（學習表現及學習內容）及科目／領域核心素養實質內涵的規劃與搭配。

　　4. 了解議題教育架構與編碼規劃，以及議題教育規劃機制。

第二章　核心素養導向教案設計依據

　　十二年國民基本教育核心素養導向教育理念，希冀培養每一位學生成為終身學習者，為此訂定了三面九項核心素養架構。其作用有二：一、統整及連貫各學科／領域知識；二、根據每一學科／領域知識內容、特性及未來發展等層面，發展學科／領域核心素養及學科／領域學習重點。學科／領域學

習重點則是用來引導課程設計、教材研發及教學與學習評量規劃之用。

　　為將核心素養落實至教案中，於規劃教案時應考量學科／領域學習重點、核心素養與教授單元知識結合。

一、學習內容

(一)學習內容規劃與意義

　　各領域／科目學習內容含括該領域／科目的知識、原理及技能等具系統的知識，可作為發展符合領域／科目專業特性及教材之用。師資生於規劃設計教案時，是有系統、組織地將可提升學生學習成效的所有成分做整合。學習內容納入教案規劃考量，具有下列優點：

　　1. 考量學習是進程階段性：學習內容在各領域／科目核心素養的架構下，配合學生身心發展而有學習階段之別。因此在進行教案設計時，可將各學習階段學習內容與學習目標對應檢核，以檢視教授的單元知識、理論是否符合學生心智發展。進一步再據此，開展學習活動及學習評量。

　　2. 知識的整合：由於各領域／科目學習內容皆是從總綱核心素養三面九項發展而來的，因此教案規劃時，亦可從自身的領域／科目學習內容反觀其他領域／科目的學習內容。進一步思索跨領域／科目教案規劃，如藝術領域美術學科第五學習階段的學習內容「美E-V-5生活議題創作、跨領域專題創作」，當學習內容規劃為此，教師可以思考將哪類生活議題作為創作主題，或是結合其他領域知識進行美術創作。又或是數學領域八年級學習內容之「D-8-1統計資料處理：（相對）次數、（相對）累積次數折線圖」等，教師不僅教導學生了解統計相關知識，同時還要引導學生思考統計知識能運用至哪方面。因此，學習內容的設計與規劃提供了師資生進行跨領域整合課程設計的思考方向。

　　3. 豐富教案的深度與廣度：於訂定學習目標時，可查詢對應的學習內容，並據此檢視補充學習目標未兼顧的面向。接著開展學習活動及學習評量，以提升學生學習深度與廣度。

(二) 學習內容查詢與規劃

步驟1　下載各領域課程綱要

　　至國家教育研究院網站下載各領域新課綱。

　　在網頁中尋找欲教授學科／領域課程綱要最新版本，並查詢各科目／領域學習內容。

步驟2　查詢科目／領域學習內容

　　在各領域／科目課程綱要中，找出與欲教授的單元知識相對應的學習內容。首先，需了解學習內容編碼方式。以下分別就八大領域學習內容舉例說明其編碼規劃，以利進行教案規劃時運用。

藝術領域學習內容編碼規則

表6-1 藝術領域學習內容示例拆解表

	1.學習構面	2.學習階段	3.流水號	具體內涵
例1	美E	V	2	繪畫性、立體性、複合性媒材與表現技法、複製性媒材與表現技法
例2	音A	II	2	相關音樂語彙
例3	表P	IV	1	表演團隊組織與架構、劇場基礎設計和製作

　　表6-1所舉三例分別為藝術領域學習內容，藝術領域學習內容編碼規則由三碼加上一段具體內涵說明所組成，如表6-1之例1、2、3皆是。

第一碼：科目縮寫與學習構面

　　藝術領域學習內容第一碼，乃是由科目縮寫與學習構面組成的。藝術領域內所有學科的科目縮寫，說明如下：

「美」代表美術

「音」代表音樂

「表」代表表演藝術

「視」代表視覺藝術

「藝」代表藝術生活

「演」表示表演創作

「設」表示基本設計

「多」表示多媒體音樂

「新」代表新媒體藝術

　　至於藝術領域學習內容的學習構面，則包括「表現」、「鑑賞」及「實踐」三個構面，依序以大寫英文字母E、A、P代表。

　　故上舉例1的第一碼「美E」為美術學科學習內容中的表現構面，例2的第一碼為「音A」表示音樂學科學習內容中的鑑賞構面，例3的第一碼為

「表P」表示表演藝術學習內容中的實踐構面。

第二碼：學習階段

藝術領域學習內容以羅馬數字表示學習階段。以II代表第二學習階段，即國民小學三、四年級。以III表示第三學習階段，即國民小學五、六年級。以IV表示第四學習階段，即國民中學一至三年級。以V表示第五學習階段，即高中一至三年級。

表6-1所舉例1的學習階段代碼為「V」，表示第五學習階段；例2的學習階段代碼為「II」，表示第二學習階段；例3的學習階段代碼為「IV」，表示第四學習階段。

第三碼：流水號

在同一科目／領域、學習構面及學習階段規劃有一個以上不等的學習內容，因此以流水號區別之。

第四：學習內容具體內涵

文字說明乃是學習表現的實際內涵，於進行教案設計或課程設計宜仔細閱讀並思考內容後使用。

自然領域學習內容編碼規則

(一) 自然領域學習内容內涵

自然領域的學習內容訂定，旨在協助學生建立探究自然世界與提出問題解決之道的基礎，而這樣的基礎源自於系統科學知識的學習與吸收。又考量國民小學教育階段是跨科概念，國民中學及普通高級中學教育階段分科專門性，因此自然領域學習內容架構相對較複雜，各教育階段學習內容架構如表6-2所示。

表6-2 自然領域各教育階段學習內容架構表

課題	跨科概念（IN）	主題	次主題
1.自然界的組成與特性	物質與能量（INa）	物質的組成與特性（A）	物質組成與元素的週期性（Aa） 物質的形態、性質與分類（Ab）
		能量的形態與流動（B）	能量的形態與轉換（Ba） 溫度與熱量（Bb） 生物體內的能量與代謝（Bc） 生態系中能量的流動與轉換（Bd）
	構造與功能（INb）	物質的構造與功能（C）	物質的分離與鑑定（Ca） 物質結構與功用（Cb）
		生物的構造與功能（D）	細胞的構造與功能（Da） 動植物的構造與功能（Db） 生物體內的恆定性與調節（Dc）
	系統與尺度（INc）	物質系統（E）	自然界的尺度與單位（Ea） 力與運動（Eb） 氣體（Ec） 宇宙與天體（Ed）
		地球環境（F）	組成地球的物質（Fa） 地球和太空（Fb） 生物圈的組成（Fc）
2.自然界的現象、規律與作用	改變與穩定（INd）	演化與延續（G）	生殖與遺傳（Ga） 演化（Gb） 生物多樣性（Gc）
		地球的歷史（H）	地球的起源與演變（Ha） 地層與化石（Hb）
		變動的地球（I）	地表與地殼的變動（Ia） 天氣與氣候變化（Ib） 海水的運動（Ic） 晝夜與季節（Id）

（續）

課題	跨科概念（IN）	主題	次主題
	交互作用（INe）	物質的反應、平衡與製造（J）	物質反應規律（Ja） 水溶液中的變化（Jb） 氧化與還原反應（Jc） 酸鹼反應（Jd） 化學反應速率與平衡（Je） 有機化合物的性質、製備與反應（Jf）
		自然界的現象與交互作用（K）	波動、光與聲音（Ka） 萬有引力（Kb） 電磁現象（Kc） 量子現象（Kd） 基本交互作用（Ke）
		生物與環境（L）	生物間的交互作用（La） 生物與環境的交互作用（Lb）
3.自然界的永續發展	科學與生活（INf）	科學、科技、社會與人文（M）	科學、技術與社會的互動關係（Ma） 科學發展的歷史（Mb） 科學在生活中的應用（Mc） 天然災害與防治（Md） 環境汙染與防治（Me）
	資源與永續性（INg）	資源與永續發展（N）	永續發展與資源的利用（Na） 氣候變遷之影響與調適（Nb） 能源的開發與利用（Nc）

1. 國民小學教育階段

　　表6-2第二欄表示的是國民小學教育階段自然領域學習內容的七大跨科概念，編碼由INa至INg表示。如INe表示交互作用，INf代表科學與生活。

2. 國民中學及普通高級中學教育階段

因應國民中學及普通高級中學教育階段自然領域分科專門，規劃十四個主題如表6-2第三欄，以F表示地球環境、L表示生物與環境等。又十四個主題再分有若干不等的次主題，如主題「G演化與延續」再分為「Ga生殖與遺傳」、「Gb演化」及「Gc生物多樣性」三個次主題。

國民中學與高級中學學習內容架構編碼的差異，在於普通型高級中學教育階段在主題編碼前，增加大寫英文字母以B代表Biology（生物）、以P代表Physics（物理）、以C表示Chemistry（化學）及以E代表Earth Sciences（地球科學）四個科目的學習內容。例如：就「Na永續發展與資源的利用」此一主題，在不同科目融合了專業知識，並各有不同的著重點與特色，如下表所示。

主題	主題在不同科目的對應與發展	
Na永續發展與資源的利用	化學	CNa-Vc-1永續發展在於滿足當代人之需求，又不危及下一代之發展
		CNa-Vc-2將永續發展的理念應用於生活中
		CNa-Vc-3水資源回收與再利用
		CNa-Vc-4水循環與碳循環
	地球科學	ENa-Vc-1永續發展對地球及人類的延續有其重要性
		ENa-Vc-2節用資源與合理開發，可以降低人類對地球環境的影響，以利永續發展。
		ENa-Vc-3認識地球環境有助於經濟、生態、文化與政策四個面向的永續發展。

就上表可知，Na此主題僅在化學與地球科學兩科目呈現，且融合了科目特質與專門知識，分別闡述了永續發展與資源的利用理念。

(二) 自然領域學習內容編碼規則

了解自然領域各教育階段學習內容架構後，下舉三則自然領域學習內容具體內涵，拆解其編碼規則。

表6-3　自然領域學習內容示例拆解表

	第一碼 學習構面	第二碼 學習階段	第三碼 流水號	具體內涵
例1	INa	II	2	在地球上，物質具有重量，占有體積。
例2	Bc	IV	4	日光、二氧化碳和水分等因素會影響光合作用的進行，這些因素的影響可經由探究實驗來證實。
例3	CAb	Vc	1	物質的三相圖。

第一碼：學習構面

　　上舉三例第一碼，皆代表自然領域學習內容的學習構面。例1的第一碼「INa」表示「物質與能量」、例2的第一碼「Bc」表示「生物體內的能量與代謝」。

　　由於自然領域自高級中等學校教育階段具分科專門特性，因此學習內容編碼前會再加上大寫英文字母代表科目，如C為化學、B為生物、E為地球科學及P為物理。例3的「CAb」中的大寫英文字母「C」代表高中化學科，「A」為主題「物質的組成與特性」，Ab代表A主題項下次主題「物質的形態、性質與分類」。

第二碼：學習階段

　　以羅馬數字代表學習階段，如第一例II表示第二學習階段，即國民小學三、四年級。第二例IV代表第四學習階段，即國民中學七至九年級。至於第五學習階段，普通型高級中等教育階段，十至十二年級則有Vc與Va之別。Vc表示普通型高級中等學校必修內容，Va表示普通型高級中等學校加深加廣選修內容。就表6-3中的第三例而言，Vc表示普通型高中必修內容。

第三碼：流水號

在同一科目／領域、學習構面及學習階段規劃有一個以上不等的學習內容，因此以流水號區別之。

第四：學習內容具體內涵

文字說明乃是學習表現的實際內涵，於進行教案設計或課程設計宜仔細閱讀，並思考內容是否與教案規劃單元知識內容具有相關性或衍生性，再進行規劃使用。

數學領域學習內容編碼規則

(一) 數學領域學習內容內涵

數學領域學習內容，包括基礎重要的概念、原理、技能與知識等。而上述的概念、原理等則有系統、組織地轉化為學習內容主題，總共七個主題。此外，兼顧學生心智發展，主題因應教育階段不同而稍有變異，如表6-4所示。

表6-4　數學領域學習內容主題類別對照表

國民小學 教育階段		國民中學 教育階段		普通型高級中等學校 教育階段	
主題類別	代碼	主題類別	代碼	主題類別	代碼
數與量	N	數與量	N	數與量	N
空間與形狀	S	空間與形狀	S	空間與形狀	S
坐標幾何	G	坐標幾何	G	坐標幾何	G
關係	R	代數	A	代數	A
		函數	F	函數	F
資料與不確定性	D	資料與不確定性	D	資料與不確定性	D

數學領域學習內容編碼如表6-4所示，以N代表「數與量」，以D代表「資料與不確定性」等。其中，必須注意的是「R關係」為國民小學教育階段學習內容，到了國民中學與高級中學教育階段轉換為「A代數」與「F函數」。

(二) 數學領域學習內容編碼規則

承上了解數學領域學習內容主題類別架構後，下舉三則數學領域學習內容，闡述其編碼規則。

表6-5　數學領域學習內容示例拆解表

	第一碼 主題類別	第二碼 年級階段	第三碼 流水號	學習內容條目及說明
例1	N	2	11	長度：「公分、公尺」；實測、量感、估測與計算；單位換算。
例2	A	7	7	一元一次不等式的意義：不等式的意義；具體情境中列出一元一次不等式。
例3	G	12甲	1	二次曲線：拋物線、橢圓、雙曲線的標準式，橢圓的參數式。

第一碼：主題類別

詳細的大寫英文字母代碼與主題類別對應關係，可參見表6-4。上舉第一例的主題N為「數與量」，第二例主題A為「代數」，第三例主題G為「坐標幾何」。

第二碼：年級階段

以阿拉伯數字1至12，分別代表國民小學一年級至普通型高級中學三年級。其中十一年級分11A與11B兩類，十二年級加深加廣選修課程分12甲與12乙兩類，如上舉第三例（表6-5）。

第三碼：流水號

在同一主題類別及年級階段規劃有一個以上不等的學習內容，因此以流水號區別之。如上舉第二例「A-7-7一元一次不等式的意義：不等式的意義；具體情境中列出一元一次不等式」是七年級代數主題中的第七個。

第四：學習內容具體內涵

文字說明乃是學習表現的實際內涵，包括以黑體字呈現的大項目與後者的細項說明。如表6-5第一例N-2-11長度：「公分、公尺」；實測、量感、估測與計算；單位換算。長度：「公分、公尺」為大項目，「實測、量感、估測與計算；單位換算」是針對大項目的細項具體說明。於進行教案設計或課程設計宜仔細閱讀，並思考內容後使用。

溫馨小叮嚀

數學領域學習內容第二碼編碼是依年級階段區別，從國民小學至高級中學，依序為一年級至十二年級，不同於其他領域以學習階段為編碼依據。

國語文領域學習內容編碼規則

(一) 國語文領域學習內容內涵

國語文領域學習內容，包括語文表達、溝通能力的培養以及文學中蘊藏的文化知識薰陶等，進而將上述理念轉化成有系統、有組織的學習內容類別，包括「文字篇章」、「文本表述」及「文化內涵」三大主類別。每一類別再分為若干不等的次類別，並以英文字母作為代碼，如表6-6、6-7所示。

表6-6 國語文領域學習內容主類別架構及代碼對照表

主類別	主類別代碼
文字篇章	A
文本表述	B
文化內涵	C

表6-7 國語文領域學習內容次項目架構及代碼對照表

主類別	次項目	次項目代碼
A文字篇章	標音符號	Aa
	字詞	Ab
	句段	Ac
	篇章	Ad
B文本表述	記敘文本	Ba
	抒情文本	Bb
	說明文本	Bc
	議論文本	Bd
	應用文本	Be
C文化內涵	物質文化	Ca
	社群文化	Cb
	精神文化	Cc

　　文字篇章以「標音符號」、「字詞」、「句段」及「篇章」四次項目，包括了語言文字結構特性。

　　文本表述則依體用分為「記敘文本」、「抒情文本」、「說明文本」、「議論文本」及「應用文本」五種，分別體現了語言文字及符號，依語意規則組成句子、段落及篇章。

　　文化內涵則是深入語言文字結構，探討隱含其間的文化意義，分為「物質文化」、「社群文化」及「精神文化」三層面。

以上是國語文領域學習內容主類別與次項目架構說明，以及其對應關係。

(二) 國語文領域學習內容編碼規則

表6-8　國語文領域學習內容示例拆解表

	第一碼 類別	第二碼 學習階段	第三碼 流水號	學習內容具體內涵
例1	Ad	III	1	意義段與篇章結構
例2	Bb	V	4	藉由敘述事件與描寫景物間接抒情
例3	◎Cc	IV	1	各類文本中的藝術、信仰、思想等文化內涵

國語文領域學習內容編碼規則是由三碼組成，再加上學習內容具體內涵文字說明。下就表6-8所舉三例說明如下：

第一碼：類別

Ad表示篇章，Bb表示抒情文本，Cc代表精神文化。

第二碼：學習階段

學習階段從I至V分別表示第一學習階段至第五學習階段。以I表示第一學習階段，為國民小學一、二年級。以II代表第二學習階段，即國民小學三、四年級。以III表示第三學習階段，即國民小學五、六年級。以IV表示第四學習階段，即國民中學一至三年級。以V表示第五學習階段，即高中一至三年級。

第三碼：流水號

在同一類別及學習階段規劃有一個以上不等的學習內容，因此以流水號區別之。如Ac句段的第一學習階段規劃有三個學習內容，分別為「Ac-I-1常

用標點符號」、「Ac-I-2簡單的基本句型」及「Ac-I-3基本文句的語氣與意義」。

第四：學習內容具體內涵

　　文字說明乃是學習表現的實際內涵，於進行教案設計或課程設計宜仔細閱讀並思考內容後使用。

溫馨小叮嚀

部分同一類別的學習內容在不同學習階段規劃了相同的學習內容內涵，表6-8所舉第三例「◎Cc-IV-1各類文本中的藝術、信仰、思想等文化內涵」即是。同樣的學習內容具體內涵出現在第五學習階段學習內容「精神文化」類別，即「Cc-V-1各類文本中的藝術、信仰、思想等文化內涵」。比較兩則國語文學習內容，可發現兩者實質內涵相同，是跨學習階段的學習內容。在較低學習階段的學習內容編碼前面會加◎符號。

英語文領域學習內容編碼規則

(一) 英語文領域學習內容內涵

　　英語文領域學習內容乃是將其學科重要知識的組織整合而成，涵蓋四大主題，再依主題特性分成小項目，並以大寫英文字母作為主題代碼。英語文領域學習內容主題架構與代碼對照，如表6-9所示。

　　從表中可知英語文領域學習內容分有「語言知識」、「溝通功能」、「文化理解」及「思考能力」四大主題，並分別以大寫英文字母A、B、C、D作為代碼。其中語言知識再細分為「字母」、「語音」、「字詞」、「句構」及「篇章」五細項目，分別以Aa、Ab、Ac、Ad及Ae表示。

表6-9 英語文領域主題代碼對照表

主題	項目	代碼
語言知識	字母	Aa
	語音	Ab
	字詞	Ac
	句構	Ad
	篇章	Ae
溝通功能		B
文化理解		C
思考能力		D

(二) 英語文領域學習內容編碼規則

下舉三例英語文領域學習內容，以闡述其編碼規則。

表6-10 英語文領域學習內容示例拆解表

	第一碼 主題	第二碼 學習階段	第三碼 流水號	學習內容具體內涵
例1	◎Ac	II	7	簡易的教室用語
例2	B	IV	6	圖片描述
例3	*C	V	8	文化涵養與國際觀

1. 英語文領域學習內容規劃，並不包括第一學習階段。
2. 當學習內容前標注◎，如上所舉第一例，表示該學習內容具體內涵重複出現在不同學習階段。同一學習內容主題「Ac字詞」的第三學習階段規劃了「Ac-III-7簡易的教室用語」。與表6-10的例1比較，兩者不同之處為學習階段不同。

第一碼：主題

從表6-10所舉例子，可知Ac代表字詞、B代表溝通功能、C代表文化理解。

第二碼：學習階段

以羅馬數字II至V依序代表第二學習階段至第五學習階段。以II代表第二學習階段，即國民小學三、四年級。以III表示第三學習階段，即國民小學五、六年級。以IV表示第四學習階段，即國民中學一至三年級。以V表示第五學習階段，即高中一至三年級。

第三碼：流水號

在同一主題及學習階段規劃有一個以上不等的學習內容，因此以流水號區別。如主題「Aa字母」第二學習階段規劃了二個學習內容，包括「Aa-II-1字母名稱」及「Aa-II-2印刷體大小寫字母的辨識及書寫」。

第四：學習內容具體內涵

文字說明乃是學習表現的實際內涵，於進行教案設計或課程設計宜仔細閱讀並思考內容後使用。

步驟3 學習內容規劃

將找出相對應的學習內容填入下表中。學習內容查詢規劃固然與該教案規劃的單元知識內容契合，同時也可以視學生學習狀況，以增加或縮減學習內容的對應。即在一單元知識下，可對應的學習內容不僅限於一則。

領域／科目		教師／團隊		
實施年級		總節數	共＿＿節，＿＿分鐘	
單元名稱				
設計依據				
學習重點	學習內容A1		核心素養B	
	學習表現A2			

步驟4 學習內容規劃檢視

在此必須注意下列事項：

1. 學習內容具體內涵與教案規劃的單元名稱內涵具有相關性。

2. 注意學習內容與學習表現具體內涵切勿混淆。

3. 注意教案規劃實施年級與所擇定學習內容的學習階段是一致的。例如：教案實施年級為國民小學五或六年級，應擇定第三學習階段的學習內容。

用查到的學習內容發展並規劃適宜的學習表現及核心素養，並進一步作為學習目標、學習活動及學習評量規劃修正或補充之用。

社會領域學習內容編碼規則

(一) 社會領域學習內容內涵

社會領域學習內容訂定，乃參酌總綱基本理念、各學科特性、教育階段課程規劃與學習階段知識的縱向連貫性而來。由於社會領域在國民小學教育階段以領域教學為主，且第一學習階段中社會領域與自然科學等統合為生活課程。國民中學教育階段則採分科或領域教學彈性選擇的方式，普通型高級中學教育階段則採分科教學。因此，社會領域學習內容規劃在國民小學教育階段、國民中學與高級中學教育階段主題略有不同，以下將說明社會領域各教育階段學習內容架構及代碼編排方式。

就表6-11可知考量教育階段差異及課程規劃不同等，因此學習內容架構略有不同。如國民小學實施領域教學，因此社會領域於第二及第三學習階段的學習內容，是由四大主題軸及其十七項目組織架構而成的。

表6-11　社會領域教育階段與學習內容訂定架構表

教育階段	課程規劃	學習內容		
國民小學	領域教學			
	社會	四大主題軸	十七項目	條目
國民中學	領域或分科教學			
	歷史	十九項主題	三十一項目	條目
	地理	三大主題	十七項目	條目
	公民與社會	四大主題	二十八項目	條目
普通型高級中學	分科教學			
	歷史	十五項主題	二十一項目	條目
	地理	三大主題	十九項目	條目
	公民與社會	四大主題	三十二項目	條目

　　至於國民中學教育階段則採彈性實行領域或分科教學，因此分別就歷史、地理和公民與社會三學科，分別訂定了十九項主題、三大主題及四大主題。普通型高級中學教育階段則採分科教學，就歷史、地理和公民與社會三學科，分別訂定了十五項主題、三大主題及四大主題。

　　國民小學教育階段共分為三個學習階段，第一學習階段中社會、藝術及自然科學等整合為生活課程，第二及第三學習階段則是採領域教學。從表6-12可知共規劃了「互動與關聯」、「差異與多元」、「變遷與因果」及「選擇與責任」四大主題軸，並就此統合發展若干項目。

　　每一主題軸以大寫英文字母為代碼，如以A表示「互動與關聯」，以B代表「差異與多元」，以C表示「變遷與因果」及以D代表「選擇與責任」。主題軸下的項目再以小寫英文字母區別，如主題軸「A互動與關聯」項下的「科技與社會」代碼為Ae，又「D選擇與責任」主題軸項下的「價值的選擇」以Da表示。

表6-12 國民小學教育階段社會領域學習內容主題架構與代碼對照表

教育階段	課程規劃	學習內容架構暨代碼對照			
		代碼	主題軸	代碼	項目
國民小學（領域教學）	社會	A	互動與關聯	a	個人與群體
				b	人與環境
				c	權力、規則與人權
				d	生產與消費
				e	科技與社會
				f	全球關聯
		B	差異與多元	a	個體差異
				b	環境差異
				c	社會與文化的差異
		C	變遷與因果	a	環境的變遷
				b	歷史的變遷
				c	社會的變遷
				d	政治的變遷
				e	經濟的變遷
		D	選擇與責任	a	價值的選擇
				b	經濟的選擇
				c	參與公共事務的選擇

　　由於國民中學與高級中學教育階段均規劃有歷史、地理和公民與社會三學科學習內容，因此以下分別就各學科說明國民中學與高級中學學習內容訂定架構。

表6-13 國民中學教育階段歷史學科學習內容主題架構與代碼對照表

教育階段	課程規劃	學習內容暨代碼對照			
		代碼	主題	代碼	項目
國民中學	歷史	A	歷史的基礎觀念	無	無
		B	早期臺灣	a	史前文化與臺灣原住民族
				b	大航海時代的臺灣
		C	清帝國的統治	a	政治經濟的變遷
				b	社會文化的變遷
		D	歷史考察（一）	a	探究活動
		E	日本帝國的統治	a	政治經濟的變遷
				b	社會文化的變遷
		F	當代臺灣	a	政治外交的變遷
				b	經濟社會的變遷
		G	歷史考察（二）	a	探究活動
		H	古代中國的政治與社會	a	國家與社會的形成及轉變
				b	文明的差異與交流
		I	世界網絡中的近代東亞	a	區域的互動與交流
				b	東西文化的交流
		J	歷史考察（三）	a	探究活動
		K	現代化的嘗試	a	政治上的挑戰與回應
				b	社會文化的調適與變遷
		L	現代國家的興起	a	現代國家的追求
				b	現代國家的挑戰
		M	當代東亞的局勢	a	共產政權在中國
				b	不同陣營的互動

（續）

教育階段	課程規劃	學習內容暨代碼對照			
		代碼	主題	代碼	項目
		N	歷史考察（四）	a	探究活動
		O	古代文明的遺產	a	多元並立的文明
				b	歐亞大陸與普世宗教的擴張
		P	近代世界的變革	a	近代歐洲的興起
				b	多元世界的互動
		Q	歷史考察（五）	a	探究活動
		R	革命與戰爭交織的現代世界	a	現代國家的建立
				b	帝國主義的興起與影響
				c	戰爭與現代社會
		S	歷史考察（六）	a	探究活動

　　表6-13為國民中學教育階段歷史學科的學習內容架構。在此階段規劃依近、遠及略遠的規劃原則，讓學生了解當代世界形成的過程，旨在讓學生具備歷史通史的觀念。

　　學習內容共規劃了十九項主題，分別以大寫英文字母A至S表示。如以大寫英文字母O代表「古代文明的遺產」主題，或是以大寫英文字母B代表「早期臺灣」主題。每一主題項下再規劃若干項目，並以小寫英文字母區別。如主題F「當代臺灣」項目，以Fa表示「政治外交的變遷」，以Fb代表「經濟社會的變遷」。

　　至於其中的「歷史考察」主題，則是以歷史主題為學習主軸，與地理、公民與社會學科進行統整，以拓展並深化學生的學習視野。

　　表6-14則是普通型高中歷史學科的學習內容架構與代碼對應表，同樣以大寫英文字母表示主題，以小寫英文字母區別代表主題下的項目。如代碼Cb表示的是主題C「經濟與文化的多樣性」項下的b項目「山海文化」。

表6-14　普通型高級中學教育階段歷史學科學習內容主題架構與代碼對照表

教育階段	課程規劃	學習內容暨代碼對照			
		代碼	主題	代碼	項目
普通高級中學	歷史	A	如何認識過去	無	無
		B	多元族群社會的形成	a	原住民族
				b	移民社會的形成
		C	經濟與文化的多樣性	a	經濟活動
				b	山海文化
		D	現代國家的形塑	a	臺、澎、金、馬如何成為一體？
				b	追求自治與民主的軌跡
		E	歷史考察（一）	a	探究活動
		F	中國與東亞的交會	無	無
		G	國家與社會	a	國家的統治
				b	社會的組織
		H	人群的移動	a	近代以前的人群移動
				b	近代以後的移民
		I	現代化的歷程	a	傳統與現代的交會
				b	戰爭與和平
		J	歷史考察（二）	a	探究活動
		K	臺灣與世界	無	無
		L	歐洲文化與現代世界	a	古代文化與基督教傳統
				b	個人、自由、理性
		M	文化的交會與多元世界的發展	a	伊斯蘭與世界
				b	西方與世界
		N	世界變遷與現代性	a	冷戰期間的世界局勢
				b	冷戰後的世界局勢
		O	歷史考察（三）	a	探究活動

　　就高級中學教育階段學習內容架構規劃表與前面所介紹的國民中學教育階段學習內容架構表比較，可知兩者的主題與項目規劃不同。然兩者之間的關係是緊密且具有層次的。高級中學教育階段學習內容是立基於國民中學教育階段的學習內容，依時序尋找相關且重要的課題，帶領學生發掘歷史問題，培養解決問題的能力。換言之，兩個教育階段的學習內容規劃是循序漸進的，從國民中學教育階段的認知、了解開始，至高級中學教育階段則是著重挖掘並解決問題的能力。

　　相樣的，其中亦規劃了「歷史考察」主題，乃希望以歷史主題為學習主軸，並統整地理、公民與社會兩學科，以拓展並深化學生的學習視野。

　　表6-15、6-16為地理學科的國民中學教育階段與高級中學教育階段學習內容架構表，以下將說明其訂定架構與代碼編號方式。

表6-15　國民中學教育階段地理學科學習內容主題架構與代碼對照表

教育階段	課程規劃	學習內容暨代碼對照			
		代碼	主題	代碼	項目
國民中學	地理	A	基本概念與臺灣	a	世界中的臺灣
				b	臺灣的地形與海域
				c	臺灣的氣候與水文
				田野觀察	
				d	臺灣的人口與文化
				e	臺灣的產業發展
				f	臺灣的區域發展
				田野觀察	
		B	區域特色	a	中國（一）
				b	中國（二）
				c	大洋洲與兩極地區
				田野觀察	
				d	季風亞洲（一）東北亞

（續）

教育階段	課程規劃	學習內容暨代碼對照			
		代碼	主題	代碼	項目
				e	季風亞洲（二）東南亞和南亞
				f	西亞與北非
				田野觀察	
				g	漠南非州
				h	歐洲與俄羅斯
				i	美洲
				田野觀察	
		C	地理議題	a	臺灣的地名文化議題
				b	臺灣的食品安全議題
				田野訪查	

　　國民中學教育階段地理學科學習內容主題架構規劃共分為三個主題，分別以大寫英文字母表示，以A表示主題「基本概念與臺灣」，以B代表主題「區域特色」，以C表示主題「地理議題」。每一主題項目下再規劃若干項目，並以小寫英文字母表示，如「臺灣的氣候與水文」代碼為Ac，「歐洲與俄羅斯」以Bh表示。此架構則是讓學生能夠了解自己生活的地理環境，再放眼並關懷全球，同時也能了解人類活動與地理環境之間的關聯。

　　此外，表6-15中的「田野觀察」或是「田野訪查」，則是提供了與歷史科和公民與社會科的統整教學的連結平臺。

　　至於高中教育階段的學習內容，則以培養學生具備地理科學方法、系統性地理學概念及從地理學的知識了解區域文化特色，以至於區域地理問題解決之道的能力。表6-16為高中教育階段地理科學習內容架構表。

表6-16　普通型高級中學教育階段地理學科學習內容主題架構與代碼對照表

教育階段	課程規劃	學習內容暨代碼對照			
		代碼	主題	代碼	項目
普通高級中學	地理	A	地理技能	a	研究觀點與研究方法
				b	地理資訊
				c	地圖
		B	地理系統	a	氣候系統
				b	地形系統
				田野實察	
				c	人口與環境負載力
				d	聚落、流通路線與區域
				e	都市系統與城鄉關係
				f	產業活動
				g	世界體系
		C	地理視野	a	臺灣與世界
				b	東亞文化圈的形成與發展
				田野實察	
				c	東西文化的接觸與區域發展（以東南亞或南亞爲例）
				d	孤立位置的發展特色（以澳、紐爲例）
				e	伊斯蘭世界的形成與發展
				f	歐洲文明的發展與擴散
				g	超級強國的興起與挑戰
				h	南方區域的發展與挑戰（個案，以中南美洲、漠南非洲爲例，二選一）
				i	全球化
				田野實察	

　　地理學科學習內容共規劃了三大主題，分別以大寫英文字母A代表「地理技能」，以B表示「地理系統」，以C表示「地理視野」。每一主題項次下再規劃若干項目，共十九項目，並以小寫英文字母區別。如主題C「地理視野」項下的「伊斯蘭世界的形成與發展」，其代碼為Ce；又如主題B「地理系統」項下的「氣候系統」，其代碼為Ba。

　　「田野實察」的安排則提供教師與其他領域教師共同規劃，以培養學生知識統合的能力或是深化學習視野。

　　「公民與社會」兼顧國中階段與高中階段學習銜接，因此學習內容規劃架構是採用相同的主題與項目架構，如表6-17所示共四大主題、三十四項目。部分項目則僅在國民中學或普通型高級中學教授，例如：主題「社會生活的組織及制度」中的「a.個人、家庭與部落」項目，僅在國民中學階段教授；又項目「o.供給與需求」僅在高級中學階段教授。因此，表中公民與社會科目的學習內容在國民中學教育階段共有二十八項目，但在普通型高級中學教育階段僅三十二項目。

表6-17　公民與社會學科學習內容主題架構與代碼對照表 —— 國民中學暨普通型高級中學教育階段

教育階段	課程規劃	學習內容暨代碼對照			
		代碼	主題	代碼	項目
國民中學／普通型高級中學	公民與社會	A	公民身分認同及社群	a	公民身分
				b	權力、權利與責任
				c	國家與認同
				d	人性尊嚴與普世人權
		B	社會生活的組織及制度	a	個人、家庭與部落
				b	團體、志願結社與公共生活
				c	規範、秩序與控制
				d	國家與政府
				e	政府的組成

（續）

教育階段	課程規劃	學習內容暨代碼對照			
		代碼	主題	代碼	項目
				f	法律的位階、制定與適用
				g	憲法與人權保障
				h	干涉、給付行政與救濟
				i	犯罪與刑罰
				j	民事權利的保障與限制
				k	兒童及少年的法律保障
				l	資源有限與分配
				m	誘因
				n	交易與專業化生產
				o	供給與需求
				p	貨幣的功能
				q	國民所得
		C	社會的運作、治理及參與實踐	a	民主治理
				b	公共意見
				c	政治參與
				d	勞動參與
				e	市場機能與價格管制
				f	市場競爭
				g	外部成本
		D	民主社會的理想及現實	a	公平正義
				b	社會安全
				c	多元文化
				d	全球關聯
				e	科技發展
				f	貿易自由化

　　從表6-17可知公民與社會學科共有四大主題，分別以大寫英文字母A代表「公民身分認同及社群」，B表示「社會生活的組織及制度」，以C代表「社會的運作、治理及參與實踐」，以D表示「民主社會的理想及現實」。

每一主題項次下再規劃若干項目，並以小寫英文字母區別。如主題C「社會的運作、治理及參與實踐」項下的「市場競爭」代碼為Cf，又如主題B「社會生活的組織及制度」項下的「規範、秩序與控制」項目代碼為Bc。

(二) 社會領域學習內容編碼規則

1. 國民小學教育階段

表6-18 社會領域學習內容示例拆解表（國小教育階段）

	第一碼 主題與項目	第二碼 學習階段	第三碼 流水號	學習內容具體內涵
例1	Ad	II	1	個人透過參與各行各業的經濟活動，與他人形成分工合作的關係。
例2	Cc	III	2	族群的遷徙、通婚及交流，與社會變遷互動因果。
例3	Cc	II	1	各地居民的生活與工作方式會隨著社會變遷而改變。
* 社會領域學習內容規劃，並不包括第一學習階段。				

第一碼：主題與項目

從社會領域學習內容示例拆解表（表6-18），可知所舉第一例「Ad」表示主題A「互動與關聯」項下的d項目「生產與消費」；第二例Cc表示主題C「變遷與因果」項下的c項目「社會的變遷」；第三例與第二例相同，都是主題C「變遷與因果」項下的c項目「社會的變遷」。第二例與第三例的差別在於學習階段不同，第二例是第三學習階段，第三例是第二學習階段，即國民小學教育階段的第二、三學習階段學習內容架構是相同的。

溫馨小叮嚀

1. 國民小學教育階段社會領域於國民小學教育階段採領域教學，因此學習內容編碼前並未如國中與高中教育階段加上學科簡稱代碼。

2. 國民小學教育階段的第二與第三學習階段學習內容架構是相同的，如同表6-18所舉第二例及第三例，皆是主題C「變遷與因果」項下的c項目「社會的變遷」；第二例是第三學習階段，第三例則是第二學習階段。

第二碼：學習階段

　　以羅馬數字II至V，依序代表第二學習階段至第五學習階段。以II表示第二學習階段，即國民小學三、四年級；以III表示第三學習階段，即國民小學五、六年級。

第三碼：流水號

　　在同一主題與項目及學習階段規劃有一個以上不等的學習內容，因此以流水號區別。如主題A「互動與關聯」項下的e項目「科技與社會」在第三學習階段規劃了三個條目，包括「Ae-III-1科學和技術發展對自然與人文環境具有不同層面的影響」、「Ae-III-2科學和技術的發展與人類的價植、信仰與態度會相互影響」及「Ae-III-3科學和技術的研究與運用，應受到道德與法律的規範；政府的政策或法令會因新科技的出現而增修」。

第四：學習內容具體內涵

　　文字說明乃是該主題項目下各學習內容的實際內涵，於進行教案設計或課程設計擇定，宜注意所選學習內容與教授的知識範疇一致。

　　2. 國民中學與普通型高級中學教育階段

　　下舉三例國民中學與普通型高級中學社會領域學習內容，以闡述其編碼

規則。

表6-19　社會領域學習內容示例拆解表（國中與高中教育階段）

	第一碼 主題與項目	第二碼 學習階段	第三碼 流水號	學習內容具體內涵
例1	地Aa	IV	1	全球經緯度坐標系統。
例2	公Bn	V	2	決定一國進出口某項商品的主要因素有哪些？
例3	歷Fa	IV	4	臺灣的國際地位與外交困境。

第一碼：「學科縮寫」加「主題與項目」代碼

　　社會領域在國民中學與普通高級中學教育階段由於皆可採分科教學，而這樣的課程安排方式亦反應在學習內容編碼。以「歷」表示歷史學科的縮寫，以「地」代表地理學科，以「公」表示公民與社會學科。

　　從社會領域學習內容示例拆解表（表6-19），可知所舉第一例「地Aa」代表地理學科中A主題「基本概念與臺灣」項下的a項目「世界中的臺灣」；第二例「公Bn」表示公民與社會學科B主題「社會生活的組織及制度」項下的n項目「交易與專業化生產」；第三例「歷Fa」表示歷史學科F主題「當代臺灣」項下的a項目「政治外交的變遷」。

溫馨小叮嚀

由於社會領域中的歷史與地理學科，因國中與高中教育階段著重的學習內容不同，因此各自規劃了學習內容架構。故於查詢學習內容時，宜注意教案的施行學習階段，以擇定正確的學習內容。

第二碼：學習階段

以羅馬數字II至V，依序代表第二學習階段至第五學習階段。以IV表示第四學習階段，即國民中學一至三年級。以V表示第五學習階段，即高中一至三年級。

第三碼：流水號

在同學科中，同一主題與項目及學習階段規劃有一個以上不等的學習內容，因此以流水號區別。如第四學習階段歷史學科B主題「早期臺灣」中的b項目「大航海時代的臺灣」學習內容規劃，包括「Bb-IV-1十六、十七世紀東亞海域的各方勢力」及「Bb-IV-2原住民族與外來者的接觸」。

第四：學習內容具體內涵

文字說明乃是該主題項目下各學習內容的實際內涵，於進行教案設計或課程設計擇定，宜注意所選學習內容與教授的知識範疇一致。

溫馨小叮嚀

1. 注意所擇定的學習內容學習階段，是否與欲教授的學習單元學習階段一致。

2. 由於國民小學一、二年級，藝術、自然科學、社會與綜合活動統合為生活課程，因此藝術領域學習內容、自然領域學習內容及社會領域學習內容並沒有第一學習階段。

3. 跨領域教案規劃時，必須同時參考所跨科目／領域的學習內容，並依據欲教授的內容找出適宜的學習內容。

4. 規劃出學習內容具體內涵後，應將該則或數則學習內容全部填入教案表格當中，以利於後續與學習表現、核心素養具體內容對照檢視之用。切勿只填該則學習內容的三碼編碼，而忽略文字具體內涵。

科技領域學習內容編碼規則

(一) 科技領域學習內容內涵

　　科技領域學習內容乃是將其學科重要知識的組織整合為六大主題類別，並以大寫英文字母作為主題類別代碼，其學習內容主題架構與代碼對照如表6-20、6-21所示。

表6-20　國民小學及國民中學教育階段科技領域學習內容主類別代碼對照表

國民小學教育階段		國民中學教育階段	
主類別	代碼	主類別	代碼
系統平臺	S	系統平臺	S
資料表示、處理及分析	D	資料表示、處理及分析	D
演算法	A	演算法	A
程式設計	P	程式設計	P
資訊科技應用	T	資訊科技應用	T
資訊科技與人類社會	H	資訊科技與人類社會	H

　　就表6-20、6-21可知科技領域在國小、國中及高級中等學校教育階段，三個教育階段的學習內容主類別有六個面向，如以「S」代表「系統平臺」，以「D」代表「資料表示、處理及分析」等。

　　然普通型高級中等學校教育階段課程還另外規劃了加深加廣選修課程，包括「進階程式設計」、「機器人程式設計」及「資訊科技應用專題」三門課。這三門課項次下再規劃了若干學習內容主類別，並以英文字母作為縮寫，詳如表6-21所示，例如：以大寫英文字母「D」代表進階程式設計中的「資料結構」主類別。

表6-21 普通型高級中等學校教育階段科技領域學習內容主類別代碼對照表

普通型高級中等學校教育階段學習內容			
課程類別		主類別	代碼
部定必修		系統平臺	S
		資料表示、處理及分析	D
		演算法	A
		程式設計	P
		資訊科技應用	T
		資訊科技與人類社會	H
加深加廣選修課	進階程式設計	程式語言	L
		資料結構	D
		演算法	A
		程式設計實作	I
	機器人程式設計	機器人發展	R
		機器人控制	Rc
		機器人專題實作	Rp
	資訊科技應用專題	資訊科技原理	T
		資訊科技實作	Tp

(二) 科技領域學習內容編碼規則

下舉三例科技領域學習內容的編碼方式，在了解學習內容架構、內涵及編碼方式後，能夠應用至核心素養導向的課程設計。

表6-22 科技領域學習內容示例拆解表

	第一碼 主類別	第二碼 學習階段	第三碼 流水號	學習內容具體內涵
例1	資S	V	2	系統平臺之未來發展趨勢
例2	資H	IV	1	個人資料保護
例3	資D	III	3	系統化數位資料管理方法

第一碼：領域名稱代碼+主類別

科技領域學習內容第一碼包括兩個資訊，即科技領域代碼「資」，以及科技領域學習內容項下的六大面向。

表6-22中所舉例1的第一碼為「資S」，代表科技領域下的「S系統平臺」面向；例2第一碼為「資H」，代表科技領域下的「H資訊科技與人類社會」面向；例3第一碼為「資D」，代表科技領域下的「D資料表示、處理及分析」面向。

第二碼：學習階段

以羅馬數字代表學習階段，以III代表第三學習階段，以IV表示第四學習階段，以V表示第五學習階段。

第三碼：流水號

同一主類別且同一學習階段下規劃有一個以上不等的學習內容，因此以流水號區別。如第五學習階段主類別「H資訊科技與人類社會」學習內容，規劃了六則學習內容。

第四：學習內容具體內涵

文字說明乃是該主類別項目下各學習內容的實際內涵，於進行教案設計或課程設計規劃，宜注意所選學習內容與教授的知識範疇應一致或相關。

綜合活動領域學習內容編碼規則

(一) 綜合活動領域學習內容內涵

　　表6-23根據綜合活動領域課程綱要內容，整理出三個教育階段綜合活動領域課程規劃。從表中可知各教育階段課程內容相異，因此綜合領域學習內容同樣反映了這樣的特性。

表6-23　綜合活動領域各教育階段課程規劃表

國民小學				國民中學			普通型高級中等學校		
第二學習階段		第三學習階段		第四學習階段			第五學習階段		
三	四	五	六	七	八	九	十	十一	十二
2節課／週領域教學		2節課／週領域教學		3節課／週領域教學家政、童軍、輔導、			必修 4學分 分科教學 生命教育（1學分） 生涯規劃（1學分） 家政（2學分）		
							加深選修 ・未來想像與生涯進路 ・思考：智慧的啓航 ・創新生活與家庭		
							加廣選修 ・生命啓航：生命意義與生涯發展 ・創意與行銷 ・預約幸福		

　　以下將依序說明綜合活動領域三個教育階段的學習內容主題、架構。

表6-24　國民小學及國民中學教育階段綜合活動領域學習內容主題代碼對照表

國民小學教育階段			國民中學教育階段		
主題軸	主題項目	代碼	主題軸	主題項目	代碼
自我與生涯發展	自我探索與成長	Aa	自我與生涯發展	自我探索與成長	Aa
	自主學習與管理	Ab		自主學習與管理	Ab
	生涯規劃與發展	Ac		生涯規劃與發展	Ac
	尊重與珍惜生命	Ad		尊重與珍惜生命	Ad
生活經營與創新	人際互動與經營	Ba	生活經營與創新	人際互動與經營	Ba
	團體合作與領導	Bb		團體合作與領導	Bb
	資源運用與開發	Bc		資源運用與開發	Bc
	生活美感與創新	Bd		生活美感與創新	Bd
社會與環境關懷	危機辨識與處理	Ca	社會與環境關懷	危機辨識與處理	Ca
	社會關懷與服務	Cb		社會關懷與服務	Cb
	文化理解與尊重	Cc		文化理解與尊重	Cc
	環境保育與永續	Cd		環境保育與永續	Cd

　　從表6-24可知國小與國中教育階段的學習內容主題規劃架構是相同的，共分為「自我與生涯發展」、「生活經營與創新」及「社會與環境關懷」三大主題軸。每一主題軸項次下再各自開展四個主題項目，共計十二個主題項目。

溫馨小叮嚀

國民中學教育階段雖以領域教學為主，但童軍、家政及輔導等學科仍就上述的三大主題軸、十二個主題項目架構，開展各學科的學習內容。

表6-25 普通型高級中等學校教育階段綜合活動領域學習內容與生命教育學習內容對照

普通型高級中等學校教育階段學習內容──生命教育			
主題軸	主題項目	生命教育學習內容類別	
		類別	項目
自我與生涯發展	自我探索與成長	C.終極關懷	a.哲學與生命意義
		C.終極關懷	b.生死關懷與實踐
		C.終極關懷	c.終極信念與宗教
		E.靈性修養	a.靈性自覺與修養
		E.靈性修養	b.人格統整與靈性修養
	自主學習與管理	A.哲學思考	a.思考素養
		A.哲學思考	b.後設思考
		D.價值思辨	a.道德哲學的素養及其應用
	生涯規劃與發展		
	尊重與珍惜生命	B.人學探索	a.人的特質與人性觀
		B.人學探索	b.人的主體性與自我觀
		C.終極關懷	a.哲學與生命意義
		C.終極關懷	b.生死關懷與實踐
		C.終極關懷	c.終極信念與宗教
		E.靈性修養	a.靈性自覺與修養
生活經營與創新	人際互動與經營		
	團體合作與領導		
	資源運用與開發		
	生活美感與創新	D.價值思辨	b.生活美學的省思
社會與環境關懷	危機辨識與處理		
	社會關懷與服務		
	文化理解與尊重		
	環境保育與永續		

　　以上為高中階段生命教育學科的學習內容類別（虛線框線表示者），從表中可知學科學習內容架構，乃是根據綜合活動領域三大主題軸與十二個主題項目的學習內容架構下開展而來的（即表6-25中以灰階框線表示者）。因為學科學習範疇與特色不同，所以並非每一主題軸項下皆規劃有對應的學科學習內容類別。例如：以「社會與環境關懷」為例，此主題軸項的四個主題項目皆未有對應的學習內容類別。

表6-26　普通型高級中等學校教育階段綜合活動領域學習內容與生涯規劃學習內容對照

普通型高級中等學校教育階段學習內容 —— 生涯規劃			
主題軸	主題項目	生涯規劃學習內容類別	
		類別	項目
自我與生涯發展	自我探索與成長	A.自我探索	b.成長歷程與生命主題
		A.自我探索	c.自我覺察與個人統整
	自主學習與管理	C.決策行動	b.自我管理與態度培養
	生涯規劃與發展	A.自我探索	a.生涯發展與自我調適
	尊重與珍惜生命	A.自我探索	b.成長歷程與生命主題
生活經營與創新	人際互動與經營	A.自我探索	c.自我覺察與個人統整
	團體合作與領導	B.環境探索	b.職業生活與社會需求
	資源運用與開發	B.環境探索	a.教育發展與職業選擇
		C.決策行動	a.生涯評估與智慧抉擇
	生活美感與創新	A.自我探索	c.自我覺察與個人統整
		C.決策行動	c.生涯行動與實踐
社會與環境關懷	危機辨識與處理	A.自我探索	a.生涯發展與自我調適
	社會關懷與服務	B.環境探索	b.職業生活與社會需求
	文化理解與尊重	B.環境探索	b.職業生活與社會需求
	環境保育與永續	B.環境探索	b.職業生活與社會需求
		C.決策行動	c.生涯行動與實踐

以上為高中階段生涯規劃學科的學習內容類別（虛線框線表示者），從表中可知學科學習內容架構乃是根據綜合活動領域三大主題軸與十二個主題項目的學習內容架構下開展而來的（即表6-26中以灰階框線表示者）。以「自我與生涯發展」主題軸項下的「自我探索與成長」的主題項目為例，生涯規劃的學習內容類別與項目，包括「成長歷程與生命主題」與「自我覺察與個人統整」。

表6-27　普通型高級中等學校教育階段綜合活動領域學習內容與家政學科學習內容對照

普通型高級中等學校教育階段學習內容──家政			
主題軸	主題項目	家政學習內容類別	
		類別	項目
自我與生涯發展	自我探索與成長	D.家庭	a.婚姻與家庭的建立
		D.家庭	c.青年與家庭
	自主學習與管理	C.生活管理	a.生活資訊管理與消費
		C.生活管理	b.形象管理
	生涯規劃與發展		
	尊重與珍惜生命	D.家庭	b.家庭生活與家人互動
生活經營與創新	人際互動與經營	A.飲食	a.飲食與生活型態
		D.家庭	a.婚姻與家庭的建立
		D.家庭	b.家庭生活與家人互動
		D.家庭	c.青年與家庭
	團體合作與領導		
	資源運用與開發	A.飲食	b.膳食計畫與製作
		B.衣著	a.服飾計畫與搭配
		C.生活管理	a.生活資訊管理與消費
	生活美感與創新	A.飲食	b.膳食計畫與製作
		B.衣著	a.服飾計畫與搭配
		B.衣著	b.服飾語言與文化
		C.生活管理	c.創意生活與美感

（續）

普通型高級中等學校教育階段學習內容——家政			
主題軸	主題項目	家政學習內容類別	
		類別	項目
社會與環境關懷	危機辨識與處理	A.飲食	b.膳食計畫與製作
		D.家庭	b.家庭生活與家人互動
	社會關懷與服務	A.飲食	a.飲食與生活型態
	文化理解與尊重	A.飲食	a.飲食與生活型態
		B.衣著	b.服飾語言與文化
	環境保育與永續	B.衣著	a.服飾計畫與搭配

以上為高中階段家政學科的學習內容類別（虛線框線表示者），從表6-27可知學科學習內容架構乃是根據綜合活動領域三大主題軸與十二個主題項目的學習內容架構下開展而來的（即表中以灰階框線表示者）。因為學科學習範疇與特色不同，所以並非每一主題軸項下皆規劃有對應的學科學習內容類別。例如：「生活經營與創新」主題軸項下的主題項目「團體合作與領域」，家政學科並未規劃相對應的學習內容類別。

(二) 綜合活動領域學習內容編碼規則

以上已了解綜合活動領域學習內容主題架構，以及領域內各學科學習內容開展與對應關係。下舉三例綜合活動領域學習內容示例，進一步拆解說明學習內容的編碼方式，在了解學習內容架構、內涵及編碼方式後，能夠應用至核心素養導向課程設計。

第一碼：學科類別縮寫+主題軸+主題項目

綜合活動領域學習內容第一碼包括三個資訊，即學科類別縮寫、主題軸與主題項目。由於國民小學教育階段採領域教學，故沒有學科類別縮寫。

表6-28中所舉例1的第一碼為「Ab」，代表綜合活動「A自我與生涯發展」主題軸項下的「b自主學習與管理」主題項目；例2的第一碼為「家Aa」，代表綜合活動領域中的家政學科，類別A「飲食」項下的「a飲食與

生活型態」項目；例3第一碼為「生Cc」，代表綜合活動領域中的生命教育學科，類別C「終極關懷」項下的「c終極信念與宗教」項目。

表6-28　綜合活動領域學習內容示例拆解表

	第一碼		第二碼	第三碼	學習內容具體內涵
	學科類別	主題軸 主題項目	學習 階段	流水號	
例1		Ab	II	2	學習行動策略
例2	家	Aa	V	3	綠色飲食與糧食永續
例3	生	Cc	V	4	宗教對苦難與死亡的看法

> 溫馨小叮嚀
>
> 由於國民小學教育階段綜合活動領域採領域教學，故學習內容編碼的第一碼並未標注學科類別，如表6-28所舉例1即是。

第二碼：學習階段

　　以羅馬數字代表學習階段。以II代表第二學習階段，以III代表第三學習階段，以IV表示第四學習階段，以V表示第五學習階段。

第三碼：流水號

　　同一學習內容類別且同一學習階段下規劃有一個以上不等的學習內容，編碼時以流水號區別。如高中教育階段家政學科學習內容類別A「飲食」下的「a.飲食與生活型態」項目下，已規劃了三則學習內容。

第四：學習內容具體內涵

　　文字說明乃是該類別項目下各學習內容的實際內涵，於進行教案設計或課程設計規劃，宜注意所選學習內容與教授的知識範疇應一致或相關。

健康與體育領域學習內容編碼規則

(一) 健康與體育領域學習內容內涵

　　健康與體育領域學習內容乃是將其學科重要知識規劃為九大主題，每一主題項下再依學習範疇規劃若干次項目。其學習內容主題架構與代碼對照，如表6-29所示。

表6-29　國民小學與國民中學教育階段健康與體育領域學習內容主題代碼對照表

主題名稱	次項目	編碼
A生長、發展與體適能	a生長、發育、老化與死亡	Aa
	b體適能	Ab
B安全生活與運動防護	a安全教育與急救	Ba
	b藥物教育	Bb
	c運動傷害與防護	Bc
	d防衛性運動	Bd
C群體健康與運動參與	a健康環境	Ca
	b運動知識	Cb
	c水域休閒運動	Cc
	d戶外休閒運動	Cd
	e其他休閒運動	Ce
D個人衛生與性教育	a個人衛生與保健	Da
	b性教育	Db
E人、食物與健康消費	a人與食物	Ea
	b消費者健康	Eb
F身心健康與疾病預防	a健康心理	Fa
	b健康促進與疾病預防	Fb
G挑戰型運動	a田徑	Ga
	b游泳	Gb

（續）

主題名稱	次項目	編碼
H競爭型運動	a網／牆性球類運動	Ha
	b攻守入侵性球類運動	Hb
	c標的性球類運動	Hc
	d守備／跑分性球類運動	Hd
I表現型運動	a體操	Ia
	b舞蹈	Ib
	c民俗性運動	Ic

　　從表6-29可知健康與體育領域共規劃了「生長、發展與體適能」等九項主題，分別以大寫英文字母代表，每一主題項下再規劃了若干次項目。「生長、發展與體適能」主題項下有「生長、發育、老化與死亡」與「體適能」二個次項目，分別以小寫英文字母表示，故A主題項下的a次項目「生長、發育、老化與死亡」對應的代碼為Aa。

　　至於高級中學教育階段學習內容主題架構仍是延續前面所言的九大主題架構，但細分為健康與體育兩學科的學習內容架構，試以表6-30說明如下。

表6-30　高級中學教育階段健康與體育領域學習內容主題代碼對照表

主題名稱	次項目	編碼	學科
A生長、發展與體適能	a生長、發育、老化與死亡	Aa	健康
	b體適能	Ab	體育
B安全生活與運動防護	a安全教育與急救	Ba	健康
	b藥物教育	Bb	健康
	c運動傷害與防護	Bc	體育
	d防衛性運動	Bd	體育

（續）

主題名稱	次項目	編碼	學科
C群體健康與運動參與	a健康環境	Ca	健康
	b運動知識	Cb	體育
	c水域休閒運動	Cc	
	d戶外休閒運動	Cd	
	e其他休閒運動	Ce	
D個人衛生與性教育	a個人衛生與保健	Da	健康
	b性教育	Db	
E人、食物與健康消費	a人與食物	Ea	健康
	b消費者健康	Eb	
F身心健康與疾病預防	a健康心理	Fa	健康
	b健康促進與疾病預防	Fb	
G挑戰型運動	a田徑	Ga	體育
	b游泳	Gb	
H競爭型運動	a網／牆性球類運動	Ha	體育
	b攻守入侵性球類運動	Hb	
	c標的性球類運動	Hc	
	d守備／跑分性球類運動	Hd	
I表現型運動	a體操	Ia	體育
	b舞蹈	Ib	
	c民俗性運動	Ic	

(二) 健康與體育領域學習內容編碼規則

　　下舉三例健康與體育領域學習內容的編碼方式，在了解學習內容架構、內涵及編碼方式後，能夠應用至核心素養導向課程設計。

表6-31　健康與體育領域學習內容示例拆解表

	第一碼 主題	第二碼 學習階段	第三碼 流水號	學習內容具體內涵
例1	Aa	I	1	不同人生階段成長情形的觀察與描述。
例2	Ca	IV	3	環保永續的綠色生活型態之實踐與倡議。
例3	Fb	V	2	全球急、慢性病的辨識與防治。

第一碼：主題

　　健康與體育領域學習內容，第一碼編碼表示的是學習內容主題。表6-31中所舉例1第一碼為「Aa」，代表A主題項下的「生長、發育、老化與死亡」次項目；例2第一碼為「Ca」，代表C主題項下的「健康環境」次項目；例3第一碼為「Fb」，代表F主題項下的「健康促進與疾病預防」次項目。

第二碼：學習階段

　　以羅馬數字代表學習階段，以I代表第一學習階段，以此類推。表6-31所舉例1，I表示第一學習階段。例2第二碼IV，代表第四學習階段。例3第二碼為V，表示第五學習階段。

第三碼：流水號

　　同一主題、次項目且同一學習階段下，規劃一個以上不等的學習內容，因此以流水號區別。如第五學習階段「Ca健康環境」項下，共規劃了三則學習內容。

第四：學習內容具體內涵

　　文字說明乃是該主題類別項目下各學習內容的實際內涵，於進行教案設計或課程設計規劃，宜注意所選學習內容與教授的知識範疇應一致或相關。

二、學習表現

(一) 學習表現規劃與意義

　　學習表現與學習內容同為學習重點的內涵之一，但其與學習內容的不同處在於「學習表現」乃是偏向規劃學生學習認知、能力與態度的培養，是各學科／領域核心素養的展現與具體化。

　　換言之，學習表現規劃相較於學習內容規劃具有更多的彈性，師資生於規劃「學習表現」時，宜思考在教導單元知識原理、概念之外，要培養學生哪方面的學習認知或學習態度的培養？根據規劃的單元知識範疇並考量學生心智發展，以擇定規劃適合的學習表現內涵。

　　學習表現依科目／領域特性而有不同的著重點。如藝術領域學習表現，以「表現」、「鑑賞」及「實踐」三個構面統合。又數學領域學習表現雖無訂定構面整合，但仍有其設計理念，以呼應並落實核心素養導向教育理念。如數學領域學習表現著重在情境連結，以用來協助學生學習及應用，又如「報讀」泛指資料閱讀能力的培養等。學習表現均可視為各科目／領域對於核心素養三面九項的實踐落實依據。

　　核心素養導向教案設計納入學習表現的優點如下：

　　1. 兼顧學生身心發展：學習表現在各領域／科目核心素養的架構下，考量學生心智發展，訂定各學習階段學習表現。讓學生在每一學習階段心智發展許可下，實踐核心素養教育理念，培養認知、情意與技能向度。

　　2. 提升核心素養實踐：於訂定學習目標時，可對照所規劃的學習表現，並據此檢視補充學習目標未兼顧的層面。即除了學科知識學習，亦應考量核心素養的培養與實踐。

　　3. 與學習評量設計搭配：教師可以透過學習評量設計以觀察學生學習表現，因此學習表現亦可作為學習評量設計參考。

(二) 學習表現查詢與規劃

步驟1 下載各領域／科目課程綱要

可至國家教育研究院網站下載各領域新課綱。

在網頁中，尋找欲教授學科／領域課程綱要最新版本，並從中查詢各科目／領域學習表現具體內涵。

步驟2 查詢學習表現

藝術領域學習表現編碼

在各領域／科目課程綱要中，找出與欲教授的單元知識相對應的學習表現。首先需了解學習表現編碼方式，下舉數例藝術領域學習表現說明之。

表6-32　藝術領域學習表現編碼

	第一碼 學習構面	第二碼 學習階段	第三碼 流水號	學習表現具體內涵
例1	3	II	1	能具備尊重、協調、溝通等能力與態度。
例2	視1	IV	2	能使用多元媒材與技法，表現個人或社群的觀點。
例3	藝2	V	1	能具備對各類藝術美感經驗及鑑賞的能力。

表6-33　藝術領域學習表現類別架構表

編碼規則 學習重點	第一碼		第二碼	第三碼
	科目縮寫	學習構面代碼	學習階段	流水號
學習內容	音：音樂 視：視覺藝術 表：表演藝術 美：美術 藝：藝術生活 演：表演創作 設：基本設計 多：多媒體音樂 新：新媒體音樂	E：表現 A：鑑賞 P：實踐	II：第二學習階段 III：第三學習階段 IV：第四學習階段 V：第五學習階段	1、2、 3……
學習表現	音：音樂 視：視覺藝術 表：表演藝術 美：美術 藝：藝術生活 演：表演創作 設：基本設計 多：多媒體音樂 新：新媒體音樂	1：表現 2：鑑賞 3：實踐	II：第二學習階段 III：第三學習階段 IV：第四學習階段 V：第五學習階段	1、2、 3……

註1：上表資料取自《十二年國民基本教育課程綱要國民中小學暨普通型高級中等學校——藝術領域》各教育階段領域內各科學習重點。

註2：為方便閱讀與對照，故省略學習內容與學習表現的實質內涵，僅以編碼表示。

從表6-32所舉三則學習表現例子，可知藝術領域學習表現乃是由三碼加上一段具體內涵說明組成的。

第一碼：科目縮寫與學習構面

學習表現第一碼乃是由科目縮寫與學習構面組成的。如表6-32所舉例子第一碼，「表」表示表演藝術、「視」代表視覺藝術及「藝」代表藝術生活。另外，其他科目縮寫說明如下：

「美」代表美術

「音」表示音樂

「演」表示表演創作

「設」表示基本設計

「多」表示多媒體音樂

「新」代表新媒體藝術

至於藝術領域學習表現的學習構面，則包括「表現1」、「鑑賞2」及「實踐3」三個構面。因此，上舉例子「表3」表示表演藝術科目學習表現中的「實踐」構面，「視1」表示視覺藝術科目學習表現中的「表現」構面，「藝2」表示藝術生活科目學習表現中的「鑑賞」構面。

溫馨小叮嚀

藝術領域國小課程爲「領域教學」。在「學習表現」第一碼編碼「沒有加入科目縮寫」，直接以表現1、鑑賞2、實踐3表示。學習內容第一碼編碼則有加入科目縮寫+E、A、P。

第二碼：學習階段

以II代表第二學習階段，包括國民小學三、四年級。以III表示第三學習階段，包括國民小學五、六年級。以IV表示第四學習階段，包括國民中學一至三年級。以V表示第五學習階段，包括高中一至三年級。

第三碼：流水號

在同一科目／領域、學習構面及學習階段規劃有一個以上不等的學習表現，因此以流水號區別之。

第四：學習表現具體內涵

文字說明乃是學習表現的實際內涵，於進行教案設計或課程設計宜仔細閱讀並思考內容後使用。

溫馨小叮嚀

1. 數學領域學習表現編碼與上舉藝術領域編碼脈絡不同。數學領域學習表現編碼有三碼，第一碼為表現類別，以n表示「數與量」，以s代表「空間與形狀」等；第二碼為學習階段，從I至V依序表示，如以I代表國民小學低年級，以此類推；第三碼則為流水號。

2. 國語文領域學習表現編碼同為三碼。第一碼以1至6代表了「聆聽」、「口語表達」等。第二碼為學習階段，從I至V依序表示，如以I代表國民小學低年級，以此類推。第三碼為流水號，以阿拉伯數字表示。數學與國語文領域的學習表現編碼與藝術領域學習表現最大的不同，在於學習表現編碼前並未加上領域縮寫，並以各領域特性訂定學習表現的內容與代碼。

自然領域學習表現編碼規則

(一) 自然領域學習表現類別架構

自然領域學習表現訂定與其學習內容是互為表裡，前者展現了科學探究能力與科學態度的培養，後者則展現基本科學核心概念的建立。而學習表現則是訂定了「探究能力」與「科學的態度與本質」兩大方面，並根據此方面再分別規劃子項，展現嚴謹且多方面的學習表現內涵，如表6-34所示。

表6-34　自然領域學習表現架構與代碼對照表

項目			子項	學習表現類別代碼
類別		代碼	類別	
探究能力	思考智能 thinking ability	t	想像創造 **imagination** and creativity (i)	ti
			推理論證 **reasoning** and argumentation (r)	tr
			批判思辨 **critical** thinking (c)	tc
			建立模型 **modeling** (m)	tm
	問題解決 problem solving	p	觀察與定題 **observing** and identifying (o)	po
			計畫與執行 planning and **executing** (e)	pe
			分析與發現 **analyzing** and finding (a)	pa
			討論與傳達 discussing and **communicating** (c)	pc
科學的態度與本質 attitude toward science and nature of science		a	培養科學探究的興趣 **interest** in science (i)	ai
			養成應用科學思考與探究的習慣 **habit** of scientific thinking and inquiry (h)	ah
			認識科學本質 **nature** of science (n)	an

　　從上表可知自然領域學習表現代碼編碼規則，為項目英文字母縮寫加上子項英文字母縮寫而成的。如「思考智能」的英文代碼為t，其子項「建

立模型」英文代碼為m，此項學習表現代碼為tm。又「科學的態度與本質英文」代碼為a，其子項「認識科學本質」英文代碼為n，因此此項學習表現代碼為an。

(二) 自然領域學習表現編碼規則

　　承上已了解自然領域學習表現類別架構與代碼對照，以下將舉三則自然領域學習表現，說明其編碼規則。

表6-35　自然領域學習表現編碼規則

	第一碼 表現類別	第二碼 學習階段	第三碼 流水號	學習表現具體內涵
例1	ti	II	1	能在指導下觀察日常生活現象的規律性，並運用想像力與好奇心，了解及描述自然環境的現象。
例2	pe	IV	2	能正確安全操作適合學習階段的物品、器材儀器、科技設備與資源；能進行客觀的質性觀測或數值量測並詳實記錄。
例3	ah	Vc	1	了解科學知識是人們理解現象的一種解釋，但不是唯一的解釋。

第一碼：表現類別

　　表6-35所舉三則自然領域學習表現，第一碼為學習表現類別。例1的ti代表「思考智能」項目中的「想像創造」子項，例2的pe代表「問題解決」項目中的「計畫與執行」子項，例3的ah代表項目「科學的態度與本質」中的子項「養成應用科學思考與探究的習慣」。

第二碼：學習階段

　　第二碼以羅馬數字II至V，依序表示第二、三、四、五學習階段。例1的II表示第二學習階段，即國民小學三至四年級；例2的IV代表第四學習階段，即國民中學七至九年級。

　　以V代表第五學習階段，即普通高級中學教育階段，指十至十二年級。但因為有共同表現及進階表現之別，分別以Vc與Va表示。例3的Vc則代表此學習表現乃是普通高級中學教育階段，即十至十二年級的共同表現。

第三碼：流水號

　　在同一科目／領域、表現類別及學習階段，規劃有一個以上不等的學習表現，因此以流水號區別之。

　　如例2「pe-IV-2能正確安全操作適合學習階段的物品、器材儀器、科技設備與資源；能進行客觀的質性觀測或數值量測並詳實記錄」，為學習表現項目探究能力的問題解決（p）的「e計畫與執行」子項，且為第四學習階段。在同樣的學習表現項目、子項下，且同為第四學習階段的學習表現，另還規劃「pe-IV-1能辨明多個自變項、應變項並計畫適當次數的測試、預測活動的可能結果。在教師或教科書的指導或說明下，能了解探究的計畫，並進而能根據問題特性、資源（如設備、時間）等因素，規劃具有可信度（如多次測量等）的探究活動」。

數學領域學習表現編碼規則

(一) 數學領域學習表現類別架構

　　數學領域學習表現訂定以學生學習進程為中心，重視知識、原理的認知學習，同時也積極培養學生情意態度學習，並根據各教育階段學生心智發展不同，而訂定了適合的學習表現，如表6-36所示。

表6-36　數學領域各教育階段學習表現類別架構及代碼對照表

國民小學 教育階段		國民中學 教育階段		普通型高級中等學校 教育階段	
表現類別	代碼	表現類別	代碼	表現類別	代碼
數與量	n	數與量	n	數與量	n
空間與形狀	s	空間與形狀	s	空間與形狀	s
坐標幾何	g	坐標幾何	g	坐標幾何	g
關係	r	代數	a	代數	a
		函數	f	函數	f
資料與 不確定性	d	資料與 不確定性	d	資料與 不確定性	d

　　從表6-36可知數學領域表現類別在國民小學教育階段分為五個類別，如「坐標幾何」以小寫英文字母g表示。其中在國民小學教育階段的「r關係」至國民中學及高級中等學校教育階段分別轉換發展為「代數」與「函數」，分別以小寫英文字母a與f表示。

(二) 數學領域學習表現編碼規則

　　承上已了解數學領域學習表現類別架構與代碼對照，以下將舉三則數學領域學習表現說明其編碼規則。

表6-37　數學領域學習表現編碼拆解表

	第一碼 表現類別	第二碼 學習階段	第三碼 流水號	學習表現具體內涵
例1	n	III	12	理解容量、容積和體積之間的關係，並做應用。
例2	a	IV	5	認識多項式及相關名詞，並熟練多項式的四則運算及運用乘法公式。
例3	g	V	2	理解並欣賞坐標平面上的圖形對稱性，並能用以溝通及推論。

第一碼：表現類別

　　學習表現第一碼為表現類別，表6-37所舉例1其表現類別n為「數與量」；例2表現類別a為「代數」；例3表現類別g為「坐標幾何」。

第二碼：學習階段

　　以羅馬數字I至V依序表示第一至第五學習階段，如表6-37例1中的III表示第三學習階段，即國民小學五、六年級。表中例2以IV表示第四學習階段，即國民中學教育階段七至九年級。表中例3以V表示第五學習階段，即普通型高級中等學校教育階段十至十二年級。

第三碼：流水號

　　在同一學習表現類別及學習階段規劃有一個以上不等的學習表現，因此以流水號區別之。以表6-37中的例1為例說明，學習表現類別「n數與量」在第三學習階段，共規劃了十二項學習表現。因此，此十二項同類別同學習階段的學習表現以第三碼的阿拉伯數字區別。

第四：學習表現具體內涵

　　文字說明乃是學習表現的實際內涵，於進行教案設計或課程設計宜仔細閱讀，並思考與教案內容的關聯性或延伸性，再納入為教案規劃依據。

溫馨小叮嚀

1. 數學領域學習表現類別架構與學習內容類別架構是一樣的，但在代碼使用上略有差異，即學習表現代碼以小寫英文字母呈現，學習內容以大寫英文字母呈現。

2. 數學領域學習表現第二碼以羅馬數字I至V依序表示第一至第五教育階段，但學習內容第二碼則以阿拉伯數字1至12依序表示一至十二年級。於進行教案規劃時，需避免誤植的情形。

國語文領域學習表現編碼規則

(一) 國語文領域學習表現類別架構

國語文領域學習表現類別分為「聆聽」等六大類別，以阿拉伯數字1-6作為代碼，詳細代碼與類別對照如表6-38所示。

表6-38　國語文領域學習表現類別架構及代碼對照表

學習表現類別	代碼
聆聽	1
口語表達	2
標音符號與運用	3
識字與寫字	4
閱讀	5
寫作	6

(二) 國語文領域學習表現編碼規則

承上已明白學習表現類別架構與代碼對照情形，以下將舉三則國語文領域學習表現說明其編碼規則。

表6-39　國語文領域學習表現編碼規則

	第一碼 表現類別	第二碼 學習階段	第三碼 流水號	學習表現具體內涵
例1	5	I	4	了解文本中的重要訊息與觀點。
例2	6	III	2	培養思考力、聯想力等寫作基本能力。
例3	2	V	1	以邏輯性語言精確說出各類文本的文體特質、表現形式與題材內容。

第一碼：表現類別

　　上舉第一例表現類別代碼5，代表國語文領域學習表現類別中的「閱讀」。第二例表現類別代碼6，代表國語文領域學習表現類別中的「寫作」。第三例表現類別代碼2，代表國語文領域學習表現類別中的「口語表達」。

第二碼：學習階段

　　以羅馬數字I至V代表第一學習階段至第五學習階段。如以III表示第三學習階段，即國民小學五、六年級。以V表示第五學習階段，即高中一至三年級。

第三碼：流水號

　　在同一學習表現類別及學習階段規劃有一個以上不等的學習表現，因此以流水號區別之。如第一學習階段學習表現類別「5閱讀」共規劃了九項學習表現，又第一學習階段學習表現類別「2口語表達」共規劃了三項學習表現。

第四：學習表現具體內涵

　　文字說明乃是學習表現的實際內涵，於進行教案設計或課程設計宜仔細閱讀並思考內容後使用。

英語文領域學習表現編碼規則

(一) 英語文領域學習表現類別架構

　　英語文領域學習表現分有「語言能力」等五大類別，且語言能力可再細分為「聽、說、讀、寫及綜合應用」五細項。其代碼以阿拉伯數字1-9表示，詳細代碼對照如表6-40所示。

表6-40　英語文領域學習表現類別與代碼對照表

表現類別	類別次項目	代碼
語言能力	聽	1
	說	2
	讀	3
	寫	4
	綜合應用	5
學習興趣與態度		6
學習方法與策略		7
文化與習俗		8
邏輯思考、判斷與創造力		9

(二) 英語文領域學習表現編碼規則

下舉三例英語文領域學習表現，以闡述其編碼規則。

表6-41　英語文領域學習表現編碼規則

	第一碼 表現類別	第二碼 學習階段	第三碼 流水號	學習表現具體內涵
例1	*1	V	15	能聽懂不同腔調／語言背景英語使用者談話的主要內容。
例2	◎9	II	1	能夠將所學字詞做簡易歸類。
例3	8	IV	4	能了解、尊重不同之文化習俗。

第一碼：表現類別

以阿拉伯數字1-9作為表現類別代碼，如6代表學習興趣與態度，9表示邏輯思考、判斷與創造力。

第二碼：學習階段

　　由於英語文課程始自第二學習階段，故以羅馬數字II至V代表學習階段。以II代表第二學習階段，指國民小學三、四年級。以III表示第三學習階段，指國民小學五、六年級。以IV表示第四學習階段，為國民中學一至三年級。以V表示第五學習階段，為高中一至三年級。

第三碼：流水號

　　在同一學習表現類別及學習階段規劃有一個以上不等的學習表現，因此以流水號區別之。如第二學習階段的學習表現類別「3讀」，包括「3-II-1能辨識二十六個印刷體大小寫字母」、「3-II-2能辨識課堂中所學的字詞」及「3-II-3能看懂課堂中所學的句子」三則。

第四：學習表現具體內涵

　　代碼後的文字說明乃是學習表現的實際內涵描述，於進行教案設計或課程設計宜仔細閱讀並思考內容後使用。

步驟3 學習表現規劃

　　將找出相對應的學習表現填入下表「學習表現A2」當中。學習表現查詢規劃視學生學習狀況或是思考欲培養學生哪方面的認知或學習態度等，以增加或縮減學習表現的規劃。即在一單元知識下，可對應的學習表現不僅限於一則。

領域／科目			教師／團隊	
實施年級			總節數	共＿＿＿節，＿＿＿分鐘
單元名稱				
設計依據				
學習重點	學習內容A1		核心素養B	
	學習表現A2			

另一方面，即使是單元名稱相同，授課範圍相同，學習表現的對應亦因教師考量學生應具備與學習的態度、認知等不同而有不同的規劃。

溫馨小叮嚀

1. 規劃跨學科／領域教案時，「學習表現」對應規劃宜包括所跨學科／領域的學習表現實質內涵。例如：當此教案為藝術跨數學時，學習表現規劃宜包括藝術領域與數學領域。
2. 注意教案實施年級與所規劃學習表現的學習階段具有一致性。如教案實施年級為高中二年級時，學習表現規劃應擇定第五學習階段。

步驟4 學習表現規劃檢視

在此必須注意下列事項：

1. 學習內容與學習表現各有著重點，切勿混淆。

2. 注意教案規劃實施年級與所擇定學習表現的學習階段是一致的。

3. 各領域學習表現規劃因學科／領域特色不同，而有不同的規劃思考。如藝術領域學習表現以「表現」、「鑑賞」及「實踐」三個層面統合，因此教師於規劃學習表現時宜考量學生學習均衡，兼顧上述三個層面。

社會領域學習表現編碼規則

(一) 社會領域學習表現類別架構

1. 以三構面十項目統整發展的學習表現架構

社會領域依照領域學科的特性，同時呼應核心素養教育強調認知、情意與態度的培養，進而訂定「理解及思辨」、「態度及價值」與「技能、實作及參與」三構面，作為領域學習表現架構。每一學習表現構面項次下再規劃

若干項目，如表6-42第一欄及第二欄所示。

　　三構面分別為「理解及思辨」、「態度及價值」與「技能、實作及參與」，分別以阿拉伯數字1、2、3代表。每一構面項下再規劃若干項目，以小寫英文字母區別。

表6-42　社會領域各學習階段學習表現架構表

構面	項目	各學習階段條目對照			
		國民小學教育階段		國民中學教育階段	普通型高級中學教育階段
		第二學習階段	第三學習階段	第四學習階段	第五學習階段
1.理解及思辨	a.覺察說明	領域教學	領域教學	社	
				歷史	歷史
				地理	地理
				公民與社會	公民與社會
	b.分析詮釋	領域教學	領域教學	社	
				歷史	歷史
				地理	地理
				公民與社會	公民與社會
	c.判斷創新	領域教學	領域教學	社	
				歷史	歷史
				地理	地理
				公民與社會	公民與社會
2.態度及價值	a.敏覺關懷	領域教學	領域教學	社	歷史
					地理
					公民與社會
	b.同理尊重	領域教學	領域教學	社	歷史
					地理
					公民與社會
	c.自省珍視	領域教學	領域教學	社	歷史
					地理
					公民與社會

（續）

構面	項目	各學習階段條目對照			
		國民小學教育階段		國民中學教育階段	普通型高級中學教育階段
		第二學習階段	第三學習階段	第四學習階段	第五學習階段
3.技能、實作及參與	a.問題發現	領域教學	領域教學	社	歷史
					地理
					公民與社會
	b.資料蒐整與應用	領域教學	領域教學	社	歷史
					地理
					公民與社會
	c.溝通合作	領域教學	領域教學	社	歷史
					地理
					公民與社會
	d.規劃執行	領域教學	領域教學	社	歷史
					地理
					公民與社會

2. 具學科特性及領域整合的學習表現實質內涵

從表6-42可知學習表現架構，為國民小學、國民中學及普通型高級中學教育階段共有。國民小學教育階段包括第二及第三學習階段，採領域教學，故學習表現條目實質內涵不分科目。

國民中學及普通型高級中學則有學科之別，故學習表現條目實質內涵有學科之別。普通型高級中學教育階段在構面3「技能、實作及參與」項下的b項目為「資料蒐整與應用」，在歷史學科、地理學科及公民與社會學科分別規劃了各自的學習表現條目。

溫馨小叮嚀

社會領域學習表現以三構面、十項目,統合組織各教育階段學習表現實質內涵。又國中與高中教育階段除分為歷史、地理及公民與社會三學科外,還有社會領域共同的學習表現,以縮寫「社」表示。

(二) 社會領域學習表現編碼規則

下舉三例社會領域學習表現,以闡述其編碼規則。

表6-43　社會領域學習表現編碼規則

	第一碼 表現類別	第二碼 學習階段	第三碼 流水號	學習表現具體內涵
例1	1a	II	3	舉例說明社會事物與環境的互動、差異或變遷現象。
例2	社2a	IV	1	敏銳察覺人與環境的互動關係及其淵源。
例3	歷3b	V	4	應用歷史資料,藉以形成新的問題視野、書寫自己的歷史敘述,或編寫歷史類的作品。

第一碼:阿拉伯數字加上小寫英文字母表現類別

以阿拉伯數字1-3作為學習表現構面代碼,以小寫英文字母區別每一構面下的不同項目。如上所舉第一例「1a」,表示構面1「理解及思辨」下的a項目「覺察說明」。第二例「社2a」,表示社會領域共同學習表現構面2「態度及價值」的a項目「敏覺關懷」。第三例「歷3b」,表示歷史學科學習表現構面3「技能、實作及參與」的b項目「資料蒐整與應用」。

第二碼：學習階段

由於社會領域始自第二學習階段，故以羅馬數字II至V代表學習階段。以II代表第二學習階段，即國民小學三、四年級。以III表示第三學習階段，即國民小學五、六年級。以IV表示第四學習階段，為國民中學一至三年級。以V表示第五學習階段，為高中一至三年級。

第三碼：流水號

在同一領域或學科，以及同一學習表現構面與項目及學習階段規劃有一個以上不等的學習表現，因此以流水號區別之。如普通高級中學教育階段的歷史學科構面2「態度及價值」下的「a敏覺關懷」項下，共規劃了二條目，包括「歷2a-V-1連結本土歷史經驗與他國的歷史發展，擴展全球視野」、「歷2a-V-2關懷世界重要文化的歷史變遷，以及文化傳承的議題」。

第四：學習表現具體內涵

代碼後的文字說明乃是學習表現的實際內涵描述，於進行教案設計或課程設計宜仔細閱讀並思考內容後使用。

核心素養導向教案與設計依據（二）

一、核心素養

領域／科目核心素養查詢步驟說明如下：

步驟1 至國家教育研究院網站下載各領域新課綱

步驟2 在各領域／科目課程綱要查詢領域／科目核心素養具體內涵

(一) 領域三面九項核心素養的開展與對應

　　十二年國民基本教育課程綱要總綱三面九項，包括「自主行動」、「溝通互動」及「社會參與」三大構面，此三大構面再各自細分三小項，共計九項如圖7-1所示。

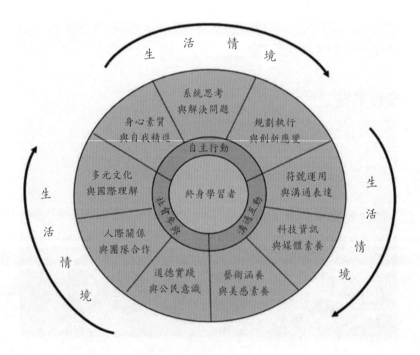

圖7-1　核心素養三面九項滾動圓輪意象圖

　　各領域核心素養具體內涵乃依據《十二年國民基本教育課程綱要總綱》核心素養三面九項而來，並考量領域特色與未來發展而訂定。表7-1將以總綱的三面九項核心素養規劃架構，檢視各領域核心素養開展及對應的狀況。

表7-1　領域核心素養三面九項架構對照表

總綱核心素養構面	總綱核心素養項目	領域核心素養架構對照		
		國民小學教育階段	國民中學教育階段	普通型高級中學教育階段
A自主行動	A1身心素質與自我精進	藝-E-A1	藝-J-A1	藝S-U-A1
		社-E-A1	社-J-A1	社S-U-A1
		國-E-A1	國-J-A1	國S-U-A1
		自-E-A1	自-J-A1	自S-U-A1
		科-E-A1	科-J-A1	科S-U-A1
		綜-E-A1	綜-J-A1	綜S-U-A1
		健體-E-A1	健體-J-A1	健體S-U-A1
		英-E-A1	英-J-A1	英S-U-A1
		數-A1		
	A2系統思考與解決問題	藝-E-A2	藝-J-A2	藝S-U-A2
		社-E-A2	社-J-A2	社S-U-A2
		國-E-A2	國-J-A2	國S-U-A2
		自-E-A2	自-J-A2	自S-U-A2
		科-E-A2	科-J-A2	科S-U-A2
		綜-E-A2	綜-J-A2	綜S-U-A2
		健體-E-A2	健體-J-A2	健體S-U-A2
		英-E-A2	英-J-A2	英S-U-A2
		數-E-A2	數-J-A2	數S-U-A2
	A3規劃執行與創新應變	藝-E-A3	藝-J-A3	藝S-U-A3
		社-E-A3	社-J-A3	社S-U-A3
		國-E-A3	國-J-A3	國S-U-A3
		自-E-A3	自-J-A3	自S-U-A3
		科-E-A3	科-J-A3	科S-U-A3
		綜-E-A3	綜-J-A3	綜S-U-A3
		健體-E-A3	健體-J-A3	健體S-U-A3
			英-J-A3	英S-U-A3
		數-A3		

（續）

總綱核心素養構面	總綱核心素養項目	領域核心素養架構對照		
		國民小學教育階段	國民中學教育階段	普通型高級中學教育階段
B溝通互動	B1符號運用與溝通表達	藝-E-B1	藝-J-B1	藝S-U-B1
		社-E-B1	社-J-B1	社S-U-B1
		國-E-B1	國-J-B1	國S-U-B1
		自-E-B1	自-J-B1	自S-U-B1
		科-E-B1	科-J-B1	科S-U-B1
		綜-E-B1	綜-J-B1	綜S-U-B1
		健體-E-B1	健體-J-B1	健體S-U-B1
		英-E-B1	英-J-B1	英S-U-B1
		數-E-B1	數-J-B1	數S-U-B1
	B2科技資訊與媒體素養	藝-E-B2	藝-J-B2	藝S-U-B2
		社-E-B2	社-J-B2	社S-U-B2
		國-E-B2	國-J-B2	國S-U-B2
		自-E-B2	自-J-B2	自S-U-B2
		科-E-B2	科-J-B2	科S-U-B2
		綜-E-B2	綜-J-B2	綜S-U-B2
		健體-E-B2	健體-J-B2	健體S-U-B2
		英-E-B2	英-J-B2	英S-U-B2
		數-E-B2	數-J-B2	數S-U-B2
	B3藝術涵養與美感素養	藝-E-B3	藝-J-B3	藝S-U-B3
		社-E-B3	社-J-B3	社S-U-B3
		國-E-B3	國-J-B3	國S-U-B3
		自-E-B3	自-J-B3	自S-U-B3
		科-E-B3	科-J-B3	科S-U-B3
		綜-E-B3	綜-J-B3	綜S-U-B3
		健體-E-B3	健體-J-B3	健體S-U-B3
				英S-U-B3
		數-E-B3	數-J-B3	數S-U-B3

（續）

總綱核心 素養構面	總綱核心 素養項目	領域核心素養架構對照		
		國民小學 教育階段	國民中學 教育階段	普通型高級中 學教育階段
C社會參與	C1道德實踐 與公民意識	藝-E-C1	藝-J-C1	藝S-U-C1
		社-E-C1	社-J-C1	社S-U-C1
		國-E-C1	國-J-C1	國S-U-C1
		自-E-C1	自-J-C1	自S-U-C1
		科-E-C1	科-J-C1	科S-U-C1
		綜-E-C1	科-J-C1	科S-U-C1
		健體-E-C1	健體-J-C1	健體S-U-C1
				英S-U-C1
		數-C1		
	C2人際關係 與團隊合作	藝-E-C2	藝-J-C2	藝S-U-C2
		社-E-C2	社-J-C2	社S-U-C2
		國-E-C2	國-J-C2	國S-U-C2
		自-E-C2	自-J-C2	自S-U-C2
		科-E-C2	科-J-C2	科S-U-C2
		綜-E-C2	科-J-C2	科S-U-C2
		健體-E-C2	健體-J-C2	健體S-U-C2
		英-E-C2	英-J-C2	英S-U-C2
		數-C2		
	C3多元文化 與國際理解	藝-E-C3	藝-J-C3	藝S-U-C3
		社-E-C3	社-J-C3	社S-U-C3
		國-E-C3	國-J-C3	國S-U-C3
		自-E-C3	自-J-C3	自S-U-C3
		科-E-C3	科-J-C3	科S-U-C3
		綜-E-C3	科-J-C3	科S-U-C3
		健體-E-C3	健體-J-C3	健體S-U-C3
		英-E-C3	英-J-C3	英S-U-C3
		數-E-C3	數-J-C3	數S-U-C3

註1：上表乃是根據八大領域課程綱要手冊整理而成，為讓讀者清楚對照查看，
　　　因此省略每一核心素養的實質內涵，僅以代碼表示。

註2：其中國語文與英語文同屬語文領域，但因科目特質而核心素養規劃不同，
　　　故上表中分別敘述。

1. 領域核心素養內涵與架構：領域核心素養架構乃是依據總綱三面九項核心素養而來。表7-1中第一欄顯示「A自主行動」、「B溝通互動」及「C社會參與」三構面，每一構面再各自開展三項核心素養，如表中第二欄所示，總共三面九項。

以A面向「自主行動」為例，開展了「A1身心素質與自我精進」、「A2系統思考與解決問題」及「A3規劃執行與創新應變」三項目。每一項目藝術、社會、國語文、自然、科技、綜合活動、健康與體育、英語文及數學領域根據領域特點與未來發展，建構各自的核心素養內涵與架構。

2.領域核心素養實質內涵與教育階段對應發展

(1)教育階段漸進式核心素養訂定：承上所言，領域核心素養內涵與架構都是依循總綱核心素養三面九項開展。此外，領域核心素養開展更進一步考量學生心智發展，進而規劃國民小學、國民中學及高級中學三個教育階段。

從「領域核心素養三面九項架構對照表」可知，以藝術領域核心素養B項目「溝通互動」下的B1項目「符號運用與溝通表達」為例，分別規劃了國民小學、國民中學及普通型高級中學三個教育階段的核心素養。此三個教育階段的核心素養實質內涵分別為「藝-E-B1理解藝術符號，以表達情意觀點」、「藝-J-B1應用藝術符號，以表達觀點與風格」及「藝S-U-B1活用藝術符號表達情意觀點和風格，並藉以作為溝通之道」。以上藝術領域根據總綱「B1符號運用與溝通表達」規劃的三個教育階段核心素養，乃是循序漸進地培養學生運用藝術符號，並作為溝通表達之用的能力。國民小學教育階段首重學生對於藝術符號的理解，國民中學則在理解的基礎上培養應用藝術符號的能力，至於高級中學教育階段則是融合理解與應用，將藝術符號作為與人溝通的方法之一。

另外英語文領域因領域特色關係，在部分核心素養項目規劃上並未與各教育階段對應。例如：B構面「溝通互動」中的B3項目「藝術涵養與美感素養」在國民小學及國民中學教育階段，皆未有規劃相對應的核心素養。此外，「A3規劃執行與創新應變」項目在國小教育階段亦沒有規劃相對應的核心素養。「C1道德實踐與公民意識」項目在國民小學及國民中學教育階

段，皆未有規劃相對應的核心素養。

(2)跨教育階段統整式核心素養訂定：數學領域考量其課程理念與目標，於規劃部分核心素養項目時採跨教育階段統整的方式，如「A1身心素質與自我精進」、「A3規劃執行與創新應變」、「C1道德實踐與公民意識」及「C2人際關係與團隊合作」核心素養實質內涵規劃是跨教育階段的。

(二) 領域核心素養三面九項具體內涵開展與落實

領域核心素養實質內涵開展乃是根據總綱三面九項架構，同時亦考量三個教育階段學生心智發展的差異逐項架構完成的。表7-2將以「A2系統思考與解決問題」項目，說明比較此項目在不同領域間的開展與差異。

表7-2　「A2系統思考與解決問題」項目在各領域核心素養開展對照表

領域別	核心素養構面	核心素養項目	核心素養項目說明	教育階段核心素養具體內涵		
				國民小學	國民中學	普通型高級中學
總綱	A自主行動	A2系統思考與解決問題	具備問題理解、思辨分析、推理批判的系統思考與後設思考素養，並能行動與反思，以有效處理及解決生活、生命問題。	E-A2 具備探索問題的思考能力，並透過體驗與實踐處理日常生活問題。	J-A2 具備理解情境全貌，並做獨立思考與分析的知能，運用適當的策略處理解決生活及生命議題。	U-A2 具備系統思考、分析與探索的素養，深化後設思考，並積極面對挑戰以解決人生的各種問題。
藝術領域	A自主行動	A2系統思考與解決問題		藝-E-A2 認識設計式的思考，理解藝術實踐的意義。	藝-J-A2 嘗試設計式的思考、探索藝術實踐解決問題的途徑。	藝S-U-A2 運用設計與批判性思考，以藝術實踐解決問題。

（續）

領域別	核心素養構面	核心素養項目	核心素養項目說明	教育階段核心素養具體內涵		
				國民小學	國民中學	普通型高級中學
社會領域	A自主行動	A2系統思考與解決問題		社-E-A2 關注生活問題及其影響,敏覺居住地方的社會、自然與人文環境變遷,並思考解決方法。	社-J-A2 覺察人類生活相關議題,進而分析判斷及反思,並嘗試改善或解決問題。	社S-U-A2 對人類生活相關議題,具備探索、思考、推理、分析與統整的能力,並能提出解決各種問題的可能策略。
國語文領域	A自主行動	A2系統思考與解決問題		國-E-A2 透過國語文學習,掌握文本要旨、發展學習及解決問題策略、初探邏輯思維,並透過體驗與實踐,處理日常生活問題。	國-J-A2 透過欣賞各類文本,培養思辨的能力,並能反思內容主題,應用於日常生活中,有效處理問題。	國S-U-A2 透過統整文本的意義和規律,培養深度思辨及系統思維的能力,體會文化底蘊,進而感知人生的困境,積極面對挑戰,以有效處理及解決人生的各種問題。

(續)

領域別	核心素養構面	核心素養項目	核心素養項目說明	教育階段核心素養具體內涵		
				國民小學	國民中學	普通型高級中學
自然領域	A自主行動	A2系統思考與解決問題		自-E-A2 能運用好奇心及想像能力，從觀察、閱讀、思考所得的資訊或數據中，提出適合科學探究的問題或解釋資料，並能依據已知的科學知識、科學概念及探索科學的方法去想像可能發生的事情，以及理解科學事實會有不同的論點、證據或解釋方式。	自-J-A2 能將所習得的科學知識，連結到自己觀察到的自然現象及實驗數據，學習自我或團體探索證據、回應多元觀點，並能對問題、方法、資訊或數據的可信性抱持合理的懷疑態度或進行檢核，進而解釋因果關係或提出問題可能的解決方案。	自S-U-A2 能從一系列的觀察、實驗中取得自然科學數據，並依據科學理論、數理演算公式等方法進行比較與判斷科學資料於方法及程序上的合理性，進而以批判的論點來檢核資料的真實性與可信性，提出創新與前瞻的思維來解決問題。

（續）

領域別	核心素養構面	核心素養項目	核心素養項目說明	教育階段核心素養具體內涵		
				國民小學	國民中學	普通型高級中學
科技領域	A自主行動	A2系統思考與解決問題		科-E-A2 具備探索問題的能力,並能透過科技工具的體驗與實踐處理日常生活問題。	科-J-A2 具備理解情境與獨立思考的能力,並運用適當科技工具與策略處理,以解決並處理生活問題與生命議題。	科S-U-A2 具備系統思考與分析探索的能力,並能運用科技工具與策略有效處理並解決人生各種問題。
綜合活動領域	A自主行動	A2系統思考與解決問題		綜-E-A2 探索學習方法,培養思考能力與自律負責的態度,並透過體驗與實踐解決日常生活問題。	綜-J-A2 釐清學習目標,探究多元的思考與學習方法,養成自主學習的能力,運用適當的策略,解決生活議題。	綜S-U-A2 確立自我需求與目標,學習批判思考與自主管理的知能,透過具體可行的學習方案與實踐過程,積極面對及處理生活與生命中的各種挑戰。

(續)

領域別	核心素養構面	核心素養項目	核心素養項目說明	教育階段核心素養具體內涵		
				國民小學	國民中學	普通型高級中學
健康與體育領域	A自主行動	A2系統思考與解決問題		健體-E-A2 具備探索身體活動與健康生活問題的思考能力，並透過體驗與實踐，處理日常生活中運動與健康的問題。	健體-J-A2 具備理解體育與健康情境的全貌，並做獨立思考與分析的知能，進而運用適當的策略，處理與解決體育與健康的問題。	健體S-U-A2 具備系統思考、分析與探索體育與健康的素養，深化後設思考，並積極面對挑戰，以解決人生中各種體育與健康的問題。
英語文領域	A自主行動	A2系統思考與解決問題		英-E-A2 具備理解簡易英語文訊息的能力，能運用基本邏輯思考策略提升學習效能。	英-J-A2 具備系統性理解與推演的能力，能釐清文本訊息間的關係進行推論，並能經由訊息的比較，對國內外的異同有初步的了解。	英S-U-A2 具備系統性思考與後設思考能力，善用各種策略，對文本訊息、國內外文化深入理解，釐清訊息本質與真偽，提升學習效率與品質，應用所學解決問題。

（續）

領域別	核心素養構面	核心素養項目	核心素養項目說明	教育階段核心素養具體內涵		
				國民小學	國民中學	普通型高級中學
數學領域	A自主行動	A2系統思考與解決問題		數-E-A2 具備基本的算術操作能力，並能指認基本的形體與相對關係，在日常生活情境中，用數學表述與解決問題。	數-J-A2 具備有理數、根式、坐標系之運作能力，並能以符號代表數或幾何物件，執行運算與推論，在生活情境或可理解的想像情境中，分析本質以解決問題。	數S-U-A2 具備數學模型的基本工具，以數學模型解決典型的現實問題。了解數學在觀察歸納之後還須演繹證明的思維特徵及其價值。

註：國語文與英語文同屬語文領域

　　從上小節介紹，可知八大領域核心素養規劃架構乃是依據總綱三面九項核心素養架構而來。另一方面，在同一領域及同一核心素養項目下考量不同教育階段學生的心智發展狀況，而有國民小學、國民中學及普通型高級中學規劃的差異。

　　從表7-2所舉總綱核心素養A構面「自主行動」下的「A2系統思考與解決問題」項目，更可清楚了解總綱三面九項核心素養落實為各領域核心素養具體內涵的樣貌。而這樣的架構組織具有下列特點：

　　1. 教育階段橫向連貫：在同一核心素養項目下，同一領域核心素養規劃具有教育階段之別。而這樣的設計安排考量學生身心發展，一步步帶領學生循序漸進地學習，培養其面對未來各種挑戰宜具備的知識、能力與態度。

　　2. 領域特性縱向落實：以表7-2所舉總綱核心素養A構面「自主行動」

下的「A2系統思考與解決問題」項目為例，此項核心素養旨在培養學生系統思考、分析問題的能力，並據此行動以提出解決之道。在此規劃理念下，帶領學生就各領域知識作為問題思考出發點。從表中可看出八大領域對於總綱核心素養A2項目中的「思考、探索問題能力的培養」的實踐，同時也展現了各領域課程特色。例如：社會領域著重引導學生從居住環境的社會、自然與人文環境變遷等發掘問題，並思考解決方法。自然領域則是著重訓練學生從資訊、數據閱讀、分析以發掘問題，並思考解決之道。藝術領域則是以設計式思考為出發點，分析並解決問題。

(三) 領域核心素養編碼規則

下舉三則領域核心素養，說明其編碼規則。

表7-3　核心素養編碼規則表

	第一碼 領域別	第二碼 教育階段	第三碼 核心素養項目	核心素養具體內涵
例1	藝S	U	B1	活用藝術符號表達情意觀點和風格，並藉以作為溝通之道。
例2	自	J	C2	透過合作學習，發展與同儕溝通、共同參與、共同執行及共同發掘科學相關知識的能力。
例3	數		A3	具備轉化現實問題為數學問題的能力，並探索、擬定與執行解決問題計畫，以及從多元、彈性與創新的角度解決數學問題，並能將問題解答轉化運用於現實生活。

第一碼：領域縮寫

領域核心素養編碼中的第一碼，為領域名稱縮寫。上舉三則示例中的例1，「藝S」為藝術領域，S則表示高中教育階段；例2「自」表示自然領域；例3的「數」代表數學領域縮寫。

> **溫馨小叮嚀**
>
> 1. 領域核心素養名稱縮寫說明如下：以「藝」代表藝術領域，以「國」代表國語文領域，以「社」代表社會領域，以「數」代表數學領域，以「英」代表英語文領域，以「自」表示自然領域，以「科」代表科技領域，以「綜」表示綜合活動領域，以「健體」表示健康與體育領域。
> 2. 除了社會及健康與體育兩個領域之外，其餘六項領域核心素養編碼高中教育階段第一碼除了領域名稱縮寫，還會另外以S表示高中教育階段。

第二碼：教育階段

第二碼表示教育階段，以大寫英文字母E、J、U分別表示。以E表示國民小學教育階段，以大寫英文字母J代表國民中學教育階段。

上舉三則示例中的例1第二碼為「U」，表示普通型高級中學教育階段；例2第二碼為「J」，表示為國民中學教育階段；例3所舉為數學領域核心素養，由於在核心素養A3項目「規劃執行與創新應變」的核心素養實質內涵不分國小、國中或是高中教育階段，為跨階段核心素養規劃，因此，核心素養編碼省略了第二碼。數學領域核心素養項目除了表7-3所舉的A3項目，還有A1、C1及C2等三個項目均省略了第二碼，皆是跨階段核心素養規劃。

第三碼：核心素養項目

領域核心素養的第三碼表示核心素養項目，即先前提及總綱三面九項中的九項，其詳細對應可參見上一小節的「領域核心素養三面九項架構對照表」（表7-1）。

上舉例1的第三碼為「B1」，乃根據總綱三面九項B面向「溝通互動」下的B1項目「符號運用與溝通表達」發展，並思考藝術領域特色而訂定

的。例2的第三碼為「C2」，乃根據總綱三面九項C面向「社會參與」下的C2項目「人際關係與團隊合作」項目，以及自然領域特質而訂定的。例3的第三碼為「A3」，乃根據總綱三面九項A面向「自主行動」下的A3項目「規劃執行與創新應變」，並發展數學領域課程特色開展的。

步驟3 核心素養規劃

於進行核心素養規劃時，依據教案類型與內涵不同，可分成四大類：

(一) 單一學科／領域核心素養規劃

根據前面所規劃的學習重點及授課單元範疇、內容，並思考A自主行動、B溝通互動及C社會參與，在此單元欲培養學生哪一方面的核心素養？再從九大項領域核心素養中擇定適宜的核心素養，並將之填入下表「核心素養B」欄位中。

領域／科目			教師／團隊		
實施年級			總節數		共＿＿節，＿＿分鐘
單元名稱					
設計依據					
學習重點	學習內容A1		核心素養B		
	學習表現A2				

核心素養與學習重點的對應，可參考各領域課程綱要所附學習重點與核心素養相應參考示例。但師資生於規劃核心素養導向教案時，仍可根據學生學習背景、學習興趣或學習態度、情意培養等層面規劃核心素養。

學習重點		核心素養
學習表現	學習內容	
音樂 音2-III-2 能探索樂曲創作背景與生活的關聯，並表達自我觀點，以體認音樂的藝術價值。 音3-III-1 能參與音樂活動，覺察在地及全球藝術文化。 視覺藝術 視3-III-1 能觀察、參與和記錄學校、社區的藝文活動，體會藝術與生活的關係。 表演藝術 表3-III-4 能於表演中覺察議題、展現人文關懷。	音樂 音A-III-1 器樂曲與聲樂曲，如：各國民謠、歌曲、中外古典音樂等，以及樂曲之作曲家、演奏者、傳統藝師與創作背景。 音P-III-1 音樂相關藝文活動 音P-III-2 音樂與群體活動 視覺藝術 視P-III-1 藝文展演、藝術檔案 表演藝術 表P-III-4 議題融入表演、故事劇場、舞蹈劇場、社區劇場	藝-E-C1 識別藝術活動中的社會議題。

　　上舉藝術領域課程綱要藝術領域學習重點與核心素養對照示例，第一欄為學習表現，第二欄為學習內容，最後一欄為核心素養。在學習重點規劃上多偏重實踐層面，不論是學習表現還是學習內容。另外就內涵而言，鼓勵學生接觸多元藝術類型，同時也能發掘藝術中隱含的議題與對人文的關懷。

　　核心素養對應規劃為「藝-E-C1識別藝術活動中的社會議題」，其規劃考量如下：

　　1. 由於本示例學習重點規劃僅包括藝術領域中音樂、視覺藝術及表演藝術三科目，因此核心素養規劃僅對應藝術領域核心素養。

　　2. 本示例學習重點規劃為第三教育階段，因此核心素養選擇國民小學教育階段，即第二碼為E的核心素養內涵。

3. 本示例學習內容與學習表現，不僅包括培養學生具備藝術領域知識、參與審美活動，體認藝術的價值。另外，也培養學生關注文化、議題等，透過藝術關切社會、世界等。因此，規劃核心素養時便強調此層面，而選定「藝-E-C1識別藝術活動中的社會議題」。

然而，就本示例核心素養規劃亦可選定「藝-E-C3體驗在地及全球藝術與文化的多元性」。當考量應培養學生參與、了解在地或全球藝術時，同時能夠以此基礎體驗或是尊重藝術的多元性，可在規劃核心素養時納入「藝-E-C3」，又或者同時將「藝-E-C1」及「藝-E-C3」納入。

(二) 跨領域教案核心素養規劃

當所規劃的教案為跨領域核心素養導向教案時，於規劃核心素養時宜將所跨領域核心素養全部含括在內，如表7-4乃是藝術跨自然教案。

表7-4 藝術跨自然教案示例

領域／科目		藝術跨自然	教師／團隊	
實施年級		國中	總節數	共＿＿＿節，＿＿＿分鐘
單元名稱				
設計依據				
學習重點	學習內容A1	視P-IV-2展覽策劃與執行 Me-IV-4溫室氣體與全球暖化	核心素養B	藝-J-C1探討藝術活動中社會議題的意義 自J-C1 從日常學習中，主動關心自然環境相關公共議題，尊重生命的重要性。
	學習表現A2	視3-IV-2能規劃或報導藝術活動，展現對自然環境與社會議題的關懷。 po-IV-1能從學習活動、日常經驗及科技運用、自然環境、書刊及網路媒體中，進行各種有計畫的觀察，進而能察覺問題。		

　　此藝術跨自然教案的主科目為藝術領域的視覺藝術，副科目為自然領域。主要是教導學生具備策展觀念，並展現對自然環境的關注；進一步規劃或策劃相關藝術活動，喚起大眾對自然環境保護或資源、生態永續生存的重視。因此，副科目規劃宗旨在於導入全球氣候變遷相關知識，讓學生能夠據此規劃或策劃關於全球氣候變遷內容的藝術活動。

　　承上所述教案設計理念，於進行核心素養規劃時考量藝術領域與自然領域在教案中扮演的角色，故分別選擇了「藝-J-C1探討藝術活動中社會議題的意義」與「自J-C1從日常學習中，主動關心自然環境相關公共議題，尊重生命的重要性」。兩個領域的核心素養互相搭配，藉由藝術活動喚起大眾對於自然環境的重視，藉此豐富藝術的價值。另一方面，希望透過跨領域的引導，協助學生能利用所學知識、原理，主動關懷自然環境。

(三) 議題融入對於核心具體內涵規劃的影響

　　表7-5所舉示例乃是藝術領域教案，同時也規劃了議題融入「海洋教育」，並選擇學習主題「海洋資源與永續」，乃是考量臺灣為海洋國家，其國家發展、經濟與文化等均與海洋息息相關。為讓學生更了解自己生活的環境，因此於教導學生策劃展覽時，同時將海洋教育議題融入，引導學生主動挖掘並關注社會議題，以作為展覽主題。

　　上舉教案議題融入核心素養規劃考量有二：

　　1. 與藝術領域學習表現對應：用意在於培養學生關注自然環境問題，並能從所學藝術知識、原理及技能等提出解決之道。在此解決之道便是透過策劃自然環境相關展覽，以喚起大眾對於環境問題的關注以及建立正確的環境保護觀念等。

　　2. 與議題融入實質內涵相對應：引導學生發掘海洋環境的特質與對生活、環境等方面的影響，並能夠養成積極參與並關注自己所處環境衍生的相關問題。

表7-5　議題融入核心素養導向教案示例

領域／科目	藝術跨自然	教師／團隊	
實施年級	國中	總節數	共＿＿＿節，＿＿＿分鐘
單元名稱			

設計依據				
學習重點	學習內容A1	視P-IV-2展覽策劃與執行	核心素養B	藝-J-C1探討藝術活動中社會議題的意義
	學習表現A2	視3-IV-2能規劃或報導藝術活動，展現對自然環境與社會議題的關懷。		海A2能思考與分析海洋的特性與影響，並採取行動有效合宜處理海洋生態與環境之問題。
議題融入	實質內涵	海J20了解我國的海洋環境問題，並積極參與海洋保護行動。		
	所融入之學習重點			

(四) 跨領域、議題融入教案

　　表7-6舉例乃是承接上舉藝術跨自然教案示例，但在此多規劃了議題融入。因此，核心素養規劃應含括三部分：

　　1. 藝術領域核心素養具體內涵，以灰階框線標注。

　　2. 自然領域核心素養具體內涵，以虛線框線標注。

　　3. 議題融入核心素養具體內涵，以細實線框線標注。

　　此三部分核心素養相輔相成，從社會議題中規劃自然環境相關議題，再從自然環境議題連結了海洋議題。

表7-6 議題融入與跨領域核心素養導向教案示例

設計依據				
學習重點	學習內容A1	視P-IV-2展覽策劃與執行 Me-IV-4溫室氣體與全球暖化	核心素養B	藝-J-C1探討藝術活動中社會議題的意義 自J-C1 從日常學習中，主動關心自然環境相關公共議題，尊重生命的重要性。
	學習表現A2	視3-IV-2能規劃或報導藝術活動，展現對自然環境與社會議題的關懷。 po-IV-1能從學習活動、日常經驗及科技運用、自然環境、書刊及網路媒體中，進行各種有計畫的觀察，進而能察覺問題。		海A2能思考與分析海洋的特性與影響，並採取行動有效合宜處理海洋生態與環境之問題。
議題融入	實質內涵	海J20了解我國的海洋環境問題，並積極參與海洋保護行動。		
	所融入之學習重點			

考量臺灣是海島國家，因此將環境問題——全球氣候變遷連結了海洋環境問題，教案規劃考量有四：

1. 希望透過議題融入引導學生思考藝術活動策劃對於環境保護、永續發展的影響，或是對其他領域、議題的影響，以及藝術對於這些問題、議題所扮演的角色，以豐富藝術學習的廣度與深度。

2. 希望透過議題融入，讓學生更了解自己生活的環境，進而關注環境

問題，讓生活更美好。

　　3. 連結全球氣候變遷與海洋環境改變，讓學生了解氣候與環境的相關性。

　　4. 引導學生思考全球氣候變遷對環境的影響層面，而海洋環境僅是其中一環。

溫馨小叮嚀

1. 領域核心素養教育階段，必須與教案實施年級相對應。如實施年級為國中一年級，則領域核心素養教育階段必須選擇國民中學教育階段。

2. 當教案為跨領域時，核心素養規劃必須涵蓋所跨領域的核心素養。

步驟4 就所規劃的核心素養開展學習目標、學習活動及學習評量規劃。

第一章　議題融入與核心素養教案設計

一、發展背景

　　在社會變遷與全球化潮流影響之下，如何掌握、了解世界脈動；或是關注現象、思考世界變遷與自身生存的關係，乃至於進一步針對社會或世界現象、問題提出相應解決之道。將上述理念落實至教案設計，並循序漸進培養學生主動發掘問題、提出解決之道，有賴在教案設計規劃時納入議題教育。

　　《十二年國民基本教育課程綱要總綱》規劃了「性別平等教育」、「人權教育」、「環境教育」、「海洋教育」以及「品德教育」、「多元文化教育」等十九項議題，可作為議題融入教案設計的依據與指引。

二、議題融入與核心素養導向教育的關係

(一) 連結學習情境與生活情境

核心素養教育旨在培養解決人生問題的能力，而議題存在於生活情境當中。因此，議題融入有助於連結生活情境與學習情境，同時也是將核心素養實踐於學習過程的方式。

(二) 整合式教育

不論是科目／領域或是各教育階段，都可以透過議題融入進行整合與橫向連結。

(三) 培養思考力

問題導向教育利用議題融入，帶領學生主動發掘問題，並能針對問題發表自己的想法、思辨，進而提出解決之道。

(四) 終身學習

議題存在於生活周遭，也是人們終身皆會碰觸的課題，透過議題融入培養學生終身學習的學習態度。

三、核心素養導向教案中的議題融入規劃設計步驟

步驟1 參閱《議題融入說明手冊》

該手冊完整羅列了議題融入重要觀念，包括四大重要議題及十五項議題的學習目標與學習主題，且每一學習主題因教育階段的不同而有不同的規劃。

下舉四大議題之一「性別平等教育」闡明其學習主題，以及其在各教育階段規劃的議題實質內涵，如表7-7所示。

表7-7　性別平等教育在各教育階段的實質內涵

性別平等教育			
學習主題	各教育階段性別平等教育實質內涵		
	國民小學	國民中學	高級中等學校
生理性別、性傾向、性別特質與性別認同多樣性的尊重	性E1 認識生理性別、性傾向、性別特質與性別認同的多元面貌。	性J1 接納自我與尊重他人的性傾向、性別特質與性別認同。	性U1 肯定自我與接納他人的性傾向、性別特質與性別認同。
	性E2 覺知身體意象對身心的影響。	性J2 釐清身體意象的性別迷思。	性U2 探究社會文化與媒體對身體意象的影響。
性別角色的突破與性別歧視的消除	性E3 覺察性別角色的刻板印象，了解家庭、學校與職業的分工，不應受性別的限制。	性J3 檢視家庭、學校、職場中基於性別刻板印象產生的偏見與歧視。	性U3 分析家庭、學校、職業與媒體中的性別不平等現象，提出改善策略。
身體自主權的尊重與維護	性E4 認識身體界限與尊重他人的身體自主權。	性J4 認識身體自主權相關議題，維護自己與尊重他人的身體自主權。	性U3 維護與捍衛自己的身體自主權，並尊重他人的身體自主權。
性騷擾、性侵害與性霸凌的防治	性E5 認識性騷擾、性侵害、性霸凌的概念及其求助管道。	性J5 辨識性騷擾、性侵害與性霸凌的樣態，運用資源解決問題。	性U5 探究性騷擾、性侵害與性霸凌相關議題，並熟知權利救濟的管道與程序。
語言、文字與符號的性別意涵分析	性E6 了解圖像、語言與文字的性別意涵，使用性別平等的語言與文字進行溝通。	性J6 探究各種符號中的性別意涵及人際溝通中的性別問題。	性U6 解析符號的性別意涵，並運用具性別平等的語言及符號。

（續）

性別平等教育			
學習主題	各教育階段性別平等教育實質內涵		
	國民小學	國民中學	高級中等學校
科技、資訊與媒體的性別識讀	性E7 解讀各種媒體所傳遞的性別刻板印象。	性J7 解析各種媒體所傳遞的性別迷思、偏見與歧視。	性U7 批判科技、資訊與媒體的性別意識形態，並尋求改善策略。
		性J8 解讀科技產品的性別意涵。	性U8 發展科技與資訊能力，無性別的限制。
性別權益與公共參與	性E8 了解不同性別者的成就與貢獻。	性J9 認識性別權益相關法律與性別平等運動的楷模，具備關懷性別少數的態度。	性U9 了解性別平等運動的歷史發展，主動參與促進性別平等的社會公共事務，並積極維護性別權益。
	性E9 檢視校園中空間與資源分配的性別落差，並提出改善建議。	性J10 探究社會中資源運用與分配的性別不平等，並提出解決策略。	性U10 檢視性別相關政策，並提出看法。
性別權力關係與互動	性E10 辨識性別刻板的情感表達與人際互動。	性J11 去除性別刻板與性別偏見的情感表達與溝通，具備與他人平等互動的能力。	性U11 分析情感關係中的性別權力議題，養成溝通協商與提升處理情感挫折的能力。
	性E11 培養性別間合宜表達情感的能力。	性J12 省思與他人的性別權力關係，促進平等與良好的互動。	性U12 反思各種互動中的性別權力關係。

（續）

性別平等教育			
學習主題	各教育階段性別平等教育實質內涵		
	國民小學	國民中學	高級中等學校
性別與多元文化	性E12 了解與尊重家庭型態的多樣性。	性J13 了解多元家庭型態的性別意涵。	性U13 探究本土與國際社會的性別與家庭議題。
	性E13 了解不同社會中的性別文化差異。	性J14 認識社會中性別、種族與階級的權力結構關係。	性U14 善用資源以拓展性別平等的本土與國際視野。

　　第一欄顯示的是性別平等教育的九項學習主題，第二至四欄表示同一議題融入主題、同一學習主題，但依學生心智發展不同再規劃國民小學、國民中學及高級中等學校教育階段性別平等教育實質內涵。循序漸進培養學生具有系統的、正確的性別平等觀念及相關知識，如學習主題「性別角色的突破與性別歧視的消除」在國民小學教育階段乃是建立學生正確的性別觀念，破除性別刻板印象，至高級中等學校則是帶領學生探究性別刻板的社會，並思索解決之道。

　　在同一議題教育、同一學習主題、相同教育階段，因內容、範疇多寡之別，而規劃有一則或二則以上的實質內涵，如表7-8所舉例子。

表7-8　性別平等教育學習主題代碼對照

性別平等教育學習主題		學習主題代碼	
		國民小學教育階段	國民中學、高級中學教育階段
1	生理性別、性傾向、性別特質與性別認同多樣性的尊重	1、2	1、2
2	性別角色的突破與性別歧視的消除	3	3
3	身體自主權的尊重與維護	4	4

（續）

性別平等教育學習主題	學習主題代碼	
	國民小學教育階段	國民中學、高級中學教育階段
4 性騷擾、性侵害與性霸凌的防治	5	5
5 語言、文字與符號的性別意涵分析	6	6
6 科技、資訊與媒體的性別識讀	7	7、8
7 性別權益與公共參與	8、9	9、10
8 性別權力關係與互動	10、11	11、12
9 性別與多元文化	12、13	13、14

　　表7-8可知在性別平等教育裡的國民中學及高級中學教育階段，同樣為「科技、資訊與媒體的性別識讀」學習主題，都分別規劃了二則議題實質內涵。

步驟2 議題教育內容與編碼查詢

(一) 議題教育類別與縮寫
　　議題教育共規劃了十九項議題，且每一項議題教育有其縮寫規劃，如表7-9所示。了解縮寫規則有助於查詢與規劃議題教育。

表7-9　議題教育縮寫對照表

十九項議題教育	編碼縮寫
性別平等教育	性
人權教育	人
環境教育	環
海洋教育	海
品德教育	品

（續）

十九項議題教育	編碼縮寫
生命教育	生
法治教育	法
科技教育	科
資訊教育	資
能源教育	能
安全教育	安
防災教育	防
生涯規劃教育	涯
家庭教育	家
閱讀教育	閱
戶外教育	戶
多元文化教育	多
國際教育	國
原住民族教育	原

溫馨小叮嚀

「生命教育」與「生涯規劃教育」首字皆為「生」，為區別兩者，故「生涯規劃教育」以第二字「涯」作為縮寫。

(二) 議題教育編碼說明

議題教育編碼規則包括三碼加上實質內涵，說明如下：

議題教育	第一碼議題類別	第二碼教育階段	第三碼學習主題	第四部分實質內涵
例1	原	J	10	認識原住民族地區、部落及傳統土地領域的地理分布
例2	海	U	13	探討海洋環境變化與氣候變遷的相關性
例3	海	E	13	認識生活中常見的水產品

第一碼：議題融入議題類別縮寫

上表所舉第一例第一碼為「原」，代表十五項議題之一的「原住民族教育」。第二、三例第一碼為「海」，表示四大議題之一的「海洋教育」。

第二碼：教育階段

第二碼表示該議題教育適合規劃的教育階段，以大寫英文字母表示。以E代表「國民小學教育階段」，如上表所舉第三例；以J代表「國民中學教育階段」，如上表所舉第一例；以U表示「高級中等學校教育階段」，如上表所舉第二例。

第三碼：學習主題

由於同一議題教育中規劃有若干學習主題，加上各教育階段學生身心發展略有差異，對於議題的吸收與認知能力不同。第三碼則用來區分學習主題與教育階段所對應的議題教育實質內涵，如上表所舉第二例及第三例，同樣為「海洋教育」議題，學習主題代碼為13，但第二例為高級中學教育階段，第三例為國民小學階段。對照《議題融入說明手冊》可知學習主題編碼13，在高級中學教育階段對應的是「海洋科學與技術」，但在國民小學教育階段對應的學習主題為「海洋資源與永續」。

因此於規劃議題融入時，必須留意教案實施年級與授課單元知識是否具

有相關性或一致性。

第四：實質內涵

最後的文字說明乃是議題實質內涵描述，於進行教案設計或課程設計宜仔細閱讀，並思考是否與所教授單元知識相關再規劃。

步驟3 議題教育規劃

各領域課程手冊已擬定議題、學習重點融入相關示例，於首次進行議題融入規劃時可參考其思考脈絡，在此提供三個面向議題融入規劃方式供參考。

(一) 可根據學習內容規劃議題教育主題

可依據教案規劃的教學內容知識、原理等，拆解成若干重要部分或關鍵內涵，並就每一部分思考適合融入的議題教育主題。如下表所舉學習內容「視A-IV-2傳統藝術、當代藝術、視覺文化」，可將學習內容歸納出若干關鍵內容，包括「當代藝術」、「傳統藝術」及「視覺文化」三個重要概念。

於教授「當代藝術」時，可就同一時代、不同區域、多元民族特質等，比較並闡述當代藝術多元面貌的可能性，因此可規劃的議題融入為「多元文化教育」。再就「多元文化教育」選擇規劃適合融入的學習主題，包括「1-1-1我族文化的認同」與「1-1-2文化差異與理解」，如下表所示。

「傳統藝術」可規劃議題融入為「原住民族教育」，其適合規劃的學習主題為「原住民族文化內涵與文化資產」。

「視覺藝術」則可規劃三類議題融入，包括「多元文化教育」、「原住民族教育」及「海洋教育」。就不同議題選擇適合的學習主題，如下表所示。

步驟　　　　　學習內容	步驟一 學習內容 範疇拆解	步驟二 議題融入 議題擇定	步驟三 各議題學習主題擇定
視A-IV-2 傳統藝術、當代 藝術、視覺文化	範疇1. 當代藝術	1-1多元文化教育	1-1-1我族文化的認同
			1-1-2文化差異與理解
	範疇2. 傳統藝術	2-1原住民族教育	2-1-1原住民族文化內涵與文化資產
	範疇3. 視覺文化	3-1多元文化教育	3-1-1我族文化的認同
			3-1-2文化差異與理解
		3-2原住民族教育	3-2-1原住民族文化內涵與文化資產
		3-3海洋教育	3-3-1海洋文化

　　學習主題訂定後必須考量教案實施年級，再擇定適合學生心智發展的教育階段學習主題，如表7-10所示。

表7-10　學習內容與不同教育階段議題學習主題對照表

步驟　　　　　學習內容	步驟三 各議題學習 主題擇定	步驟四 教育階段對應與規劃		
		國民小學	國民中學	高級中等學校
視A-IV-2 傳統藝術、當 代藝術、視覺 文化	我族文化的 認同	多E1 了解自己的文 化特質	多J1 珍惜並維護我 族文化	多U1 肯認並樂於宣 揚我族文化
		多E2 建立自己的文 化認同與意識	多J2 關懷我族文化 遺產的傳承與 興革	多U2 我族文化的批 判或創新

（續）

步驟 學習內容	步驟三 各議題學習 主題擇定	步驟四 教育階段對應與規劃		
		國民小學	國民中學	高級中等學校
	文化差異與理解	多E3 認識不同的文化概念，如族群、階級、性別、宗教等。	多J3 提高對弱勢或少數群體文化的覺察與省思。	多U3 探討不同群體的文化，並能從各文化群體的觀點進行分析。
		多E4 理解到不同文化共存的事實。	多J4 了解不同群體間如何看待彼此的文化。	多U4 批判主流或優勢文化的宰制與運作。
			多J5 了解及尊重不同文化的習俗與禁忌。	
	原住民族文化內涵與文化資產	原E10 原住民族音樂、舞蹈、服飾、建築與各種工藝技藝實作。	原J8 學習原住民族音樂、舞蹈、服飾、建築與各種工藝技藝，並區分各族之差異。	原U11 了解原住民族音樂、舞蹈、服飾、建築與各種工藝技藝的文化意涵與文化資產的保存與文化產業的發展。
		原E11 參與部落活動或社區活動認識原住民族文化。	原J9 學習向他人介紹各種原住民族文化展現。	原U12 了解當代社會環境變遷下的原住民族文化傳承議題。

（續）

步驟　學習內容	步驟三 各議題學習主題擇定	步驟四 教育階段對應與規劃		
		國民小學	國民中學	高級中等學校
	海洋文化	海E7 閱讀、分享及創作與海洋有關的故事。	海J8 閱讀、分享及創作以海洋為背景的文學作品。	海U8 善用各種文體或寫作技巧，創作以海洋為背景的文學作品。
		海E9 透過肢體、聲音、圖像及道具等，進行以海洋為主題之藝術表現。	海J10 運用各種媒材與形式，從事以海洋為主題的藝術表現。	海U9 體認各種海洋藝術的價值、風格及其文化脈絡。

　　當規劃了學習內容「視A-IV-2」時，若教學時偏重其中的「傳統藝術」範疇，且議題教育擇定原住民族教育項下的「原住民族文化內涵與文化資產」。在同一議題教育學習主題下，因應國民小學、國民中學及高級中等學校三個教育階段不同，而有不同的規劃。當此教案實施年級為國民小學，如表7-10所示國民小學階段適合融入的主題有二：「原E10原住民族音樂、舞蹈、服飾、建築與各種工藝技藝實作」及「原E11參與部落活動或社區活動認識原住民族文化」，於規劃議題融入實質內涵時可就學生學習情形等考量，兩者擇一或是兩者都選擇。

(二) 依學習表現實質內涵規劃議題教育

表7-11　依學習表現規劃議題教育主題步驟

步驟 學習表現	步驟一 學習表現 範疇拆解	步驟二 議題融入 議題擇定	步驟三 各議題學習 主題擇定
藝2-V-2 能了解藝術與社會、歷史及文化的關係	範疇1. 藝術與社會的關係	1-1海洋教育	1-1-1海洋社會
		1-2科技教育	1-2-1科技態度
	範疇2. 藝術與歷史的關係	2-1原住民族教育	2-1-1認識部落與原住民族的歷史經驗
		2-2海洋教育	2-2-1海洋社會
	範疇3. 藝術與文化的關係	3-1海洋教育	3-1-1海洋文化
		3-2多元文化教育	3-2-1文化差異與理解 3-2-2跨文化的能力
		3-3原住民族教育	3-3-1原住民族文化內涵與文化資產

　　可依教案規劃學習表現，並將學習表現拆解成若干重要觀念或關鍵內涵，並就每一觀念或內涵思考適合融入的議題教育主題。如表7-11所舉學習表現「藝2-V-2能了解藝術與社會、歷史及文化的關係」，將此學習表現歸納出「藝術與社會的關係」、「藝術與歷史的關係」及「藝術與文化的關係」三個重要關鍵觀念內容。

　　當講授「藝術與社會的關係」時，可就社會趨勢、發展等帶領學生了解社會變遷、特質對於藝術創作的影響，因此可規劃的議題融入為「海洋教育」及「科技教育」。再就「海洋教育」選擇規劃適合融入的學習主題，包括「1-1-1海洋社會」；就「科技教育」規劃適合的學習主題為「1-2-1科技態度」，如表7-11所示。

　　「藝術與歷史的關係」可規劃議題融入為「原住民族教育」，其學習主題為「認識部落與原住民族的歷史經驗」；或規劃「海洋教育」中的「海洋

社會」學習主題。

　　「藝術與文化的關係」則可規劃三類議題融入，包括「海洋教育」、「多元文化教育」及「原住民族教育」。就不同議題，再選擇適合的學習主題，如表7-11所示。

　　學習主題訂定後，必須考量教案實施年級，配合學生心智發展教育階段學習主題如下表所示。

步驟　　　　　學習表現	步驟三　各議題學習主題擇定	步驟四　教育階段對應與規劃		
		國民小學	國民中學	高級中等學校
藝2-V-2　能了解藝術與社會、歷史及文化的關係	1-1-1海洋社會	海E5　探討臺灣開拓史與海洋的關係。	海J5　了解我國國土地理位置的特色及重要性。	海U6　評析臺灣與其他國家海洋歷史的演變及異同。
	1-2-1科技態度		科J7　主動關注人與科技、社會、環境的關係。	科U6　主動關注並參與全球及本土重大科技議題的社會活動。
			科J8　針對重大科技議題養成社會責任感與公民意識。	
	2-1-1認識部落與原住民族的歷史經驗	原E6　了解並尊重不同族群的歷史文化經驗。	原J4　認識原住民族在各歷史階段的重大事件。	原U4　認識原住民族被殖民的歷史經驗，尤其是土地與文化受侵害的過程。

（續）

步驟　　　　　　　步驟	步驟三	步驟四		
學習表現	各議題學習主題擇定	教育階段對應與規劃		
		國民小學	國民中學	高級中等學校
	2-2-1海洋社會	海E5 探討臺灣開拓史與海洋的關係。	海J5 了解我國國土地理位置的特色及重要性。	海U6 評析臺灣與其他國家海洋歷史的演變及異同。
	3-1-1海洋文化	海E8 了解海洋民俗活動、宗教信仰與生活的關係。	海J9 了解我國與其他國家海洋文化的異同。	海U9 體認各種海洋藝術的價值、風格及其文化脈絡。
		海E9 透過肢體、聲音、圖像及道具等，進行以海洋為主題之藝術表現。	海J10 運用各種媒材與形式，從事以海洋為主題的藝術表現。	
	3-2-1文化差異與理解	多E4 理解到不同文化共存的事實。	多J4 了解不同群體間如何看待彼此的文化。	多U3 探討不同群體的文化，並能從各文化群體的觀點進行分析。
	3-2-2跨文化的能力	多E6 了解各文化間的多樣性與差異性。	多J8 探討不同文化接觸時可能產生的衝突、融合或創新。	多U5 具備跨文化省思的能力。

（續）

步驟 學習表現	步驟三 各議題學習 主題擇定	步驟四		
		教育階段對應與規劃		
		國民小學	國民中學	高級中等學校
	3-3-1原住民族文化內涵與文化資產	原E10 原住民族音樂、舞蹈、服飾、建築與各種工藝技藝實作。	原J8 學習原住民族音樂、舞蹈、服飾、建築與各種工藝技藝，並區分各族之差異。	原U11 了解原住民族音樂、舞蹈、服飾、建築與各種工藝技藝的文化意涵與文化資產的保存與文化產業的發展。

　　當議題融入著重與「藝術與社會的關係」的連結時，議題融入規劃為「海洋教育」中學習主題「海洋社會」及「科技教育」學習主題「科技態度」。假設在同一議題學習主題「科技態度」，因應國民小學、國民中學及高級中等學校三個教育階段不同，而有不同的規劃。當此教案實施年級為國民中學，如上表所示國民中學階段適合融入的主題有二：「科J7主動關注人與科技、社會、環境的關係」及「科J8針對重大科技議題養成社會責任感與公民意識」，於規劃議題融入實質內涵時，可就學生學習情形及教案授課單元知識範疇等考量，兩者擇一或是兩者都融入教案規劃中。

(三) 可根據核心素養實質內涵規劃議題教育

　　以下就藝術領域課程綱要國民中學教育階段〈藝術領域學習重點與核心素養對應表參考示例〉之一，作為議題融入與核心素養對應開展示例。

藝術領域／科目學習重點		藝術領域核心素養
學習表現	學習內容	
音樂 音1-IV-2 能融入傳統、當代或流行音樂的風格，改編樂曲，以表達觀點。 視覺藝術 視3-IV-3 能應用設計式思考及藝術知能，因應生活情境尋求解決方案。 表演藝術 表3-IV-2 能運用多元創作探討公共議題，展現人文關懷與獨立思考能力。	音樂 音E-IV-1 多元形式歌曲。基礎歌唱技巧，如：發聲技巧、表情等。 音E-IV-2 樂器的演奏技巧，以及不同的演奏形式。 音E-IV-4 音樂元素，如：音色、調式、和聲等。 視覺藝術 視P-IV-3 設計思考、生活美感 表演藝術 表P-IV-2 應用戲劇、劇場與舞蹈等多元形式	藝-J-A2 嘗試設計式的思考，探索藝術實踐解決問題的途徑。

　　上表第一欄為學習表現，第二欄為學習內容，最後一欄為對應的核心素養。在此可從核心素養「藝-J-A2嘗試設計式的思考，探索藝術實踐解決問題的途徑」思考議題融入規劃。本示例規劃的核心素養著重在將課堂實踐所學，不論是音樂學科、表演藝術學科或是視覺藝術等知識、原理或技能，用來解決生活、社會的問題。因此，在進行議題融入時便可以從問題解決著手，即引導學生利用課堂知識針對某一議題，用以實踐藝術素養並針對問題提出解決之道，如下表所示。

核心素養具體內涵	議題融入	學習主題
藝-J-A2 嘗試設計式的思考，探索藝術實踐解決問題的途徑	議題選擇一：海洋教育	1-1海洋社會 1-2海洋資源與永續
	議題選擇二：性別平等教育	2-1性別角色的突破與性別歧視的消除 2-2科技、資訊與媒體的性別識讀 2-3性別權益與公共參與
	議題選擇三：人權教育	3-1人權與責任 3-2人權違反與救濟
	議題選擇四：環境教育	4-1氣候變遷 4-2災害防救 4-3能源資源永續利用

第一欄為核心素養具體內涵，第二欄則是與該核心素養相關及適合的議題教育內容，最後一欄則是各議題融入的學習主題。每一學習主題，再根據教案實施年級擇定對應的議題實質內涵。

(四) 可根據授課單元內容範疇規劃議題教育

可將教授單元知識、原理，分析成若干重要部分觀念，並就每一部分思考適合融入的議題教育。當教授科目為國語文、英語文領域時，便可依據文本內涵，找出適合且對應的議題融入，藉此豐富教案內容以提升學生學習深度及廣度。

步驟4 就所規劃的議題融入，開展學習目標、學習活動及學習評量規劃。

單元8

核心養素導向教學活動設計
與教材選用、設計

第一章　前言

　　學習活動設計是教案開展與學生學習的核心。因應素養導向教育理念，學習活動設計構思，應將學習動機、學生學習差異與議題教育、跨科目／領域等多方面納入考量。同時，也需規劃相對應的學習評量，以了解學生學習狀況與需求，進而適時修正學習活動設計。

　　素養導向教育理念著重培養學生解決問題的能力，為符應此教育理念的轉變，學生學習評量應朝向多元評量趨勢。從更多面向觀察、了解學生的學習歷程，以掌握學生個人學習優勢與特質，並達到素養導向教育提倡的適性學習。

　　承續先前提及核心素養導向教案設計依據，包括學習重點、核心素養及議題融入，因此本章第一部分將闡述學習目標訂定。第二部分將介紹本研究研發的啟合學習法，提供師資生規劃核心素養導向的教學活動參考。第三部分則是介紹多元學習評量規劃方式。上述三者互相搭配運用，形成一無限循環回饋的機制，成為教案設計與改進的核心，以提升學生學習成效及學習興趣為目標。

本單元學習目標：

1. 了解核心素養導向教育的學習目標內涵與訂定。
2. 了解啟合學習法內涵，並據此設計與規劃核心素養導向學習活動。
3. 了解多元學習評量內涵。

第二章　學習目標訂定

一、訂定學習目標的意義與目的

　　學習目標是教案設計開展的第一步，統整上一章節中提及的學習重點、核心素養及議題融入，並據此訂定學習目標、設計規劃教學活動與學習評量。另一方面，教師視學生學習情形與需求及預期學習成效訂定教學目標，從學習評量回饋就不同面向掌握學生學習成效與學習歷程狀況。因此，學習目標擔任了教師教學規劃與學生學習狀況的溝通橋梁，目的在循序漸進幫助學生學習。

　　由下頁表格可知學習目標訂定上承接學習重點、核心素養與議題融入，並開展教學活動設計與學習評量策略。

二、學習目標訂定依據

　　核心素養導向教育的學習目標，除了授課單元知識學習，應參酌領域學習重點、核心素養擬定。另外，當教案設計納入議題融入考量時，亦將所規劃的議題融入議題實質內涵與議題核心素養作為學習目標擬定參考。如此，所擬定的學習目標不僅包括培養學生基本學科知識的了解，同時也能兼顧態度、情意養成，以達到核心素養導向教育「自發」、「互動」及「共好」的全人教育理念。

　　當規劃跨領域或議題融入教案規劃時，又該依據上述哪些教案構成部件？學習目標又應該包括哪些範疇？以下將分別闡述核心素養導向跨領域教案學習目標規劃，以及核心素養導向議題融入教案學習目標訂定。

領域／科目			教師／團隊	
實施年級			總節數	共＿＿節，＿＿分鐘
單元名稱				

設計依據					
學習重點	學習內容A1			核心素養B	
	學習表現A2				↑
議題融入	實質內涵	↑			
	所融入之學習重點				
與其他領域／科目的連結					
教材內容					
教學設備／資源					

學習目標

教學活動設計		
教學活動內容及實施方式	時間	備註／學習評量策略
學習內容關鍵字： 一、引起學習動機的活動規劃 二、發展教學活動（主、副科目） 三、導入學理知識的活動設計（主科目） 四、生活應用活動規劃		

(一) 核心素養導向跨領域教案學習目標訂定

　　規劃核心素養導向跨領域教案的學習目標時，其訂定的依據與參考，如表8-1所示。

表8-1　核心素養導向跨領域教案的學習目標訂定依據表

學習目標	訂定依據	
知識、概念學習目標	與訂定學習內容互相參酌	主科目
		副科目
情意、態度學習目標	與訂定學習表現互相參酌	主科目
		副科目
	與訂定核心素養互相參酌	主科目
		副科目

　　核心素養導向教育不僅希望學生習得知識、原理等，同時也希望強化學習與生活情境的連結，以培養學生適應未來社會、環境變遷所衍生問題的應變解決能力。因此於規劃核心素養導向教案的學習目標時，不僅要規劃知識、概念學習目標，同時也應視學生學習需求與狀況，規劃情意、態度養成的學習目標。

　　表8-1則是核心素養導向跨領域教案學習目標訂定依據表，第二欄表示訂定依據，包括了前所規劃的學習內容、學習重點與核心素養三大部分。由於是跨領域教案，因此針對上述三大部分再分別思考主要科目與副科目的學習目標各為何？以下將舉一核心素養導向跨領域教案學習目標示例（表8-2），進行詳細的闡述。

表8-2　核心素養導向跨領域教案學習目標訂定示例

設計依據				
學習重點	學習內容A1	視P-IV-2展覽策劃與執行。Me-IV-4溫室氣體與全球暖化。	核心素養B	藝-J-C1探討藝術活動中社會議題的意義。
	學習表現A2	視3-IV-2能規劃或報導藝術活動，展現對自然環境與社會議題的關懷。 po-IV-1能從學習活動、日常經驗及科技運用、自然環境、書刊及網路媒體中，進行各種有計畫的觀察，進而能察覺問題。		自J-C1從日常學習中，主動關心自然環境相關公共議題，尊重生命的重要性。
議題融入	實質內涵	無		
	所融入之學習重點	無		
與其他領域／科目的連結		藝術跨自然領域 藝術領域—視覺藝術 自然領域—環境汙染與防治（Me）		
教材內容				
教學設備／資源				
學習目標				

一、知識、概念的學習

1. 具備整體的策展規劃內涵概念。

2. 了解何謂策展人？及其於展覽中扮演的角色與職責。

3. 明白展覽不僅肩負文化藝術介紹與教育的功能，同時也肩負與社會議題、環境議題內涵連結。

4. 具備全球氣候變遷基本知識，如溫室氣體效應與氣候暖化。

二、情意、態度的培養

1. 能夠就某一自然環境汙染議題，進行展覽主題與內涵發掘與策劃。

2. 透過展覽主題企劃與執行，培養主動關心身處環境相關議題，並運用課堂所學知識喚起大眾對此議題的關注或是針對問題提出具體的解決之道。

從表8-2所舉示例可知學習目標訂定含括兩大部分:一是知識、概念的學習,二是情意、態度的培養。灰階框線部分表示知識、概念的學習目標,此學習目標訂定了學生在本單元或教案中預期習得的知識、原理或概念等。虛線框線部分表示從教案單元知識延伸而出的學習目標,旨在學生情意、態度的培養。就本教案而言,則是引導學生關注並能有系統地了解社會、環境議題,進而透過策展的方式喚起大眾的關注,或是更深入地了解議題對於生活的影響。

上舉示例乃是藝術跨自然教案,主科目為藝術領域視覺藝術,副科目為自然領域。因此,知識、概念學習目標訂定宜包括兩部分:

1. 主科目:藝術領域知識、原理,在此為策展相關概念的介紹,見表8-2中以粗框線呈現者。

2. 副科目:自然領域知識、原理,在此為氣候變遷相關知識,見表8-2中以細框線表示者。

就表中所舉示例,可知知識、概念學習目標訂定可由大範圍到小範圍。即建構基本知識,再分別闡述本教案的主要核心知識。如本教案旨在帶領學生實踐策展規劃,並以自然環境相關議題作為展覽主題與內涵;為此,分別就策展人職責、展覽與社會議題、環境議題的關聯進行更詳盡的說明。因此,知識、概念學習目標訂定由大範圍到小範圍如下所規劃:

(1) 建構學生全面、基本的策展規劃相關知識內涵。

(2) 說明策展人的職責與在策展活動中扮演的角色。

(3) 就策展主題發想,闡述展覽在社會議題、環境議題所擔任的功能與關聯。

情意、態度養成學習目標訂定,承續了教案設計依據中的「學習表現」及「核心素養」兩部分:

1. 學習表現

(1) 主科目:藝術領域學習表現著重在將藝術活動與自然環境、社會議題做深層連結,以深化藝術活動的內涵。

(2) 副科目：自然領域學習表現則著重引導學生從自然環境進行各式有系統的觀察，主動挖掘問題。

　　主、副科目學習表現規劃是相輔相成的，教導學生具備更開闊的藝術眼界，即藝術活動內容是多元的。例如：自然環境與社會議題都可以成為藝術活動的內涵，而這些內涵的養分則來自於對所處環境、社會等進行主動且有系統的觀察，並從中發掘問題。

2.核心素養

(1) 主科目：藝術領域核心素養規劃乃是從藝術領域的學習內容延伸而來，與藝術領域的學習表現呼應。重點在於建立學生正確且多元的藝術觀念，而選擇此核心素養在於希望從關注社會議題著手，讓藝術活動與社會議題產生緊密的連結，從而增加藝術活動深度，引導學生思索未來遇到社會、環境問題，可能提出的解決之道。

(2) 副科目：自然領域核心素養規劃從自然領域學習內容延伸而來，溫室氣體與全球暖化議題僅是自然環境議題中的冰山一角。目的在於希望學生不僅具備氣候變遷的相關知識，而且能夠在此基礎上，養成主動關注自然環境公共議題的能力。

　　不論是策展還是氣候變遷相關知識的學習，唯有透過將學習情境與學生自身生活連結，才能知道氣候變遷對於人類自身或是其他動植物有何影響？進一步思考在面臨此挑戰時，又應該採取什麼行動？提出何種解決之道？這便是情意、態度學習訂定的目的。在上舉示例教案中，主、副科目的核心素養規劃目的在於培養學生關注環境議題，並透過藝術策展呈現此議題的面貌，讓更多人了解環境議題從而提出解決方法，因此訂定「透過展覽主題企劃與執行，培養主動關心身處環境相關議題，並運用課堂所學知識喚起大眾對此議題的關注或是針對問題提出具體的解決之道。」

(二) 核心素養導向議題融入教案學習目標訂定

　　規劃核心素養導向議題融入教案的學習目標時，其訂定的依據參考如表8-3所示。

表8-3 核心素養導向議題融入教案的學習目標訂定依據表

學習目標	訂定依據
知識、概念學習目標	參酌訂定學習內容實質內涵
	參酌擇定規劃的議題融入實質內涵
情意、態度學習目標	參酌訂定的學習表現內涵
	參酌訂定的核心素養內涵
	參酌訂定的議題融入內涵

　　核心素養導向教育不僅希望學生具備系統化的知識，同時也希望學生能主動積極發掘生活中的議題，並將所學不同學科／領域知識用來探究議題，培養學生分析問題以及解決問題的能力。

　　依學生學習需求與課程規劃考量融入的議題，並依據所規劃的議題實質內涵作為訂定學習目標的依據。再進一步思索規劃知識學習目標是哪些？情意、態度學習目標範疇又是哪些？如表8-3為核心素養導向議題融入教案學習目標訂定依據表，第二欄表示訂定依據，包括已規劃的學習內容、學習重點與核心素養三大部分。又因本教案規劃議題融入，因此在訂定學習目標時，亦將所擇定的議題融入實質內涵內。下將舉核心素養導向議題融入教案學習目標訂定示例，來更詳細闡述。

　　表8-4所舉示例可知學習目標訂定含括兩大部分：第一部分是灰階框線部分，表示知識、概念的學習目標，其規劃參考依據如下：

　　1. 學習內容規劃：表8-4所舉示例為藝術領域議題融入教案設計示例，本教案目的在於希望學生能夠具備策展的基本知識，故學習內容知識範疇規劃為「視P-IV-2展覽策劃與執行」。

　　2. 議題融入實質內涵規劃：議題融入的選擇與規劃，則是緊扣自然環境與社會議題關懷發想。考量臺灣四面環海的地理環境與海洋生態、環境息息相關，故於議題融入選擇「海洋教育」中的「海洋資源與永續」此學習主題，如表8-4中虛線框線表示的部分。

　　透過議題融入的規劃，讓學生同時具備策展與海洋資源相關知識，並讓

表8-4　核心素養導向議題融入教案學習目標訂定示例

設計依據				
學習重點	學習內容A1	視P-IV-2展覽策劃與執行。	核心素養B	藝-J-C1探討藝術活動中社會議題的意義。
	學習表現A2	視3-IV-2能規劃或報導藝術活動，展現對自然環境與社會議題的關懷。		海B2能善用語文、數理、肢體與藝術等形式表達與溝通，增進與海洋的互動。
議題融入	實質內涵	海J19了解海洋資源之有限性，保護海洋環境。		
	所融入之學習重點			
與其他領域／科目的連結		無		
教材內容				
教學設備／資源				

學習目標
一、知識、概念的學習 1. 具備整體的策展規劃內涵概念。 2. 了解何謂策展人？及其於展覽中扮演的角色與職責。 3. 明白展覽不僅肩負文化藝術介紹與教育的功能，同時也肩負與社會議題、環境議題內涵連結。 4. 具備基本的海洋資源、海洋生態與海洋環境觀念。
二、情意、態度的培養 1. 臺灣為四面環海國家，每位學生應具備海洋相關知識，並能夠從中發掘並規劃海洋資源與海洋環境相關主題，展現對海洋環境的關注。 2. 了解海洋資源與資源有限，並透過策展喚起自身與大眾對於此議題的關注。

學生從策展規劃的角度發掘海洋資源保護相關問題，發想策展活動的主題。

　　第二部分是細框線部分，表示情意、態度學習目標。知識、概念的學習目標，在預期學生於本單元或教案中所習得的知識、概念範疇。就本教案而言，帶領學生策劃藝術活動，並聚焦海洋教育議題，目的在於引導學生思索並關注海洋資源維護與永續發展相關問題。希望能夠強化學生藝術學習內涵，並從海洋教育著手，主動發掘周遭社會議題。其規劃參考依據如下：

　　1. 學習表現規劃：在所規劃的學習內容基礎上，關懷與思索社會議題解決之道，故學習表現規劃為「視3-IV-2能規劃或報導藝術活動，展現對自然環境與社會議題的關懷」。

　　2. 藝術領域核心素養規劃：學習策展相關知識，了解藝術活動與自然環境、社會議題彼此之間的關係與影響。希望能夠讓學生更深入了解藝術活動中社會議題的面貌及意義，甚至思考如何利用藝術活動了解、參與各種社會議題，或是針對社會議題提出解決方法。

　　3. 議題融入核心素養規劃：議題融入實質內涵規劃在於讓學生知道海洋資源是有限的，需要大家共同維護才能讓海洋資源永續生存。在此知識認知基礎上，宜思索應採取何種具體行動以達到大眾共同維護海洋資源？這便是議題融入核心素養規劃的目標。透過藝術領域海洋教育議題融入，運用海洋藝術策展活動讓更多人了解海洋資源的有限性，或是宣導正確的海洋資源使用、維護觀念等，增進大眾與海洋的良性互動。

(三) 核心素養導向議題融入跨領域教案學習目標訂定

　　規劃核心素養導向跨領域議題融入教案的學習目標時，其訂定的依據與參考如表8-5所示。

表8-5 核心素養導向議題融入跨領域教案學習目標訂定

學習目標	訂定依據	
知識、概念學習目標	與訂定**學習內容**互相參酌	主科目
		副科目
	與擇定規劃的議題融入實質內涵互相參酌	
情意、態度學習目標	與訂定**學習表現**互相參酌	主科目
		副科目
	與訂定**核心素養**互相參酌	主科目
		副科目
	與訂定議題融入互相參酌	

　　前已分別闡述核心素養導向跨領域教案及議題融入教案的學習目標規劃依據與內涵，表8-5則是表示核心素養導向議題融入跨領域教案學習目標訂定依據表，第一欄表示學習目標內涵，包括知識、概念學習目標以及情意、態度學習目標兩大部分；第二欄表示訂定依據，包括學習內容、學習表現、核心素養及議題融入四大部分。加上是跨領域教案，因此針對上述四大部分，再分別思考主要科目與副科目的各自學習目標為何？

第三章　核心素養導向教學活動設計暨多元評量機制

一、啟合學習法

(一) 啟合學習法研發目的

　　1. 知識與情意、態度同步學習：核心素養導向教案的學習活動規劃目的在引導學生學習單元知識，並同步針對學生行動能力、探索能力、知識整合、民主素養及公民責任等情意、態度的培養。學習活動的開展依據為學習目標，即透過一連串的學習活動將應學知識、原理與情意、態度整合，以提

升學生有效學習及靈活應用為目的。

　　2. 學習活動規劃原則：根據學習目標開展，由淺而深引起學習興趣。每一個學習活動應具前後連貫性，並扣緊該單元知識。同時考量並規劃學習評量，規劃適合的教材搭配。

　　3. 跨學科／領域知識整合：透過啟合學習法，將跨學科／領域內容整合為有組織的、具脈絡性的學習活動。目的在幫助學生培養對問題或是議題的探究能力，並從所學的不同學科／領域角度審視同一問題或議題，進而分析背後的原理或是針對問題、議題提出解決方法。

　　4. 統整議題融入與知識、態度學習：核心素養導向教育強調生活情境與學習情境的連結，而議題融入則是連結生活情境與學習情境的方式。上一章節提及學習目標訂定時，將議題融入納為訂定依據，而教學活動設計規劃又是依據學習目標開展，因此透過啟合學習法將所規劃的議題融入實質內涵與學科知識、情意、態度等學習內容，整合為有系統的、有架構的教學活動規劃。

　　議題融入可視為學習情境的營造手段之一，引導學生將學理、知識活用至生活中，有助於學科／領域知識深入學習。加上議題的特殊性，較難以單一學科／領域知識解決。透過啟合學習法，可將議題與跨學科／領域融合為有系統的學習活動。

(二) 啟合學習法內涵

　　啟合學習法包括啟、承、轉及合四個步驟，教師可就此四個步驟規劃教學活動，以循序漸進的方式引起學生學習興趣，導入知識、學理並能將知識、學理靈活運用至生活，以解決生活中遇到的問題。

　　1. 啟：即啟發學生學習興趣。目的有二：第一，將學生的生活情境與學習情境連結；第二，引導學生觀察生活周遭事物、環境或是探究事物原理的動機。

　　2. 承：即承展教學，開展活潑有趣的教學活動設計。

　　3. 轉：即轉換知識，接續承展教學的活動設計，將本教案中預期學生應習得的基礎學科／領域知識、原理範疇導入。

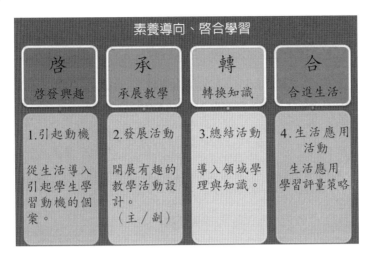

圖8-1　啟合學習法內涵

　　4. 合：即合進生活，目的在於讓學生能活用以上所學的學科／領域基本知識，或是根據基本知識延伸而出的情意、態度或技能等。在此可規劃適合的多元學習評量作搭配，一方面可以讓學生應用所學，另方面同時透過多元學習評量觀察學生學習情形或成效，並據此修正學習活動設計。

二、以啟合學習法規劃教學活動設計

　　前面闡述了啟合學習法內涵，在此將以核心素養導向藝術領域教案設計為例，說明如何運用啟合學習法設計規劃學習活動。

　　表8-6所規劃的學習目標，包括知識、概念的學習目標及情意、態度的學習目標，分別以灰階及虛線框線表示。據此目標，以啟合學習法開展教學活動，如表8-7所示。

表8-6　核心素養導向藝術領域教案設計依據表

設計依據				
學習重點	學習內容A1	視P-IV-2展覽策劃與執行。	核心素養B	藝-J-C1探討藝術活動中社會議題的意義。
	學習表現A2	視3-IV-2能規劃或報導藝術活動，展現對自然環境與社會議題的關懷。		
學習目標				

一、知識、概念的學習

1. 具備整體的策展規劃內涵概念。

2. 了解何謂策展人？及其於展覽中扮演的角色與職責。

3. 明白展覽不僅肩負文化藝術介紹與教育的功能，同時也肩負與社會議題、環境議題內涵連結。

二、情意、態度的培養

1. 如何從生活中主動發掘自然環境或社會議題，並有邏輯、系統整理所關注的自然環境或社會議題內涵。

2. 如何將發掘的自然環境與社會議題內涵轉化為展覽主題。

表8-7　核心素養導向藝術領域教學活動設計表

教學活動設計		
教學活動內容及實施方式	時間	備註／學習評量策略
學習內容關鍵字：策展、策展人、策展主題 一、引起學習動機的活動規劃 1.介紹自然環境與社會議題為主題的展覽。（以播放相關影片、簡報或活動海報等方式進行） 2.講述重要自然環境、社會議題相關新聞事件。	10	
二、發展教學活動 1.進行引導問答： (1)是否能找先前介紹展覽活動的主題？ (2)展覽主題中是否含括了自然環境、社會等相關議題？ (3)思索展覽的意義？ 2.學生分組討論： (1)蒐集自然環境、社會議題相關展覽活動資料。 (2)如果我要策劃展覽？展覽主題訂定與思索。	10	
三、導入學理知識的活動設計 1.闡述展覽策劃？ 2.策展人的角色與職責。 3.展覽具備功能介紹，包括展示與教育，甚至是對環境、社會的省思。	20	
四、生活應用活動規劃 1.以小組為單位，發表初步的策展規劃內容，包括展示規劃、主題（自然環境或社會議題）。	10	

　　表8-7教學活動規劃乃是承續核心素養導向藝術領域教案設計依據表中的「學習目標」而來，運用啟合學習法四個步驟規劃教學活動。

　　1. 啟：引起學生學習興趣，即挑選數個以自然環境或社會議題為展覽主題的展覽進行介紹。另一方面，帶領學生了解當下重要的自然環境或社會議題，例如：「巴黎協定」旨在聯合各國力量對抗全球暖化的問題。

> **溫馨小叮嚀**
>
> 在挑選自然環境或社會議題時，可先從十九項議題融入架構中尋找適合的學習主題，並依據教案實施年級挑選。最後，再就選擇的議題實質內涵配合新聞時事，可以較切合學生所處時代問題，也容易引起學生的注意。

　　2. 承：發展教學活動。在向學生展示數個重要或具重大意義的展覽後，以問答的方法引導學生就剛剛所見的展覽，進一步思考展覽與自然環境、社會議題間的連結。表8-7中，灰階圓角外框表示十二年國教理念之一的「自發」。

　　3. 轉：在此導入本教案單元主要學習內容，即「策展」相關知識。學理知識講解安排是由大範疇至小範疇。首先是就大範圍的、整體的展覽策劃相關觀念、理論說明，接著闡明身為策展人的角色與職責，即在這堂課中學生所扮演的角色。最後就展覽主題作說明，讓學生具備多元的、全面性的展覽功能觀念，如藝術文化展示、教育，或是針對環境、社會的省思等，都可能成為展覽主題的養分。

　　4. 合：理論應用。在此的規劃是希望透過本堂課，養成學生自動關懷所處環境、社會相關問題，並能將在課堂上所學習的策展相關知識、學理，應用至對自然環境與社會重大議題的關注上。透過策展讓更多人關注重要的議題，集合大眾的力量與智慧共同提出解決方針。表8-7中，虛線框線表示十二年國教理念的「互動」、「共好」。

溫馨小叮嚀

1. 以上所言啓合學習法中的四個步驟順序，可視教學活動需求調整啓、承、轉及合的順序。
2. 啓合學習法規劃的目標有三：
   (1)關注在學科知識的學習。
   (2)培養學生具備主動發掘生活周遭問題的能力與觀察力。
   (3)應用整合知識以達到解決問題，與大眾溝通的能力。

三、多元評量機制

(一) 多元學習評量規劃理念與依據

多元評量既是核心素養落實至課程、學習的方法之一；另一方面，核心素養也可作為多元評量施行的引導。即核心素養教育的學習評量目的，在於從多層面角度觀察學生學習情形，並適時引導其進行有效、適性的學習。

多元評量施行目的有三：

1. 提升學習成效與興趣。
2. 作為學習目標及教學活動修正的依據。
3. 學校課程安排設計的依據。

多元評量規劃的依據為教學活動的學習重點、各領域核心素養，以及學習目標。

(二) 多元學習評量內涵

多元學習評量應兼顧總結性評量與形成性評量，兩者在學習與教學過程中具有不同的意義與功能，應視教學與學習需求均衡發展而施行。

表8-8 總結性評量與形成性評量比較表

	總結性評量	形成性評量
目的	確定教學目標的達成成效	修正教師教學方向，提高學生學習成效。
施行時機	教學活動結束後	教學前、教學期間或是教學活動結束後。
內涵	口頭報告、研究報告、紙筆測驗等	專題報告、實作評量、口試、紙筆測驗等。
優點	確認學生對某一範圍知識／單元的精熟程度	教學前施行：了解學生的基本程度。 教學中：觀察記錄學生學習狀況，即時給予協助或是修正教學方向與目標。
缺點	忽略學生學習困難之處與教師教學改進之用	所需時間較長，教師可適時調整評量內容或是施行時機，以兼顧教學進度。

實證評量：應留下學生學習歷程紀錄。

第四章 核心素養導向教材選用、設計與撰寫

於訂定教學活動後可根據教學活動內容，選定或設計適宜的教材輔助學生學習。本研究研發了「教材選用與開展具體操作表」協助教師擇定適宜的教材或是自行開發教材，以提升學生學習成效為目的。

表8-9 教材選用與開展具體操作表

教材選用與開展具體操作表		
教學活動策略	教材選用與設計〈教師簡易版—教材的開發〉	評量策略〈學生版〉

表8-9可依據教師實際授課情形與需求增減列數，其操作步驟說明如下：

步驟1　教學活動策略訂定

即將教學活動設計表中的教學活動策略，按照教學安排順序依序填入第一欄中。

步驟2　教材選用與設計

根據所規劃的教學活動策略，選用或設計適宜的教材，即使用現成的影片、書或是作品等，只要跟教授的單元內容相關都可以作為教材。如果教師找不到適合的教材，亦可自行設計或撰寫且形式不拘。

步驟3　評量策略

此欄位主要是用來觀察或記錄學生學習狀況。評量策略規劃的依據包括前面「教學活動策略」與「教材選用與設計」兩欄而訂定的，可以利用紙筆測驗、提問、實驗、實作或口頭報告等多元形式，從多層面了解個別學生的學習優、劣勢，以強化其較弱的方面而提升學生學習成效。同時也可以讓學生了解自己的優點，達到適性發展的效果。

下舉一示例，說明「教材選用與開展具體操作表」的使用方式，見表8-10所示。表中具備兩個功能，說明如下：

一、橫向連結開展

就表8-10灰階框線內容來看，第一欄「教學活動策略」由教師講述數個重要自然環境或社會議題相關的新聞事件，讓學生具備基本的議題概念。第二欄「教材選用與設計」，考量授課時間有限及每個議題複雜程度不一與學生心智發展等，教師可以先行將相關資料剪輯、整理成影片或是PPT；或是其他可以幫助學生快速了解現今重要的自然環境、社會議題相關資料或媒體，均可作為教材。第三欄「評量策略」，一則是根據前面規劃的教學活動與教材為依據；二則考量不同形式的評量方法，以更確實觀察每個學生的學習情形與學習優、劣勢。

表8-10　核心素養導向教材選用與開展具體操作示例

教材選用與開展具體操作表		
教學活動 策略	教材選用與設計 〈教師簡易版─教材的開發〉	評量策略 〈學生版〉
介紹自然環境與社會議題為主題的展覽	以播放相關影片、簡報或活動海報等方式進行。（可以找現有的影片、簡報或依教師授課需求，重新剪輯或整理成新的教材）	提問（針對所播放的影片、簡報內容提問）： 1. 哪些展覽吸引你的注意？ 2. 為何會吸引你的注意？原因？如果沒有，原因又是什麼？
講述重要自然環境、社會議題相關新聞事件	以播放相關影片、簡報或報導等方式進行	提問： 1. 讓學生舉例近期發生的時事中與自然環境、社會相關議題。 2. 這些議題是不是讓你想起看過或聯想到哪些相關藝術作品或展覽？這些作品或展覽又是如何呈現自然環境或社會議題？
進行引導問答	規劃問答的問題	分組討論： 1. 是否能找先前介紹展覽活動的主題？ 2. 展覽主題中是否含括了自然環境、社會等相關議題？ 3. 思索展覽的意義？
展覽策劃理論說明	以自製PPT進行重要觀念解說	提問： 1. 展覽策劃有哪幾種類型？ 2. 以小組為單位，比較說明各類型的優、缺點。
小組成果發表	規劃好展覽企劃書架構，以利學生練習撰寫展覽策劃企劃書。	1. 小組發表，以小組為單位，針對所規劃的展覽進行簡單的口頭報告。 2. 以討論的方法，自我檢視展覽策劃的優、劣勢。 3. 企劃書提交：讓學生以小組方式，提交策展企劃書。

換言之，每一列之間的關係應該是緊密且有關聯的，由左至右逐步開展。

二、縱向比較審視

審視表8-10虛線框線內容，內容由上而下應是循序漸進的由基本到應用。另外，於規劃完所有的評量策略之後，可再審視是否都是不同的形式。如上所舉例子的評量策略，包括提問、分組討論、口頭報告及紙本報告（企劃書）四種。教師可以透過提問的方式誘導學生就所見資料思考，提出自己的想法或是針對資料內容分析、歸納等。分組討論則是訓練學生與同儕互動，傾聽別人的意見、想法，學習包容多元的看法或是能整理、組織眾人的意見。口頭報告則是訓練學生口語表達能力，在組織成員意見後能夠有條理地再向他人闡述論點。

評量策略可就學生學習情況與欲培養的情意、態度、能力而規劃，透過表8-10所規劃的評量策略，以檢視學生是否達到先前所規劃的情意、態度等學習目標。進一步說明如下：

1. 如何從生活中主動發掘自然環境或社會議題，並具有邏輯、系統整理所關注的自然環境或社會議題內涵。

2. 如何將發掘的自然環境與社會議題內涵轉化為展覽主題。

第五章 教案自我評鑑

一、教案自我評鑑的意義與目的

本研究研發的核心素養導向課程模組，透過結構將核心素養教案應含括的重要關鍵部件組織而成。此寫作模組依序包括教案建構依據、開展及檢視三大部分。而此架構亦可進行反向檢視，即透過教案自我評鑑再回溯至教案開展、結案設計依據並進行調整，其最終目的在於能夠依據學生學習需求及教學實際成效進行修正。

表8-11為核心素養導向教案自我評鑑表，於完成教案設計後可逐項從教案設計依據、開展及評量策略進行自我檢核。

表8-11　核心素養導向教案自我評鑑表

檢核項目		自我檢核	檢核細項說明
1.單一或跨學科／領域	確認教案類型	□單一學科／領域 □跨學科／領域	
	主科目 注：單一學科／領域教案免填	寫上主科目名稱	
	副科目 注：單一學科／領域教案免填	寫上副科目名稱	
2.學習內容	單一學科／領域教案是否依授課範疇規劃相關的學科／領域學習內容	□是　　□否	
	跨學科／領域學習內容規劃 注：單一學科／領域教案不需填寫	□主學科／領域學習內容規劃 □副學科／領域學習內容規劃	
	是否將學習內容的內涵轉化爲教學活動規劃	□是　　□否	
3.學習表現	考量欲培養學生哪方面的情意、態度、能力而規劃學科／領域學習表現	□是　　□否	
	跨學科／領域學習表現規劃	□主學科／領域學習表現規劃 □副學科／領域學習表現規劃	
	是否將學習表現的內涵轉化爲教學活動規劃	□是　　□否	

（續）

檢核項目		自我檢核	檢核細項說明
4.核心素養	綜合教案教授的知識原理以及情意、態度培養，規劃適宜的學科／領域核心素養	□是　　□否	
	跨學科／領域核心素養規劃 注：單一學科／領域教案不需填寫	□主學科／領域核心素養規劃 □副學科／領域核心素養規劃	
	議題融入核心素養 注：未規劃議題融入不需填寫	□是否依據教案所規劃的議題實質內涵，規劃對應的議題融入核心素養	
	是否將核心素養的內涵轉化為教學活動規劃	□是　　□否	
5.議題融入 注：未規劃議題融入不需填寫本欄位	規劃的議題	注：直接填入性別平等教育或海洋環境教育等	
	根據規劃的議題選擇學習主題	注：如海洋教育中的「海洋文化」學習主題	
	所規劃議題實質內涵其學習階段與教案實施年級是否相符	□是　　□否	
	是否將所規劃議題融入的內涵轉化為教學活動規劃	□是　　□否	
6.學習目標訂定	知識、原理學習目標	□是　　□否	
	情意、態度學習目標	□是　　□否	

（續）

檢核項目		自我檢核	檢核細項說明
7.教學活動設計規劃依據	教學活動設計是否與規劃的學習內容內涵呼應	□是　　□否	
	教學活動設計是否與規劃的學習表現內涵呼應	□是　　□否	
	教學活動設計是否與所規劃的核心素養內涵呼應	□是　　□否	
	教學活動設計是否與所規劃的議題融入內涵呼應 注：如未規劃議題融入不需填寫	□是　　□否	
8.教學活動設計架構	啟—引起學習動機	□是　　□否	
	承—發展有趣的教學活動	□是　　□否	
	轉—知識、理論導入	□是　　□否	
	合—生活應用	□是　　□否	
9.評量策略	歷程性評量規劃	□是　　□否	
	總結性評量規劃	□是　　□否	

　　表8-11設計有三欄位，分別為檢核項目、自我檢核及檢核細項說明。第一欄檢核項目規劃有九項檢核大項目及其對應細項，於進行自我評鑑時依序由第一項至第九項逐項進行檢視。

二、教案自我評鑑示例

　　首先，表8-12所舉為之前已提及的核心素養導向藝術跨自然教案設計依據表，在此說明「核心素養導向教案自我評鑑表」操作方法。

表8-12　核心素養導向藝術跨自然教案設計依據表

設計依據				
學習重點	學習內容A1	視P-IV-2展覽策劃與執行 Me-IV-4溫室氣體與全球暖化	核心素養B	藝-J-C1探討藝術活動中社會議題的意義 自J-C1 從日常學習中，主動關心自然環境相關公共議題，尊重生命的重要性。
	學習表現A2	視3-IV-2能規劃或報導藝術活動，展現對自然環境與社會議題的關懷。 po-IV-1能從學習活動、日常經驗及科技運用、自然環境、書刊及網路媒體中，進行各種有計畫的觀察，進而能察覺問題。		
議題融入	實質內涵	無		
	所融入之學習重點	無		
與其他領域／科目的連結		藝術跨自然領域 藝術領域—視覺藝術 自然領域—環境汙染與防治（Me）		
教材內容				
教學設備／資源				
學習目標				

一、知識、概念的學習
1. 具備整體的策展規劃內涵概念。
2. 了解何謂策展人？及其於展覽中扮演的角色與職責。
3. 明白展覽不僅肩負文化藝術介紹與教育的功能，同時也肩負與社會議題、環境議題內涵連結的作用。
4. 具備全球氣候變遷基本知識，如溫室氣體效應與氣候暖化。

二、情意、態度的培養
1. 能夠就全球氣候變遷相關議題進行展覽主題與內涵發掘與策劃。
2. 透過展覽主題企劃與執行，培養主動關心身處環境相關議題，並運用課堂所學知識喚起大眾對此議題的關注或是針對問題提出具體的解決之道。

表8-13　核心素養導向藝術跨自然教學活動設計表

教學活動設計		
教學活動內容及實施方式	時間	備註／學習評量策略
學習內容關鍵字：策展、策展人、全球氣候變遷 一、引起學習動機的活動規劃 介紹自然環境與社會議題為主題的展覽。（以播放相關影片、簡報或活動海報等方式進行）	10	提問： 針對播放的影片內容
二、發展教學活動 進行思考引導問答： (1)是否能簡單敘述上舉展覽所要表達的主題？ (2)展覽主題中是否牽涉全球氣候變遷相關議題？	5	請學生記錄組員的發言與他人的發言內容，並加以組織整理。
三、導入學理知識的活動設計 1.闡述展覽策劃？ 2.策展人的角色與職責。 3.展覽具備功能介紹，包括展示與教育，甚至是對環境、社會的省思。 4.講述全球氣候變遷以及對於人類、生物生存的影響。	20	
四、生活應用活動規劃 1.學生分組討論 (1)蒐集全球氣候變遷議題相關展覽活動資料。 (2)如果我要策劃關於全球氣候變遷相關主題的展覽？應該從哪個方向著手進行主題思考？（例如：極地動物的生態危機、冰山融化及其引發一連串的問題、全球航空危機等） (3)針對所規劃的展覽主題，應挑選怎樣的藝術作品？ 2.以小組為單位，發表初步的策展規劃內容，包括展示規劃、主題。	15	口頭報告 策展企劃書

　　表8-13已規劃完該教案的學習內容、學習表現及核心素養，並依據上述三項目的開展學習目標及教學活動，可利用「核心素養導向教案自我評鑑表」檢核該教案規劃方向是否達到核心素養導向教育的理念，以下將延續此教案進行自我評鑑。

表8-14　核心素養導向教案自我評鑑表示例——核心素養導向藝術跨自然教案

檢核項目		自我檢核	檢核細項說明
1.單一或跨學科/領域	確認教案類型	□單一學科/領域 ■跨學科/領域	藝術領域跨自然域領
	主科目 注：單一學科/領域教案免填	於右欄寫上主科目名稱	視覺藝術
	副科目 注：單一學科/領域教案免填	寫右欄寫上副科目名稱	科學、科技、社會與人文
2.學習內容	單一學科/領域教案是否依授課範疇規劃相關的學科/領域學習內容	■是　　□否	希望建立學生基本的展覽策劃知識並能具備基礎的展覽策劃實務能力，同時也透過跨自然領域拓展展覽的主題，培養學生主動關懷自然環境議題的能力。
	跨學科/領域學習內容規劃 注：單一學科/領域教案不需填寫	■主學科/領域學習內容規劃	展覽策劃
		■副學科/領域學習內容規劃	全球氣候變遷
	是否將學習內容的內涵轉化為教學活動規劃	■是　　□否	·策展相關知識、原理說明 ·全球氣候變遷與人類、生物生存關聯

（續）

	檢核項目	自我檢核	檢核細項說明
3.學習表現	考量欲培養學生哪方面的情意、態度、能力而規劃學科／領域學習表現	■是　　□否	・拓展學生對於藝術展覽主題的眼界 ・主動關心所處自然環境相關議題
	跨學科／領域學習表現規劃	■主學科／領域學習表現規劃	透過展覽主題發掘與實踐，主動關心社會、世界重大環境、社會議題。
		■副學科／領域學習表現規劃	能夠具備全球氣候變遷相關議題基本知識，並發展為展覽主題。
	是否將學習表現的內涵轉化為教學活動規劃	■是　　□否	規劃全球氣候變遷相關主題展覽
4.核心素養	綜合教案教授的知識原理以及情意、態度培養，規劃適宜的學科／領域核心素養。	■是　　□否	培養關注議題以及察覺議題的能力
	跨學科／領域核心素養規劃 注：單一學科／領域教案不需填寫	■主學科／領域核心素養規劃	探究藝術活動與自然環境議題的關聯，以及藝術活動在自然環境議題所扮演的角色。
		■副學科／領域核心素養規劃	能運用所學的不同學科／領域知識的角度或方法，主動關心自然環境相關公共議題。
	議題融入核心素養 注：未規劃議題融入不需填寫	□依據教案所規劃的議題實質內涵／規劃對應的議題融入核心素養	未規劃議題融入

（續）

	檢核項目	自我檢核	檢核細項說明
	是否將核心素養的內涵轉化為教學活動規劃	■是 　□否	策劃關於全球氣候變遷相關主題的展覽
5.議題融入 注：未規劃議題融入不需填寫本欄位	規劃的議題	注：直接填入性別平等教育或海洋環境教育等	未規劃議題融入
	根據規劃的議題選擇學習主題	注：如海洋教育中的「海洋文化」學習主題	
	所規劃議題實質內涵其學習階段與教案實施年級是否相符	□是 　□否	
	是否將所規劃議題融入的內涵轉化為教學活動規劃	□是 　□否	
6.學習目標訂定	知識、原理學習目標	■是 　□否	1.具備全面、基本的展覽策劃觀念 2.具備全球氣候變遷基本知識
	情意、態度學習目標	■是 　□否	透過策劃全球氣候變遷相關議題展覽，培養學生主動挖掘、探究自然環境相關議題。
7.教學活動設計規劃依據	教學活動設計是否與所規劃的學習內容內涵呼應	■是 　□否	導入學理知識的活動設計——策展理論、氣候變遷

（續）

檢核項目		自我檢核	檢核細項說明
	教學活動設計是否與所規劃的學習表現內涵呼應	■是　□否	主動關心身處環境相關議題
	教學活動設計是否與所規劃的核心素養內涵呼應	■是　□否	生活應用活動規劃——主動挖掘自然環境公共議題，並將之發展爲藝術展覽的主題，深化藝術活動的深度。
	教學活動設計是否與所規劃的議題融入內涵呼應 注：如未規劃議題融入，不需填寫	□是　■否	未規劃議題融入
8.教學活動設計架構	啓—引起學習動機	■是　□否	教學活動設計第一部分
	承—發展有趣的教學活動	■是　□否	教學活動設計第二部分
	轉—知識、理論導入	■是　□否	教學活動設計第三部分
	合—生活應用	■是　□否	教學活動設計第四部分
9.評量策略	歷程性評量規劃	■是　□否	口頭報告、討論歷程紀錄
	總結性評量規劃	■是　□否	策展企劃書

　　第一欄規劃有檢核項目及其對應細項，於進行教案自我評鑑時從第一項至第九項逐項填寫，途中如發現原先的規劃有不足或是需要修正之處，可再回至教案設計依據表及教案教學活動設計表中進行修正與微調。第二欄與第三欄則可同時進行，例如：第六項學習目標訂定自我評鑑的部分，規劃有「知識、原理學習目標」及「情意、態度學習目標」兩小項。首先，檢視教案中是否有知識、原理學習目標，於第二欄自我檢核中勾選是或否。最後可

依據教案訂定的知識、原理學習目標內容簡述於第三欄，以此類推。

前面所舉示例，由於教案規劃中並未涵蓋議題融入，因此在進行自我評鑑時議題融入相關的欄位不需要填寫。但是在進行自我評鑑過程中，如果議題融入可以幫助學生學習，可以再回到教案規劃上增補議題融入。

單元9

核心素養導向跨領域教案設計

第一章 前言

於單元八已介紹了跨領域課程規劃設計模式，包括「問題導向學習」、「幫助學習」以及「拓展學習視野」三種。本單元將針對此三種模式各舉數例，闡述其如何設計規劃跨領域課程。教師可以根據學生學習需求，或是教學考量進而規劃不同模式的跨領域課程，以提升學生學習興趣與成效為目標。

帶領師資生進行跨領域課程設計，其中自然跨藝術領域課程設計十三組、數學跨藝術領域課程設計五組、藝術跨語文領域一組與藝術跨社會領域一組，共計二十組跨領域課程設計案例；其中問題導向跨領域課程設計十組、幫助學習跨領域課程三組與拓展學習視野跨領域課程七組（見表9-18）。

本單元學習目標：

1. 透過跨領域課程模式分析，讓師資生進一步了解跨領域課程規劃設計以及對於學生學習的助益。

2. 透過跨領域課程示例，帶領師資生進一步了解跨領域課程因模式、課程目標不同，在學習重點、核心素養以及教學活動設計等開展宜有所不同。

第二章　問題導向跨領域課程規劃

一、案例一：問題導向數學跨藝術領域課程——地磚的美學

(一) 問題導向跨領域課程模組

表9-1　問題導向數學跨藝術領域課程設計

教案名稱	地磚的美學
實施年級	國民中學二年級
學習知識內涵及範疇	畢氏定理
主科目（領域）	數學領域
副科目（領域）	視覺藝術／藝術領域
跨領域課程規劃內涵	帶領學生觀察地磚中整齊、重複的現象，並以畢氏定理的角度探討地磚重複規律的現象。

　　上舉例子（表9-1）為問題導向數學跨藝術領域課程設計示例，就課程設計中涉及跨領域課程規劃相關要素整理而出。學生主要學習的知識範疇是國民中學二年級的畢氏定理，將此課程內容以問題導向跨領域課程模組畫出架構圖，如圖9-1所示。

　　數學跨藝術領域問題導向課程模組規劃，包括四個部分：

　　1. 觀察事物或現象：帶領學生觀察地磚構圖與排列現象，引導學生觀察直角三角形圖案構圖規律。

　　2. 營造問題情境：分析並歸納地磚圖案排列模式，並能了解視覺藝術中將韻律視為一種美的形式。

　　3. 主要學習知識範疇：導入主要學習知識範疇，即跨領域課程中的主科目學習範疇。就本示例而言，指國中二年級數學的畢氏定理。

　　4. 問題解決：運用畢氏定理知識進行地磚圖案設計，並能從數學知識角度說明解釋地磚圖案之美。

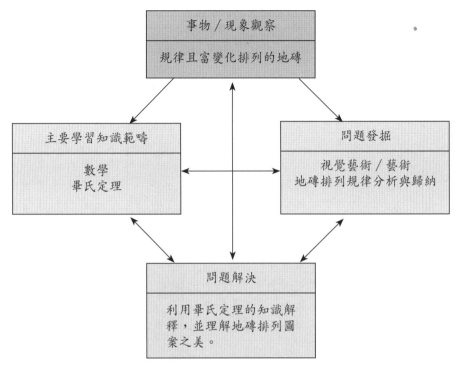

圖9-1 問題導向數學跨藝術領域課程模組圖 —— 地磚的美學

(二) 問題導向跨領域課程規劃要素

承上，案例一問題導向數學跨藝術領域課程規劃要素如下：

表9-2 問題導向數學跨藝術領域課程設計依據表

設計依據				
學習重點	學習表現A1	n-IV-5 理解二次方根的意義、符號與根式的四則運算，並能運用到日常生活的情境解決問題。 s-IV-1 理解常用幾何形體的定義、符號、性質，並應用於幾何問題的解題。 s-IV-4 理解平面圖形全等的意義，知道圖形經平移、旋轉、鏡射後仍保持全等，並能應用於解決幾何與日常生活的問題。 s-IV-7 理解畢氏定理與其逆敘述，並能應用於數學解題與日常生活的問題。	核心素養B	數-J-A2 具備有理數、根式、坐標系之運作能力，並能以符號代表數或幾何物件，執行運算與推論。在生活情境或可理解的想像情境中，分析本質以解決問題。 數-J-B3 具備辨認藝術作品中的幾何形體或數量關係的素養，並能在數學的推導中，享受數學之美。
	學習內容A2	S-8-6 畢氏定理：畢氏定理（勾股弦定理、商高定理）的意義及其數學史；畢氏定理在生活上的應用；三邊長滿足畢氏定理的三角形必定是直角三角形。		
與其他領域／科目的連結	藝術與人文、歷史科			

（續）

學習目標
以畢達哥拉斯的數學小故事爲開頭，透過幾何圖形中三角形的觀察，探討直角三角形三邊長之間的關係。由三角形的兩股與斜邊，延伸出以此爲邊長的正方形，並推論出這三個正方形的面積關係，得出其中兩個較小正方形面積和會與最大的正方形面積相等，推論出兩股平方和等於斜邊平方，最後得到畢氏定理的意義。 　　了解畢氏定理後，讓學生練習應用到畢氏定理的相關例題，給學生兩邊邊長，讓他們利用前一單元學到的平方根，算出第三個邊的邊長，以驗證學生眞的學會畢氏定理。

表9-3　問題導向數學跨藝術領域課程教學活動設計表

教學活動設計		
教學活動內容及實施方式	時間	備註／學習評量方式
學習內容關鍵字：地磚的美學 一、引起動機／教材內容 畢達哥拉斯的故事	2分鐘	
二、發展活動／教材內容 藉由地磚來觀察出直角三角形的三邊關係。 1.發地磚紙與麥克筆給小組操作討論 2.小組輪流上臺發表 3.老師進行講解 4.推導出畢氏定理的公式	25分鐘	小組合作討論後上臺發表
三、總結活動／教材內容 介紹畢氏定理別名與其相關歷史。	2分鐘	
四、成效活動／教材內容 藉由例題的演練，讓學生具備給兩股長並利用畢氏定理算出斜邊長的計算能力。 欣賞畢氏樹之美。	15分鐘 1分鐘	能完成老師所給的例題

　　上舉問題導向數學跨藝術領域課程，學生主要學習知識範疇為畢氏定理；並以地磚圖案帶領學生了解隱含其中的數學知識，從數學的角度重新審視地磚構圖特色與美感。在此前提下，跨領域課程中的主科目定為數學領域，結合藝術領域中視覺藝術學科，以畢氏定理知識了解並設計地磚圖案。從表9-2及表9-3中灰階框線部分，可知跨領域課程規劃要素包括如下：

　　1. 核心素養規劃：核心素養規劃內涵有二：其一為「數-J-B3具備辨認藝術作品中的幾何形體或數量關係的素養，並能在數學的推導中，享受數學之美。」呼應了此跨領域課程的設計理念，讓學生了解數學知識無所不在，以不同領域的知識原理探討同一事物，即以畢氏定理的知識欣賞並分析地磚構圖特色與規律。

　　2. 學習表現規劃：畢氏定理學習不僅限於平面的學理知識，同時也希望學生能在日常生活或其他層面應用畢氏定理以解決遭遇的問題。因此，在學習表現規劃了「s-IV-7理解畢氏定理與其逆敘述，並能應用於數學解題與日常生活的問題」。

　　3. 教學活動融入：引導學生觀察並分析地磚圖案中的直角三角形構圖，歸納出直角三角形三邊長的關係，最後再導出畢氏定理公式。另一方面，也告知學生地磚構圖規律與變化的基礎來自於直角三角形圖案變化，可以用畢氏定理推演與計算。

　　最後是學習單設計與規劃，下舉學習單其中一部分，並說明其設計理念。

畢氏樹欣賞

回家作業：請舉出三組邊為整數的直角三角形，並畫出圖形。

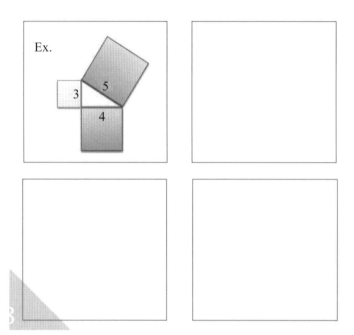

　　首先讓學生觀察學習單上的畢氏樹，並能找出其中隱含的定理。

　　接著讓學生設計、畫出二股長平方總和為斜邊長平方的直角三角形。

　　最後，再重複上述步驟，設計並畫出各式各樣的畢氏樹。透過視覺圖案設計，引導學生活用畢氏定理，並強化學習印象。

二、案例二：問題導向自然跨藝術領域課程 ── 薄膜干涉與七彩繽紛的光碟片

　　除了前面所舉數學跨藝術領域課程，以下將另舉自然跨藝術領域課程探討問題導向跨領域課程規劃與設計。

(一) 問題導向跨領域課程模組

表9-4　問題導向自然跨藝術領域課程設計

教案名稱	薄膜干涉與七彩繽紛的光碟片
實施年級	高中一年級
學習知識內涵及範疇	波的反射、折射、干涉與繞射
主科目（領域）	物理／自然領域
副科目（領域）	美術／藝術領域
跨領域課程規劃內涵	帶領學生觀察泡泡、光碟片所呈現的色彩，並導入物理——光波干涉原理，解釋泡泡、光碟片等呈現的色彩。最後，利用跨領域——藝術領域美術表現的方式，解決廢棄光碟片造成的環境汙染問題。

　　上舉例子為問題導向自然跨藝術課程設計示例，就課程設計中涉及跨領域課程規劃相關要素整理而出，學生主要學習的知識範疇是高級中學一年級的波的反射、折射、干涉與繞射。將此課程內容以問題導向跨領域課程模組畫出架構圖，如圖9-2所示。

　　自然跨藝術領域問題導向課程模組規劃包括四個部分：

　　1. 觀察事物或現象：帶領學生觀察泡泡、光碟片等，並找出兩物品外表的共同特色，即所舉事物或現象必須扣緊學生主要學習知識內容或是與之相關。

　　2. 營造問題情境：設計規劃議題融入，此課程能融入環境議題中的「能源資源永續利用學習主題」。讓學生明白光碟片除了保存資料的功用，外觀因光干涉而呈現繽紛色彩，但因含重金屬成分，故有環境汙染的問題。透過議題教育營造問題情境，引導學生思考如何提升廢棄光碟片的再利用，以減少光碟片廢棄數量。

　　3. 主要學習知識範疇：導入主要學習知識範疇，即跨領域課程中的主科目學習範疇。就本示例而言，高中一年級物理學科的光波干涉與繞射等，讓學生了解泡泡與光碟片外觀所呈現的繽紛色彩是因為波的干涉現象。

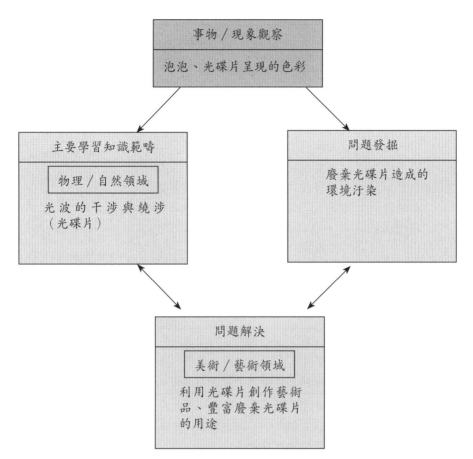

圖9-2 自然跨藝術領域問題導向課程模組圖——薄膜干涉與七彩繽紛的光碟片

4. 問題解決：就廢棄光碟片引發的環境汙染問題上，考量光碟片外觀特色——具繽紛色彩，引導學生利用廢棄光碟片進行藝術創作，以降低光碟片丟棄數量，提升光碟片再利用率。

(二) 問題導向跨領域課程規劃要素

承上，案例二問題導向自然跨藝術領域課程規劃要素如下：

設計依據				
學習重點	學習內容A1	PKa-Vc-5 光除了反射和折射現象外，也有干涉及繞射現象。	核心素養B	自-S-U-A3 具備從科學到報導或研究中找出問題，根據問題特性、學習資源、期望成果對社會環境的影響等因素，運用適合學習階段的儀器、科技設備等，獨立規劃完整的實作探究活動，進而根據實驗結果修正實驗模型，或創新突破限制。
	學習表現A2	Pc-Vc-1 能理解同學的探究過程和結果（或經簡化過的科學報告），提出合理而且較完整的疑問或意見，並能對整個探究過程中，包括觀察定題、推理實作、數據信效度、資源運用、活動安全、探究結果等進行評核，形成評價並提出合理的改善方案。		
議題融入	實質內涵	環境倫理 U28理解環境正義、社會正義、世代正義的意義，並能藉以理解全球國家發展與環境保育衝突的根源。		
	所融入之學習重點	INg-Ⅲ-1自然景觀和環境一旦改變或破壞，極難恢復。 ENa-Ⅴc-3認識地球環境有助於經濟、生態、文化與政策四個面向的永續發展。		
與其他領域／科目的連結		連結藝術領域的美術科，會在第二堂課進行動手做裝飾品的活動，讓大家知道可以利用生活中不用的光碟片來進行舊物利用，製造漂亮、專屬於每個人的裝飾品。		

表9-5 問題導向自然跨藝術領域課程教學活動設計表

教學活動設計		
教學活動內容及實施方式	時間	備註／學習評量策略
學習內容關鍵字：薄膜干涉、光碟片 一、引起學習動機的活動規劃 1-1課堂上開始先吹出泡泡，請學生觀察並描述。 1-2點出本次重點在於泡泡的色彩繽紛，形成的 　　原因為：薄膜干涉。 二、發展教學活動（主、副科目） 2-1介紹薄膜干涉，說明其原理。 2-2生活中還有什麼東西也是相同原理呢？請學 　　生列舉外，引導出本次教學主體：光碟片。 三、導入學理知識的活動設計（主科目） 3-1展示光碟片的反光面色彩繽紛的特性。 3-2介紹光碟片的構造如何形成薄膜干涉。 3-3介紹光碟片若是隨意丟棄會造成哪些環境汙 　　染，帶出環境保育議題。 3-4說明光碟片的回收方式與管道，向同學倡導 　　資源回收的概念。	5分 - - 20分 - - 12分 - - 13分 - -	配合學習單
四、生活應用活動規劃 4-1舊而無用的光碟片除了回收外，也可以自行 　　回收再利用。 4-2介紹如何以馬賽克拼貼的方式，將光碟片貼 　　在生活用品上達到裝飾的效果。 4-3實作課程：將無裝飾的聖誕彩球發給學生， 　　並請學生至少帶一樣想煥然一新的用品。 4-4帶領學生將光碟片分解為碎片，叮嚀學生戴 　　上手套作業以免割傷，並在得到光碟碎片後 　　以砂紙去除其尖角。 4-5接著將碎片拼貼於物品上，製作出的彩球可 　　裝飾於班級的教室，並為帶來的用品注入新 　　生命，成為時髦的用具。	10分 - - - - 40分 - - - - -	配合學習單 實際動手DIY以光碟 片製作裝飾品

上舉問題導向自然跨藝術領域課程，學生主要學習知識範疇為光的干涉與繞射現象，並從光碟片成分結合環境議題，讓學生了解廢棄光碟片造成的環境汙染問題，並帶領學生思考廢棄光碟片處理與再利用。這些問題下，跨領域課程中的主科目定為自然領域物理學科，本課程設計以藝術領域中美術學科作為解決廢棄光碟片的方法。跨領域課程設計要素包括如下：

1. 跨領域連結——副科目定位：在此示例中，透過環境議題融入引導學生思考五彩繽紛光碟片背後衍生的環境汙染問題。而副科目為藝術領域的美術學科，透過跨領域課程培養學生整合所學知識，並能針對所遇問題提出解決之道。

2. 教學活動設計——生活應用活動規劃：承上，跨領域課程規劃將副科目定位為引領學生解決廢棄光碟片汙染問題的方式之一。此規劃理念落實至教學活動設計中的生活應用活動，如表9-5灰階框線。

溫馨小叮嚀

1. 案例二核心素養規劃如p.240表格所示，為「自-S-U-A3」。考量此跨領域課程規劃目標，核心素養規劃可加入「自-S-U-C3能主動關心全球環境議題，同時體認維護地球環境是地球公民的責任，透過個人實踐，建立多元價值的世界觀」。這樣的規劃能更貼近此跨領域課程設計宗旨。

2. 案例二由於是跨領域課程，因此在規劃設計學習表現時亦可將藝術領域美術學科的學習表現納入規劃中。如「美1-V-4能透過議題創作，展現對生活環境及社會文化的省思」或是「美1-V-5能整合藝術知能與重要議題，進行跨領域藝術創作」等高級中學教育階段美術學科學習表現，皆符合案例二跨領域課程設計宗旨。

3. 在學習的主科目知識範疇不同下，且同樣融入環境議題；在學生學習需求前提下，副科目的選擇具相當彈性。若從化學學科的角度進行跨學科課程設計規劃亦可。

三、小結

　　問題導向跨領域課程規劃，在於培養學生思考能力以及解決問題的能力。解決問題的同時能夠將課程所學學科知識轉化為解決問題的能力，在思索問題並尋找答案的過程中，才能讓學生的學習更具深度。

　　在規劃問題導向跨領域課程時，宜注意下列事項：

(一) 問題情境營造

　　問題導向跨領域課程目的在於讓學習不再是平面式的單科知識學習，而是希望透過問題情境引導學生發掘問題，並針對問題提出合理的解釋或是解決方法。因此，在規劃問題導向跨領域課程時，教師可針對學生學習的主要領域知識範疇設計問題情境，或是讓知識原理與生活情境連結。

(二) 釐析主、副科目所扮演的角色

　　將主科目角色定位在學生主要學習的知識範疇。本章所舉二例同為問題導向跨領域課程設計，其副科目亦同為藝術領域，但在兩個課程中扮演的角色不同。如案例一用來營造問題情境，引導學生思索地磚圖案中隱含的數學之美；案例二的副科目角色，則是利用光碟片來引導學生思索並解決廢棄光碟片造成的環境汙染問題。

　　本章所舉二例問題導向跨領域課程，於規劃課程要素時略有不同。案例一跨領域課程規劃要素，包括核心素養、學習表現、教學活動及學習單規劃。案例二跨領域課程規劃要素，包括將副科目「美術學科」定位為解決問題的方法，因此在設計教學活動時，帶領學生進行光碟片藝術創作。

第三章　幫助學習跨領域課程規劃

一、案例一：幫助學習自然跨藝術領域課程──酸鹼反應

(一) 幫助學習跨領域課程模組

表9-6　幫助學習自然跨藝術領域課程設計表──酸鹼反應

教案名稱	酸鹼反應
實施年級	國中二年級
學習知識內涵及範疇	酸鹼反應
主科目（領域）	理化／自然領域
副科目（領域）	視覺藝術／藝術領域
跨領域課程規劃內涵	教導學生指示劑變色原理，另一方面透過色彩視覺藝術創作，讓學生利用所學酸鹼中和知識原理調製出創作需要的顏色。

　　上舉例子為自然跨藝術課程設計示例，就課程設計中涉及跨領域課程規劃相關要素整理而出。學生主要學習的知識範疇是國民中學二年級的酸鹼中和，將表9-6中課程內容設計要素以幫助學習跨領域課程模組畫出架構圖，如圖9-3所示。

　　此案例自然跨藝術領域課程設計目的在於幫助學生學習，而學習跨領域課程模組規劃包括三個部分：

　　1. 主要學習知識範疇：本示例中，學生主要學習知識範疇為酸鹼中和。

　　2. 學習困難點分析：酸鹼指示劑變色範圍不同，無法以背誦方式學習。再者背誦變色範圍的學習成效不大，能將酸鹼指示劑特性或原理應用於生活或其他層面才是學習的目的。

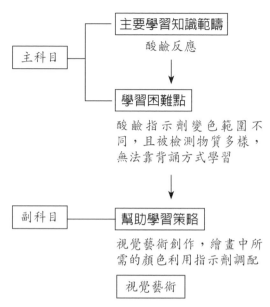

圖9-3 幫助學習自然跨藝術領域課程模組圖——酸鹼中和

3. 幫助學習策略：利用跨領域中的副學科，在此示例為藝術領域中的視覺藝術學科解決上述的問題。即讓學生進行繪畫創作，過程中所需要顏色必須使用酸鹼指示劑調配製作，透過動手調製色彩強化學生學習記憶。

(二) 幫助學習跨領域課程規劃要素

表9-7 學習跨領域課程規劃要素

設計依據				
學習重點	學習內容A1	Jd-IV-2 酸鹼強度與pH值的關係。 Jd-IV-3 實驗認識廣用指示劑及pH計。 Jd-IV-5 酸、鹼、鹽類在日常生活中的應用與危險性。	核心素養B	自-J-A3 具備從日常生活經驗中找出問題，並能根據問題特性、資源等因素，善用於生活。

(續)

設計依據				
學習重點	學習表現A2	po-IV-1 能從學習活動、日常經驗及科技運用、自然環境、書刊及網路媒體中，進行各種有計畫的觀察，進而能察覺問題。 pa-IV-2 能運用科學原理、思考智能、數學等方法，從（所得的）資訊或數據，形成解釋、發現新知、獲知因果關係、解決問題或是發現新的問題，並能將自己的探究結果和同學或其他相關的資訊比較對照、相互檢核，確認結果。 ai-IV-2 透過與同儕的討論，分享科學發現的樂趣。 tr-IV-1 能將所習得的知識正確的連結到所觀察到的自然現象及實驗數據，並推論出其中的關聯，進而運用習得的知識來解釋自己論點的正確性。		
議題融入	實質內涵	U28 E43		
	所融入之學習重點	INg-Ⅲ-1 INf-Ⅱ-7		
與其他領域／科目的連結		視覺藝術		

（續）

設計依據	
教學設備／資源	實驗室器材、石蕊指示劑、酚酞、廣用指示劑、純水、漂白水、肥皂水、檸檬汁、柳橙汁、黑板、粉筆、PPT、電腦、pH meter、燒杯、試管、滴管、果汁機、NaOH、HCl
學習目標	
1.知識：學生能了解酸鹼反應：酸+鹼→水+鹽 2.情意：學生能主動觀察生活中的酸鹼鹽	

表9-8　幫助學習自然跨藝術領域課程教學活動設計表──酸鹼反應

教學活動設計		
教學活動內容及實施方式	時間	備註／學習評量策略
學習內容關鍵字：pH值、酸鹼指示劑 一、引起學習動機的活動規劃 老師示範（pH：1、4、7、10、13） 顏色講解（簡單） 　（廣用、酚酞、石蕊、甲基紅）	3min 2min	1.事先在圖片上塗上不同pH值 2.噴上廣用試劑 3.講解 4.噴上試劑後，也可使用不同pH值圖畫。
二、發展教學活動（主、副科目） 填顏色DIY 　（酸鹼液pH：1、4、7、10、13；準備三至五種不同圖案，ex:米奇、皮卡丘、妖怪手錶……） 指示：廣用、酚酞、甲基紅 　（分別置於噴霧罐中）	20min	讓學生分配不同pH值上色範圍，塗上酸鹼液後，可選用不同指示劑噴上。
三、導入學理知識的活動設計（主科目） 指示劑的原理和應用（詳細） （顏色變化的滴定曲線）	10min	投影片
四、生活應用活動規劃 以廣用試劑測量生活中，各種不同物質的酸鹼性（純水、檸檬汁、漂白水、柳橙汁、肥皂水）。	10min	分組進行，各組五杯溶液分別以廣用試劑測其酸鹼性，排列其酸鹼順序。

　　上舉幫助學習自然跨藝術領域課程，學生主要學習知識範疇為酸鹼中和，本跨領域課程設計以藝術領域中視覺藝術學科作為幫助學生理解並應用指示劑的方式。跨領域課程設計要素如表9-8以灰階框線表示者，利用視覺藝術色彩配色創作的方式，引導學生記憶並應用指示劑遇酸、鹼物質變色的特性，以逆向思考的方式強化學生對於酸鹼中和學習記憶，同時也能將所學知識原理加以應用。

溫馨小叮嚀

1. 上舉自然跨藝術領域——酸鹼反應，主科目為學生主要學習知識範疇，在本課程中為酸鹼中和反應。由於指示劑種類眾多、變色範圍不同，且每一種指示劑遇酸、鹼性變化的顏色不同。在此前提下，利用副科目視覺藝術調色、著色，讓學生實際操作並能應用至著色當中，以幫助學生學習。因此，在學習內容規劃時可適時加入副科目學習內容，如「視E-IV-1色彩理論、造形表現、符號意涵」。
2. 在規劃跨領域課程時，宜同時考量並參酌主科目（領域）與副科目（領域）的學習內容、學習表現及核心素養。

二、案例二：藝術跨語文領域課程設計——詩中一幅畫

(一) 幫助學習跨領域課程模組

表9-9　幫助學習藝術跨語文領域課程設計表——詩中一幅畫

教案名稱	詩中一幅畫
實施年級	國小五年級
學習知識內涵及範疇	多元媒材、技法與視覺藝術創作
主科目（領域）	視覺藝術／藝術領域
副科目（領域）	國語文／語文領域
跨領域課程規劃內涵	教導學生以多元媒材、技法進行視覺藝術創作，將國語文文本內涵轉化為藝術創作主題或是發想創作主題。

　　上舉例子為藝術跨語文領域課程設計示例，就課程設計中涉及跨領域課程規劃相關要素整理而出，學生主要學習的知識範疇是國民小學五年級視覺藝術創作的媒材與技法等。將表9-9課程內容設計要素以幫助學習型跨領域課程模組畫出架構圖，如圖9-4所示。

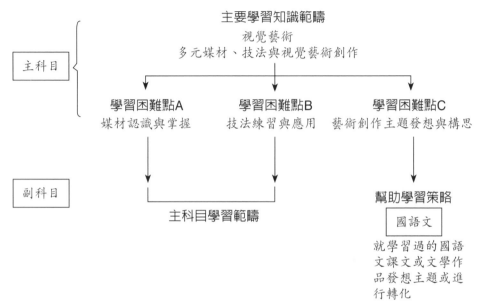

圖9-4　幫助學習藝術跨語文課程模組圖──詩中一幅畫

　　藝術跨語文領域幫助學習課程模組規劃包括三個部分：

　　1. 主要學習知識範疇：本示例中學生主要學習知識範疇為多元媒材、技法與視覺藝術創作。

　　2. 學習困難點分析：就此課程規劃的主要學習知識範疇，分析學生學習過程可能遇到的困難點有三，如圖9-4所示。

　　3. 幫助學習策略：根據學生學習困難點再規劃幫助學習策略，而幫助學習策略可以利用跨領域知識整合。如本示例學習困難點C「藝術創作主題發想與構思」可以利用跨領域中的副學科，在此示例為語文領域中的國語文藉此引導學生構思藝術創作主題或內涵。此示例採取的方式則是帶領學生運用已學過的國語文課文內涵，將其中的思想、情感等轉化為藝術創作內容，或是據此發想自身想表達的觀點或是思想。

(二) 幫助學習跨領域課程規劃要素

表9-10　幫助學習藝術跨語文領域課程設計依據表

設計依據				
學習重點	學習內容A1	視E-Ⅲ-2 多元的媒材技法與創作表現類型	核心素養B	藝-E-B3 感知藝術與生活的關聯，以豐富美感經驗。
	學習表現A2	視1-Ⅲ-2 能學習多元媒材與技法，表現創作主題。		
議題融入	實質內涵	環-E-1 環境倫理 參與戶外學習與自然體驗，覺知自然環境的美、平衡與完整性。		
	所融入之學習重點	從詩詞中可以體會自然環境變化與自然之美		
與其他領域／科目的連結		以學生熟悉的國語課本課文杜牧〈秋夕〉，引發學生的舊學習經驗。		
教材內容		國語課本課文杜牧〈秋夕〉 色彩學的冷暖色		
教學設備／資源		杜牧〈秋夕〉CD、國文課本、唐詩三百首 特殊技法運用（鹽、蠟筆、水彩、紙膠、海綿、白膠、粉彩、麥克筆）		
學習目標				
1.經由閱讀與朗誦唐詩，將文字轉換成視覺畫面。 2.運用複合媒材創作成一幅作品。				

　　表9-10為藝術跨語文領域課程設計依據表，其跨領域課程設計要素以灰階框線表示，試說明如下：

　　1. 跨領域連結：以幫助學生學習為前提，規劃跨領域課程。學生主要

學習知識範疇為多元媒材與技法，然而視覺藝術主題發想，即藝術的內容亦是相同重要的。在此課程以副科目國語文中的唐詩三百首為輔，引領學生理解並感受唐詩之美，最後將個人的感受、情感等轉化為視覺藝術創作的內容或題材。

2. 學習目標：此跨領域課程內容含括視覺藝術與國語文，因此在訂定學習目標時亦包括此兩學科，即主科——視覺藝術的學習重點是媒材的運用，副科——國語文的學習重點是唐詩的閱讀、理解。透過整合兩科目，讓學生能將個人情感、想法從文字轉化為圖畫。

3. 核心素養：本示例於規劃核心素養時以主科目——藝術領域為主體，然於規劃跨領域課程時的核心素養宜將副科目納入規劃考量。就本示例而言，核心素養可以再納入「國-E-B3運用多重感官感受文藝之美，體驗生活中的美感事物，並發展藝文創作與欣賞的基本素養。」以呼應課程規劃中引導學生閱讀，並體會唐詩之美的目的。

4. 學習重點：本示例主科目為藝術領域的視覺藝術，因此於規劃學習重點時均以主科目為考量。然於進行跨領域課程設計時學習內容與學習表現，均可依課程規劃實際內涵，並參酌且適當將副科目學習重點融入課程規劃當中。

就本示例而言，學習內容可以加入副科目——國語文的學習點，如「Bb-III-3對物或自然的感悟」或「Bb-III-5藉由敘述事件與描寫景物間接抒情」，兩者可擇一或同時納入規劃。

學習表現可將副科目——國語文學習表現納入規劃考量，就本示例而言，如「5-III-10大量閱讀多元文本，辨識文本中重大議題的訊息或觀點」，可貼切本課程規劃內涵。

以下將分析其教學活動設計如何將不同領域學科知識內容整合，以達到幫助學生學習的目標。

從教學活動規劃，可知其主、副科目安排得相當具有連貫性。而這樣的連貫性有賴於主、副科目整合與搭配，從表9-11可更清楚明白其設計理念，以灰階框線表示副科目、以虛線框線表示主科目，試闡述如下：

表9-11　幫助學習藝術跨語文領域課程教學活動設計表──詩中一幅畫

教學活動設計		
教學活動內容及實施方式	時間	備註／學習評量策略

學習內容關鍵字：繪畫技法及運用、詩文理解轉換
一、引起學習動機的活動規劃
 	
  學生先行朗讀
  教師播放朗讀CD（學生此時發表感受）
  加入動畫觀看（再發表觀察到的人、事、時、地、物）
 	
  以學生熟悉的國語課本課文杜牧〈秋夕〉引發學生的舊學習經驗。
  〈秋夕〉杜牧
  銀燭秋光冷畫屏，輕羅小扇撲流螢。
  天階夜色涼如水，臥看牽牛織女星。
	40分	口頭評量：學生能在每個環節回答感受

・教師：大家對杜牧的〈秋夕〉都很熟悉吧！老師知道，不過老師現在要請你們再朗讀一次。 ・學生朗讀杜牧〈秋夕〉。 ・教師提問：請問自己朗讀完後，對於這首詩有何感受？ 學生：覺得天氣感覺很冷、女子很無聊。 ・教師播放朗讀CD：好！那麼現在聽聽看別人怎麼讀詩，注意聽喔！	2分	
・教師提問：聽完CD朗讀後有何感受？與自己念的有何不同？ 學生：CD裡的人讀詩很有抑揚頓挫，比我念得更能使聽的人感同身受。	2分	
・教師：很棒！現在老師要請你們用剛剛聽完CD的印象，再搭配詩文，將你們所認為詩詞中出現的「人、事、時、地、物」寫在小白板上。完成後，將你們的小白板貼到黑板上來。	5分	

（續）

教學活動設計		
教學活動內容及實施方式	時間	備註／學習評量策略
・教師：都寫完了吧！老師現在再播放一段關於這首詩的動畫給你們看。	1分	
・教師提問：經由動畫畫面所呈現的「人、事、時、地、物」，是否與各組所發表的答案相符？	1分	
・教師統整各組的「人、事、時、地、物」 人：尊貴、孤單女子 事：撲螢火蟲、看星星 時：秋天的夜晚（有星星）、七夕 地：房間／院子 物：畫屏、白色蠟燭、燭光、圓扇、螢火蟲、牛郎織女星	8分	
・教師說明課程目的：經由閱讀與朗誦唐詩，將文字轉換成視覺畫面，並運用複合媒材創作成一幅作品。	1分	
二、發展教學活動（主、副科目） 分組／各組定案唐詩／組員討論、發表感受／創造的媒材運用／畫面彼此連接		
・教師：依照你們的組別，從老師請你們帶來的《唐詩三百首》中，選定各組想要創作成圖畫的一首唐詩，並且一起完成老師所發下的學習單第一大題。	20分	能組間討論 能發表自身意見
・各組進行選詩討論、完成學習單（該詩的人、事、時、地、物）		能合作完成學習單
・教師：好！現在老師會以杜牧的〈秋夕〉為例子，來示範不同種類的美術技法及媒材運用。	70分	
三、導入學理知識的活動設計（主科目） 色彩學的冷暖色 特殊技法運用（鹽、蠟筆、水彩、紙膠、海綿、白膠、粉彩、麥克筆）		

（續）

教學活動設計		
教學活動內容及實施方式	時間	備註／學習評量策略
・以杜牧〈秋夕〉爲教師示範 教師：從剛剛討論的「人、事、時、地、物」爲出發點，要怎麼創作出一幅圖畫呢？（教師一邊講解媒材及技法的運用，一邊進行示範） 人：尊貴、孤單女子 事：撲螢火蟲，看星星 →可利用蠟筆不會被水彩覆蓋的特性，先將星星與螢火蟲繪出，再以水彩渲染（媒材技法的運用） 時：秋天的夜晚（有星星）、七夕 地：房間／院子 →營造出冷暖氣氛（冷色調可使用藍色系、暖色調可使用黃或紅色系），及可利用鹽的特性與水彩結合 物：畫屏、白色蠟燭、燭光、圓扇、螢火蟲、牛郎織女星	10分	
・教師補充：海綿可以拍出煙霧、白膠可塗抹待乾後製造出立體紋路、粉彩營造柔霧效果、麥克筆可勾勒出主要輪廓等 ・教師：看完老師的示範，老師請各組進行討論並完成學習單。 　1.各組想要營造的唐詩重點，統一組員的想法並進行構圖，繪於學習單的方框內。 　2.確認畫面中所需的媒材。 　3.各組分配畫面部分，例如：背景的分工、人物的分工等。 ・教師：各小組都討論完畢，並完成學習單了吧！接下來就要一起進行創作囉！	20分	能選擇媒材表現

（續）

教學活動設計		
教學活動內容及實施方式	時間	備註／學習評量策略
・學生進行創作。教師發下各組所需的媒材及圖畫紙，並從旁協助、給予小組創作上的建議。 ・教師：各小組都完成的很好！接下來老師希望你們能上臺說一說你們所繪出的畫面想表達的是什麼感覺及詩句，還有你們運用了什麼媒材跟技法呢？ ・各小組上臺發表 ・教師總結：哇！大家對唐詩的理解都很棒，也把老師所示範的運用到你們的圖畫上，這樣讀詩是不是更有感覺了呢？ 四、生活應用活動規劃 　圖像記憶的應用 　生活中環境美化，如彩繪牆壁、故事牆 　能從生活中運用各式媒材，去創作及表現藝術 ・教師總結：所以藉由文字與視覺的結合、轉換，幫助你們培養圖像記憶，這不只能運用於唐詩，更能運用於各個領域上呢！除了圖像記憶之外，老師也希望你們上完這堂課，能從生活中運用各式隨手可得的媒材，去創作及表現藝術，進行生活環境美化。	40分 10分	能組間合作創作 能上臺發表創作內容及運用媒材與技法

　　上表就主科目與副科目可見於教學活動規劃時，主、副科目互相搭配整合成一教學活動。如承轉活動中主科目為學生主要學習知識、技能，即視覺藝術創作的技法與媒材說明；副科目則是帶領學生將所選定的唐詩進行人、事、時、地及物的拆解，將文字敘述轉化為圖像。

跨領域 教學活動	主科目	副科目
啓	唐詩文字聯想畫面	唐詩閱讀與賞析
承	技法、媒材解説與示範	唐詩人、事、時、地及物拆解，並逐一轉化爲圖畫架構與內容主題。
轉	唐詩繪製	
合	讓學生學習文字與視覺藝術之間的轉化與結合。藝術與文字的共同點爲表達個人觀點與情感，可以互相轉換。不論是藝術或文學創作，皆可以爲彼此增色。	

　　另外，就上表四個教學活動來看，主科目的安排在讓學生在學習視覺藝術創作的形式與媒材，而與副科目整合的目的在於帶領學生發想並創作藝術作品的內容，即創作者的情感或是觀點等。四個教學活動延續承展連貫，以強化學生的學習成效。

第四章　拓展學習視野跨領域課程規劃

一、案例一：藝術跨社會領域課程設計 —— 舞動華爾滋

(一) 拓展學習視野跨領域課程

　　表9-12所舉跨領域課程主要學習知識領域為藝術領域中的音樂學科，主要知識範疇為華爾滋音樂節奏與風格。整合了社會領域中的地理與歷史學科，目的在於拓展學生的學習視野。

　　即打破單一學科／領域的界線，不僅從音樂學科的角度深入了解華爾滋的風格與音樂節奏；另一方面，也分別從歷史學科、地理學科的角度了解探討華爾滋的起源、發展，甚至是華爾滋的傳播，讓學生了解華爾滋不僅是眾多舞蹈種類之一，也可以視為歐洲政治變遷、文化傳播等現象之一。

表9-12 拓展學習視野跨領域課程設計表──舞動華爾滋

教案名稱	舞動華爾滋
實施年級	高中二年級
學習知識內涵及範疇	華爾滋的音樂節奏與風格
主科目（領域）	音樂／藝術領域
副科目（領域）	地理、歷史／社會領域
跨領域課程規劃內涵	主要教導學生了解華爾滋的音樂節奏與風格，並能區別與其他舞蹈的不同。進一步從華爾滋起源及演變等角度，即歷史與地理等社會領域知識，進一步了解華爾滋相關知識。

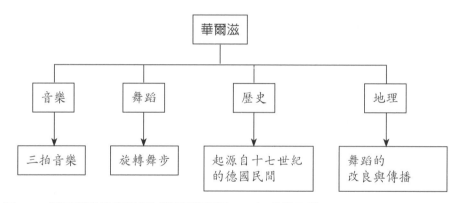

圖9-5 拓展學習視野跨領域課程模組圖──舞動華爾滋

在此，從舞蹈──「華爾滋」連結起不同學科／領域知識，從不同學科／領域知識角度了解華爾滋，如圖9-5所示。每一學科知識原理如同一視角，帶領學生從不同的視角了解並探索「華爾滋」。此模式的跨領域課程規劃引導學生從不同學科／領域視角審視並探究同一事物或現象，讓學習更全面性、更寬廣。

(二) 拓展學習視野跨領域課程規劃要素

　　以下就跨領域課程設計——舞動華爾滋課程設計依據與教學活動設計，探討拓展學習視野跨領域課程設計要素。

表9-13　拓展學習視野跨領域課程設計依據表——舞動華爾滋

討論歷程	教學單元訂定I	學習目標擬定	查詢領域核心素養具體內涵階段II	查詢領域學習重點階段III	跨學科
小組討論紀錄（請詳細紀錄）	1.國中／高中 2.授課年級： 3.設定單元： 4.授課時間：	1.單元基本核心知識、原理學習 2.情意、態度養成	藝S-U-B3善用多元感官，體驗與鑑賞藝術文化與生活。	1.學習表現藝1-V-2能理解各類藝術型態之創作原則、組合元素及表現方法 2.學習內容藝P-V-4音樂與文化	音樂科社會科
	1.高中 2.二年級 3.主單元：舞蹈／華爾滋副單元：音樂、文化、性別 4.時間：3小時	音樂節奏與風格			

表9-14　拓展學習視野跨領域課程教學活動設計表──舞動華爾滋

教學活動設計		
教學活動內容及實施方式	時間	備註／學習評量策略
一、引起學習動機的活動規劃		
播放電影及卡通片段	5'	提問
二、發展教學活動（主、副科目）		
1.節奏練習	2'	實作練習
2.肢體開展動作	5'	
3.模仿動作練習，ex：滑冰動作	5'	
4.國際禮儀	5'	
5.實作練習	15'	
三、導入學理知識的活動設計（主科目）		
1.華爾滋的起源	2'	提問
2.華爾滋音樂的賞析	3'	學習單
3.國際標準舞的認識	5'	
四、生活應用活動規劃		
1.模擬規劃畢業舞會	3'	
2.家族聚會邀約		學習單
3.參與活動紀錄，ex：臉書打卡		作業呈現
4.影片拍攝，ex：微電影		

二、案例二：自然跨藝術領域課程設計 —— 多朵多姿的生態 系—森林生態系

(一) 拓展學習視野跨領域課程模組

表9-15　拓展學習視野跨領域課程設計表 —— 多朵多姿的生態系—森林生態系

教案名稱	多朵多姿的生態系—森林生態系
實施年級	國中一年級
學習知識內涵及範疇	了解森林生態系的環境與動物植
主科目（領域）	生物／自然領域
副科目（領域）	視覺藝術／藝術領域
跨領域課程規劃內涵	讓學生了解生物學生態系相關知識原理。另一方面，從色彩的概念引導學生觀察、歸納動植物色彩形成與變化，以了解生物多樣性。最後，再讓學生深入了解生態系與生物多樣性的關聯。

　　上舉自然跨藝術課程主要學習知識科目為自然領域中的生物學科（表9-15），範疇為森林生態系環境與動植物。整合了藝術領域中的視覺藝術學科，目的在於培養學生將主要學習學科中的某一概念或觀點，拓展至其他學科或領域。

　　圖9-6中右邊為主要學習學科知識 —— 生態系與動植物，可以再拆解成若干觀點。其中植物構造與色彩兩個觀點可以平行延展至視覺藝術中，即構造、色彩在生物與視覺藝術兩個學科裡具有不同的意義。

　　在此跨領域課程設計中，以「色彩」概念連結了生物學科與視覺藝術學科。每一種動植物都有屬於自己的色彩，如同視覺藝術中的色相，包括紅、橙、黃、綠等各種顏色。「色彩」存在於生態系的動植物中，不同物種之間的意義有遺傳、演化及生物多樣性。

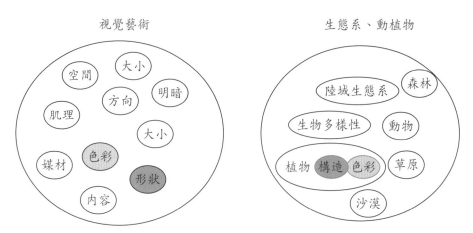

視覺藝術 　　　　　　　生態系、動植物

圖9-6 學科知識範疇的釐析與延伸

　　因此，本跨領域課程規劃先引導學生觀察、歸納植物的色彩，再進一步導入主要學習知識。透過此類型跨領域課程規劃，引導學生在日後能將主科目所學知識概念，平行連結至其他學科知識，訓練其整合不同學科或領域知識的能力。

(二) 拓展學習視野跨領域課程規劃要素

表9-16 拓展學習視野跨領域課程設計依據表—多采多姿的生態系—森林生態系

設計依據				
學習重點	學習內容A1	Gc-IV-1 依據生物形態、構造的特徵，可以將生物分類。 Lb-IV-1 生態系中的非生物因子會影響生物的分布與生存，環境調查時常需檢測非生物因子的變化。	核心素養 B	自-J-B3 透過欣賞山川大地、風雲雨露、河海大洋、日月星辰，體驗自然之美。 自-J-C2 透過合作學習，發展與同儕溝通、共同參與、共同執行

（續）

設計依據				
學習重點	學習表現A2	po-IV-1 能從學習活動、日常經驗及科技運用、自然環境、書刊及網路媒體中，進行各種有計畫的觀察，進而能察覺問題。		及共同發掘科學相關知識的能力。 自-J-C1 從日常學習中，主動關心自然環境相關公共議題，尊重生命的重要性。
議題融入	實質內涵	環境教育： 環J1了解生物多樣性及環境承載力的重要性。 氣候變遷： 環J8了解臺灣生態環境及社會發展面對氣候變遷的脆弱性與韌性。		
	所融入之學習重點	了解臺灣的森林生態環境，以及不同生態環境之生物多樣性種類與特徵，並欣賞大自然的藝術之美與生態環境衝擊。		
	與其他領域／科目的連結	藝術領域／色彩：透過觀察校園內各種動物與植物，體驗自然界中各種色彩與藝術之美。		
	教材內容	陸域環境之森林生態系（包含常綠針葉林、落葉闊葉林、常綠闊葉林）以及臺灣的森林生態系特徵和主要動植物。		
學習目標				

a. 認知

 a-1：了解臺灣地區森林生態系的環境特色。

 a-2：能區別不同森林生態系的動植物和環境的特徵。

 a-3：能舉例不同森林生態系的動物和植物。

b. 情意

 b-1：能積極參加學習活動，表示興趣。

 b-2：能欣賞大自然生物與藝術之美。

 b-3：能與他人討論合作，具有合作精神。

c. 技能

 c-1：能觀察環境與生物種類特徵。

 c-2：能勇於表達和組織閱讀內容。

　　以上跨領域課程設計依據表規劃（表9-16），多以主科目——生物為主體。然而可以根據課程設計內容，將副科目／領域中適合的學習內容、學習表現及核心素養納入規劃考量。以下根據此跨領域課程作規劃，並參考副科目／領域學習重點與核心素養內涵適時納入規劃：

　　1. 學習內容：由於此跨領域課程規劃帶領學生採集掉落的葉子或羽毛等，並排列成色環用以觀察及了解生態系。因此，可將所跨科目／領域學習內容納入參酌。如可將國中教育階段視覺藝術學習內容「視E-IV-1色彩理論、造形表現、符號意涵」同列為此跨領域課程學習內容，可以從色彩的觀點觀察生態系動植物構成與特質，讓跨領域課程整合度更緊密。

　　2.學習表現：由於學習單中有色環設計活動，因此在規劃學習表現時宜將副科目學習表現納入規劃，如「視1-IV-2能使用多元媒材與技法，表現個人或社群的觀點」。將蒐集的葉子、羽毛視為藝術創作媒材，進行色環設計創作；甚至能進一步引導學生釐析並發掘其中的生態議題，以呼應此跨領域課程中的議題融入及核心素養規劃。

　　3. 核心素養：於進行跨領域課程核心素養規劃時，除了所跨領域／科目核心素養互相搭配或是互補，另外可在同一構面（即三面九項）下比較、分析所跨科目／領域核心素養實質內涵，並選取適合者納入課程規劃。如以本領域課程而言，可以將副領域核心素養「藝-J-C1探討藝術活動中社會議題的意義」納入課程規劃依據。

　　4. 教學活動：就以上教學活動設計表可知，主、副學科穿插安排其間且互相配合。讓學生觀察生態系動植物色彩且完成色環排列，再引導他們思考色彩與生態系之間的關係，如表9-17虛線框線所示。

表9-17　拓展學習視野自然跨藝術領域課程教學活動設計表 —— 多采多姿的生態系—森林生態系

教學活動設計		
教學活動內容及實施方式	時間	備註／學習評量策略
一、引起學習動機的活動規劃 課前說明 離開教室到校園中，蒐集、觀察動植物（只撿掉落的植物或羽毛等）。	2 min	讓學生探索、觀察校園內動植物
二、發展教學活動（主、副科目） 分組到校園採集 回到教室進行色環排列	15min 8 min	學習單填答 小組討論與發表色環排列想法
三、導入學理知識的活動設計（主科目） 閱讀文本前的引導（搭配PPT講解） 文本閱讀 問題與討論 課程補充（熱帶雨林）	3 min 5 min 5 min 5 min	閱讀完文獻，回答各個生態系的比較表。老師發問小組搶答，以檢視學生學習狀況。 引導學生到自然環境中觀察生態系，將所觀察的結果記錄於回家作業學習單。
四、生活應用活動——規劃回家作業 分享自己的經驗，如與家人去公園、爬山等戶外活動，觀察、記錄途中看到的動植物（學習單）。	2 min	

溫馨小叮嚀

1. 拓展學習視野跨領域課程模組案例二，為自然跨藝術領域課程。然就其教學活動設計，如表9-17橢圓框線表示者，亦可將此課程模組視為生物、視覺藝術與國語文三領域跨領域課程設計。國語文與視覺藝術一樣為副科目角色，但兩者所扮演的角色不同，國語文領域在於幫助學生學習，即提升學生的說明文本閱讀能力，在此為科學資訊閱讀。

2. 承1.在此脈絡之下規劃跨領域課程，宜如前所述將所跨科目／領域的學習重點與核心素養納入規劃考量。舉例而言，國語文領域的學習內容可納入「Bc-IV-1具邏輯、客觀、理性的說明，如科學知識、產品、環境、制度等說明」，學習表現可納入「5-IV-4應用閱讀策略增進學習效能，整合跨領域知識轉化為解決問題的能力」。

三、總結

總結以上（第二章至第四章）三種跨領域課程規劃模式以及六則案例，可知跨領域課程具備下列優點：

1. 營造學習情境，培養學生分析、歸納問題的能力，並能根據所學學科或領域知識針對問題提出解決之道，或是提出個人見解與想法。

2. 幫助學生從不同學科或領域知識角度，理解或是分析同一事物或現象。

3. 兼顧不同學生的學習需求與學習優勢，以提升其對於不擅長科目或領域的學習成效及興趣。

第五章 結論

一、跨領域規劃與核心素養導向課程規劃的關係

表9-18 跨領域課程模式一覽表

	跨領域模式	教案名稱	跨領域	課程設計內涵
1	問題導向	彈指色變——指示劑的介紹與應用	自然領域跨藝術領域	不僅學習指示劑原理,更配合環境議題帶領學生思考雨水、池水等酸鹼度與環境之間的關係。
2	問題導向	酸鹼指示劑	自然領域跨藝術領域	引導學生利用所學指示劑變色原理,調製出彩虹顏色。
3	問題導向	氧化還原	自然領域跨藝術領域	利用所學金屬氧化反應,設計煙火。
4	問題導向	酸鹼反應	自然領域跨藝術領域	引導學生利用所學指示劑變色原理,調製出各式色彩,並進行藝術著色創作。
5	問題導向	數列與級數——遞迴關係	數學領域跨藝術領域	除了學習遞迴知識原理,進一步能將此運用至地磚圖案設計。
6	問題導向	化學反應當中的沉澱反應	自然領域跨藝術領域	利用不同離子沉澱產生的色彩,進行視覺藝術創作。
7	問題導向	酸鹼中和(指示劑)	自然領域跨藝術領域	利用所學指示劑知識,檢測校園不同地方的水質。並與環境議題搭配,讓學生思考水質狀況與環境汙染的關聯。

(續)

	跨領域模式	教案名稱	跨領域	課程設計內涵
8	問題導向	薄膜干涉與七彩繽紛的光碟片	自然領域跨藝術領域	讓學生以光波干涉原理解釋泡泡、光碟片等呈現的繽紛色彩。同時配合環境議題融入與副科目——藝術領域美術，讓學生思考解決廢棄光碟片造成的環境汙染問題。
9	問題導向	光學	自然領域跨藝術領域	教導學生利用所學光學知識原理，探究日常生活中同樣原理的現象或事物。
10	問題導向	地磚的美學	數學領域跨藝術領域	除了讓學生學習畢氏定理，更引導學生利用畢氏定理設計地磚圖案。
11	拓展學習視野	多采多姿的生態系—森林生態系	自然領域跨藝術領域	從副領域——藝術色彩的概念，引導學生觀察、歸納動植物色彩形成與變化，並據此觀察了解不同生態系動植物分布與特色。
12	拓展學習視野	由黃金比例探討無理數	數學領域跨藝術領域	帶領學生探究黃金比例中的數學原理，並從此開展檢視不同層面中隱含的黃金比例，如建築、藝術或生物等。
13	拓展學習視野	藝術中的比例與一元二次方程式	數學領域跨藝術領域	帶領學生習得比例與一元二次方程式知識，並能從此觀點重新探討、審視知名建築、卡通人物或是商標等外觀比例。
14	拓展學習視野	舞動華爾滋	藝術跨社會領域	除了學習華爾滋的音樂節奏與風格，另一方面從歷史與地理角度，了解華爾滋起源及演變，以培養學生寬廣的學習視野。

（續）

	跨領域模式	教案名稱	跨領域	課程設計內涵
15	拓展學習視野	光學——折射	自然領域跨藝術領域	引導學生利用所學折射知識，觀察天文現象，如月蝕、彩虹或是藍天的色彩，並說明其原因。
16	拓展學習視野	光學	自然領域跨藝術領域	不僅學習光波知識，並能從光波知識原理角度探究事物色彩的形成，如彩虹等天文現象、泡泡或是光碟片的色彩等。
17	拓展學習視野	演化與生物多樣性	自然領域跨藝術領域	從動植物色彩看待生物演化問題，包括保護色、求偶色與警戒色等。
18	幫助學習	自然界的現象與交互作用	自然領域跨藝術領域	利用不同顏色的LED燈設計電路串並聯實驗，讓學生習得電磁學相關知識。
19	幫助學習	畢氏鸚鵡尺	數學領域跨藝術領域	融入摺紙藝術，運用畢氏定理摺出鸚鵡尺。讓抽象的數學公式具象化，以強化學生學習印象與提升學習興趣。
20	幫助學習	詩中一幅畫	藝術領域跨語文領域	除了學習視覺藝術技法與媒材，同時也透過整合副科目——國語文，帶領學生閱讀唐詩，並能將文本轉化爲視覺藝術創作內容。

　　表9-18彙整了三種模式的跨領域課程設計，包括自然跨藝術領域、數學跨藝術領域、藝術跨語文領域及藝術跨社會領域等共二十組，可知跨領域課程設計是相當具有彈性的。據《十二年國民基本教育課程綱要總綱》規劃，跨學科／領域課程用以引導學生能進行知能整合，並能將課堂習得知識原理應用於日常生活或是真實情境當中。在此前提下，規劃跨領域課程時依學生學習需求，如提升學生學習視野與學習興趣，或是培養學生將知識轉爲解決

問題能力等方向進行。

(一) 跨領域課程學習知識範疇與課程模式彈性搭配

就表9-18可知課程10〈地磚的美學〉與課程19〈畢氏鸚鵡尺〉的學習範疇同為畢氏定理，且同為數學跨藝術領域課程。不同之處在於課程10為問題導向跨領域課程，課程19為幫助學習跨領域課程。相同的單元知識教師可以根據學生的學習需求或是學生應具備的能力不同，而進行設計不同模式的跨領域課程。

(二) 跨領域課程模式

前述所歸納的三種模式跨領域課程，彼此間的界線並非絕對分明的。例如：課程12〈由黃金比例探討無理數〉目的在於拓展學生學習視野，即運用數學知識「比例」視角探討知名建築、動漫人物或是商標等外觀比例，並以比例的角度說明之所以廣受人們喜愛的原因。即透過數學領域的知識或觀點，重新審視視覺藝術之美；反之，也能從視覺藝術當中找出數學之奧妙，讓學生了解即便是不同領域或層面的事物，均有相通之處。然此課程引導學生利用所學比例相關知識，算出廣受喜歡的建築、動漫人物等的比例，亦可視為問題導向跨領域課程。

跨領域課程最終目的在於幫助學生學習，增加學習廣度與深度。因此，於規劃跨領域課程若能達到上述最終目的，不必侷限一門跨領域課程僅能規劃成問題導向或是幫助學習模式，三種模式可以彈性應用。

(三) 跨領域課程模式與課程規劃要素彈性搭配

學習知識同為酸鹼中和（指示劑）且同為問題導向跨領域課程，其課程規劃要素包括學習重點、核心素養與教學活動設計均可視課程實際規劃內涵彈性規劃。如課程4〈酸鹼反應〉與課程7〈酸鹼中和（指示劑）〉同樣教授酸鹼中和，且同為問題導向自然跨藝術領域課程，兩課程在學習表現、學習內容與核心素養，甚至於教學活動設計規劃均有不同。課程7更進一步搭配

環境議題規劃，課程4則未規劃搭配議題融入。

二、跨領域課程設計注意事項

(一) 明確規劃跨領域課程對於學生學習的影響及幫助

　　規劃跨領域課程時宜先考量學生的實際學習需求或是欲培養學生哪方面能力，如分析資料、運用知識等。確立學生主要學習知識，即先進行規劃跨領域課程中的主科目後，再分析適合搭配的副領域。

(二) 跨領域課程設計依據

　　跨領域課程於規劃學習內容、學習表現、核心素養與教學活動設計時，宜將所跨領域的學習內容、學習表現、核心素養及教學活動等同時納入規劃考量。舉例來說，當規劃了數學跨自然領域課程時，宜將數學與自然領域核心素養同時納入規劃考量。

(三) 跨領域課程的主、副領域能整合至教學活動

　　前述已就三種不同模式的跨領域課程分析其課程規劃要素，副科目在跨領域課程扮演的角色不同，在規劃教學活動時亦有不同的安排規劃。因此，跨領域課程教學活動規劃，宜適時將搭配的副領域內容納入考量，不宜偏頗主領域。

(四) 可與議題融入搭配規劃

　　課程7、課程8與課程11分別搭配了環境議題，適時配合議題融入以營造學習情境，或是引導學生從所學知識原理衍生至其他領域知識學習，以培養學生獨立思考、問題解決的能力。

單元 10

核心素養導向課程設計
——議題融入

第一章　前言

　　核心素養導向課程設計中議題融入的緣由、內容及學習主題規劃，已於單元七議題導入說明。在進行議題融入課程設計的教學實踐後發現，教師將議題融入課程的方式有四：

　　一、將議題教育內容連結至生活議題。
　　二、釐析教材中的議題教育。
　　三、知識範疇即包括議題教育。
　　四、將議題教育作為課程主題或專題。
　　各項融入模式說明如下：

一、將議題教育內容連結至生活議題

　　將議題教育內容連結至生活議題的方法，主要是教師在進行課程設計過程，將議題教育連結到生活運用的面向，進而將議題融入課程主題且連結到課程學習的過程當中。讓學生可以藉由議題融入的引導，將課程轉換應用於生活當中，達成所學即為生活的運用，貼近生活層面。

二、釐析教材中的議題教育

　　教師在進行課程設計時，在選用教材的同時釐析教材中的議題教育，進一步將議題融入作為課程教材內容的開展，提升課程教材引導學習深度與成效。

三、知識範疇即包括議題教育

　　議題教育是學科中的學習子題，有些議題教育的學習主題就是學科的學習子題。換言之，學科中的學習子題即是議題融入的主題。當學習子題與議題融入相似時，議題亦可融入在學科學習知識及課程設計當中。

四、將議題教育作為課程主題或專題

　　運用議題教育作為學科引導的課程主題或專題，在學科學習知識架構不變下，議題教育主題可以適時更換讓課程學習更加豐富。此方法的議題融入過程是先架構及規劃好本科學習主題內容，後續再進行議題教育主題的挑選，並將議題教育作為課程學習主題的引導及應用，達到議題教育是主題、學科知識為本體。運用主題引導學習本體，讓議題融入學科知識，待學科知識理解後，應用於議題解決設計當中。

　　本單元的學習過程：

　　1. 藉由實際操作的課程設計實例，了解議題融入課程設計的模式與方法。

　　2. 理解不同議題融入方法對於課程設計學習內容的開展，增進課程設計議題融入的設計思考。

　　相關議題融入課程設計實例，將藉由個案的解說作為師資生或在職教師於進行課程設計時的參考依據，進而理解議題融入在課程設計中所屬設計意涵。

第二章　將議題教育內容連結至生活議題

　　以生活運用構面來進行議題融入的課程方法，可以將課程上所學習的內容轉換到生活運用上。在本章節將舉例說明以議題教育內容連結至生活議題，進行議題融入課程設計方法，進而讓教師可以從中了解議題融入的方法與步驟。

案例一

課程名稱：光學

課程設計理念：運用光的波長，了解光線在日常生活的相關應用產品或現象，透過顏色變化體驗自然世界的美。

　　課程案例一，主要的學習知識為理解光的波長，並且藉由了解光線在日常生活相關應用的產品或現象，透過顏色的變化體驗自然世界的美。從課程設計的學習目標中，可得知課程設計團隊在課程規劃設計的初步，以生活相關應用產品或自然現象來讓學生了解光的波長。

表10-1　案例一課程設計表

設計依據				
學習重點	學習內容A1	PKa-Vc-5 光除了反射和折射現象外，也有干涉及繞射現象。	核心素養B	自-SU-B3 透過了解科學理論的簡約、科學思考的嚴謹與複雜自然現象背後的規律，學會欣賞科學的美。
	學習表現A2	pc-Vc-1 波速、頻率、波長的數學關係。		

（續）

設計依據		
議題融入	實質內涵	光的波長在了解光線於日常生活的相關應用產品或現象，透過顏色變化體驗自然世界的美。
	所融入之學習重點	環境教育（能源議題） 在說明油漬時可以帶入環境的問題，光碟片回收可以減少資源的浪費。
與其他領域／科目的連結		藝術（色彩）
教材內容		1.利用實驗，吹肥皂泡沫。 2.利用不同雷射光照射光碟片，觀察條紋現象。 3.用鎢絲燈泡照射光碟片，觀察與雷射光實驗有何差異。 4.用PPT介紹：生活中的實例及影片。
教學設備／資源		授課講解：電腦、投影機、學習單、黑板、粉筆。 實驗部分：雷射、光碟片、肥皂、鏡片、透明容器、屏幕。
學習目標		

1. 引起學習動機的活動規劃：
   利用實驗，吹肥皂泡沫並在學習單中提出下列問題：
   (1) 觀察肥皂泡，你看到什麼現象？
   (2) 為何我們會看到肥皂泡上的顏色？顏色是否有變化？
2. 發展教學活動（主科目）：
   利用不同雷射光照射光碟片，觀察雷射光經過光碟片反射後投影在屏幕上的條紋現象。記錄下不同雷射光線照射光碟片，所產生的現象。
   Q.1條紋有何差異？
   Q.2為何造成現象差異？
3. 發展教學活動（副科目）：
   用鎢絲燈泡照射光碟片，觀察與雷射光實驗有何差異？

在進入教學活動設計當中，運用生活上的吹泡泡，觀察泡泡上面的光波顏色變化，作為引起學習動機的教學活動。在觀察泡泡的活動後，教學進入實驗的教學活動。以雷射光線及生活中的鎢絲燈照射CD光碟，請學生記錄

不同光線照射在光碟片上的差異，並且導入光的干擾現象造成光線疊加產生亮暗紋路的學理知識，作為學習引導。

課程最後以生活中常遇見的波長現象，加以驗證生活的應用。例如：教師舉例紙鈔防偽辨識的波長顏色變化、眼鏡上因為鍍膜產生的波長顏色、環境油汙產生的光波檢測機制。

課程規劃議題融入的項目當中，團隊選擇「環境教育」作為議題融入的主題。課程設計以光波作為學習主軸，將議題融入的主題選擇環境教育議題，運用在課程教學活動當中，說明環境汙染中油漬產生光波的自然現象，引導此環境汙染學習主題。在課程實驗的光碟片教材運用中，可以講授光碟片對於環境汙染的嚴重性，並講解回收光碟片的方法，進而可以保護環境並減少環境傷害的衝擊。（如表10-1案例一課程設計表）

回顧整體課程設計，主要的學習內容以「光波」為主軸，在教學活動歷程中，串聯到生活中可以觀察的物件與現象，並加以舉證說明。學生在循序漸進的生活運用舉例說明過程中，可將知識對應到環境教育議題上，延伸開展主要學科光波的運用與體會。呈現架構課程學習知識本體，運用生活案例進行議題融入的課程設計方法與模式。

第三章　釐析教材中的議題教育

釐析教材中議題教育融入方法，主要是以課程中的教材作為議題的融入，進而釐析開展教材內容，強化及活化教材學習內容。

案例二

課程名稱：人聲飛揚

課程設計理念：以高中一年級音樂課為課程設計內容，學習單元人聲種類。課程學習目標主要以能分辨男高低音、女高低音人聲種類，進而能欣賞不同性別對於聲樂的表演藝術。

表10-2　案例二課程設計表

設計依據				
學習重點	學習內容A1	音A-V-5音樂家與音樂表演團體。	核心素養 B	藝S-U-B3 善用多元感官，體驗與鑑賞藝術文化與生活。
	學習表現A2	音A-V-5音樂家與音樂表演團體。		
議題融入	實質內涵	性U1肯定自我與接納他人的性傾向、性別特質與性別認同。		
	所融入之 學習重點	人聲種類的分辨 對自我聲音的認識		
與其他領域／ 科目的連結		藝術生活		
教材內容		教科書、YouTube影片		
教學設備／資源		電腦、投影機、黑板、PPT		
學習目標				
1.能分辨男高音、男低音、女高音、女低音的聲音。 2.能了解男高音、男低音、女高音、女低音的演唱音域。 3.能認識閹伶歌唱家的由來。 4.能認識閹伶歌唱家的生理構造。 5.能欣賞不同性別對於聲樂的表演藝術。 6.能比較假聲男高音、女高音及男高音的演唱藝術。				

在課程設計中，教師選擇男性與女性的演唱影片作為教材，例如：在男性的教材中選擇Vitas男高音的演唱影片。在教學活動過程，藉由分辨男女高低音、理解男女高低音域，認識閹伶歌唱家的由來、生理特質。利用教材的內容融入「性別平等」議題，進一步讓學生從鑑賞並理解音域及音色中，認識男女在表演藝術上的差異與優點。

案例二課程當中教材的內容已具備性別差異內涵，教師從教材中突顯性別平等議題。在學習活動中，也舉例跨越性別閹伶歌唱家的聲音表演。在課程設計思考中，即是以釐析教材中的議題教育，讓原本學習的教材內容藉由議題的導入，更完整的釐析教材所要傳達學習知識的學習目的。

第四章　知識範疇即包括議題教育

　　課程的知識範疇即包括議題教育，主要係指課程中所要教授給學生的課程內容，就已經包括了議題教育的內涵。換言之，議題教育屬於課程教授知識範疇中的學習子題。

案例三

課程名稱：多采多姿的生態系—森林生態系
課程設計理念：了解臺灣地區森林生態系的環境特色，區別不同森林生態系的動植物和環境特徵，欣賞大自然生物與環境之美，理解環境教育生態的價值與生物多樣性的重要，進一步理解氣候變遷對於生態的衝擊。

表10-3　案例三課程設計表

設計依據				
學習重點	學習內容A1	Gc-Ⅳ-1依據生物形態、構造的特徵，可以將生物分類。 Lb-Ⅳ-1生態系中的非生物因子會影響生物的分布與生存，環境調查時常需檢測非生物因子的變化。	核心素養B	自-J-B3 透過欣賞山川大地、風雲雨露、河海大洋、日月星辰，體驗自然之美。 自-J-C2 透過合作學習，發展與同儕溝通、共同參與、共同執行及共同發掘科學相關知識的能力。 自-J-C1 從日常學習中，主動關心自然環境相關公共議題，尊重生命的重要性。
	學習表現A2	po-Ⅳ-1 能從學習活動、日常經驗及科技運用、自然環境、書刊及網路媒體中，進行各種有計畫的觀察，進而能察覺問題。		

（續）

設計依據		
議題融入	實質內涵	環境教育： 環J1了解生物多樣性及環境承載力的重要性 氣候變遷： 環J8理解臺灣生態環境及社會發展面對氣候變遷的脆弱性與韌性
	所融入之學習重點	了解臺灣的森林生態環境，以及不同生態環境之生物多樣性種類與特徵，並欣賞大自然的藝術之美與生態環境衝擊。
與其他領域／科目的連結		藝術領域／色彩：透過觀察校園內各種動物與植物，體驗自然界中各種色彩與藝術之美。
教材內容		陸域環境之森林生態系（包含常綠針葉林、落葉闊葉林、常綠闊葉林）以及臺灣的森林生態系特徵和主要動植物。
教學設備／資源		電腦、校園環境、學習單、黑板、投影機、圖卡
學習目標		

a.認知

　a-1：了解臺灣地區森林生態系的環境特色。

　a-2：能區別不同森林生態系的動植物和環境的特徵。

　a-3：能舉例不同森林生態系的動物和植物。

b.情意

　b-1：能積極參加學習活動，表示興趣。

　b-2：能欣賞大自然生物與藝術之美。

　b-3：能與他人討論合作，具有合作精神。

c.技能

　c-1：能觀察環境與生物種類特徵。

　c-2：能勇於表達和組織閱讀內容。

　　案例三課程為七年級課程，學科別為生物課、課程單元為陸域生態系課程，課程中設計校園生態觀察、森林生態系及生態觀察家三個課程單元。在課程設計中，教師們在議題融入上選擇環境教育主題。

　　議題融入上選擇認識生態的價值與生物多樣性的重要性，以及理解臺灣生態環境及社會發展面對氣候變遷的脆弱性與韌性，作為實質融入的內涵。

　　從學習知識內容與議題融入實質內涵可發現，兩者間所要學習的內容皆屬於環境教育，在生物本科所傳授的為陸域生態知識。而議題融入範圍相較生物本科知識更加廣泛，以認識生態的價值與生物多樣性為實質內涵。從兩者中發現生物本科學習知識與議題融入實質內涵相符，並且具有同一範疇關係。

　　教學活動設計中，將議題的實質內涵融入在教學活動當中。例如：本課程引導學生認知生態的價值與生物多樣性。教學活動中帶領學生進行校園觀察，並從中認知生態的價值。另外，課程設計請學生將觀察生態系的學習技能轉換到生活應用中，進而開展觀察體驗臺灣生態環境，思考臺灣生態環境面對氣候變遷的脆弱性與韌性，融入環境教育的氣候變遷主題。

表10-4　教學活動設計

教學活動設計		
教學活動內容及實施方式	時間	備註／學習評量策略
一、引起學習動機的活動規劃 課前說明 離開教室到校園中蒐集、觀察動植物（只撿掉落的植物或羽毛等）	2 min	讓學生探索、觀察校園內動植物
二、發展教學活動（主、副科目） 分組到校園採集 回到教室進行色環排列	15min 8 min	學習單填答 小組討論與發表色環排列想法
三、導入學理知識的活動設計（主科目） 閱讀文本前的引導（搭配PPT講解） 文本閱讀 問題與討論 課程補充（熱帶雨林）	3 min 5 min 5 min 5 min	閱讀完文獻，回答各個生態系的比較表。 老師發問小組搶答，以檢視學生學習狀況。
四、生活應用活動規劃 回家作業	2 min	

　　課程設計選擇議題融入方法，多數課程會以學習知識為主軸，尋找與學習知識相近的議題融入課程當中。知識範疇即包括議題教育議題融入方法，優點在於學科知識本身就是議題融入，教師在進行課程設計時容易將議題進行融入課程設計中，方便及結構性的進行教學活動設計。進一步延伸及開展課程中的學科知識，導入時代潮流討論議題。引導學生從學習知識為本，融入開展相關議題。

溫馨小叮嚀

鏖析教材中的議題教育與知識範疇即包括議題教育，兩種議題融入的方法差異在於整體與部分融入。鏖析教材中的議題教育，是從學習知識中進行議題融入；知識範疇即包括議題教育則以本科知識為核心，整體性進行議題教育融入。

第五章　將議題教育作為課程主題或專題

　　將議題教育作為課程主題或專題的課程設計，需要先建構本科課程學習知識及架構，進一步形成課程模組，再將議題融入教育作為引導主題，以議題導入作為主題貫穿課程本科學習知識。將議題教育作為課程主題或專題方式，本科學習課程內容是固定的，但會因為挑選的融入的議題教育主題不同，而產生不同的學習成果，但是本科學習內容架構是相同的。

案例四

課程名稱：廣告與生活

課程設計理念：廣告與生活課程設計，主要教學目標以廣告與生活為主題，讓學生學習生活應用在美術與音樂相互結合。議題融入選擇環境教育學習主題。實質內涵為透過環境議題的討論，探討

永續發展的重要性，並透過藝術形式呈現環境議題理念，並於生活中促進永續發展。

表10-5 案例四課程設計表

設計依據			
學習重點	學習內容A1	音E-V-2音樂詮釋、音樂風格。 美E-V-1視覺符號分析與詮釋。 美E-V-3影音媒體與表現技法。 美E-V-5生活議題創作。	核心素養B	藝S-U-A1參與藝術活動，以提升生活美感及生命價值。 藝S-U-A2運用設計與批判性思考，以藝術實踐解決問題。 藝S-U-B1活用藝術符號表達情意觀點和風格，並藉以作為溝通之道。 藝S-U-B2運用多媒體與資訊科技進行創作思辨與溝通。 藝S-U-B3善用多元感官，體驗與鑑賞藝術文化與生活。
	學習表現A2	美1-V-1能運用多元視覺符號詮釋生活經驗，並與他人溝通。 美1-V-3能運用數位及影音媒體，進行創作表現。 美1-V-4能透過議題創作，展現對生活環境及社會文化的省思。 美1-V-5能整合藝術知能與重要議題，進行跨領域藝術創作。 美2-V-1能使用分析藝術作品的方法，並表達與溝通多元觀點。 音3-V-2能進行音樂跨領域專題實作或展演，以提升團隊合作與自主學習的能力。		

（續）

設計依據		
議題融入	實質內涵	環境教育 環U5採永續消費與簡樸生活的生活型態，促進永續發展。
	所融入之學習重點	透過環境議題討論，探討永續發展的重要性，並透過藝術形式呈現環境議題理念，並於生活中促進永續發展。
與其他領域／科目的連結		透過廣告、新聞事件，進行環境議題討論，並運用所學的美術符號、音樂符號詮釋知識，進行廣告的創作。
教材內容		自編教學簡報、影片
教學設備／資源		音樂、影片、投影設備、音響、電腦、教學簡報、學習單、攝影器材

學習目標

1. 單元基本核心知識、原理學習

    1-1 能認識「廣告」的創作風格與形式，以生活發想廣告劇情，並繪製出拍攝分鏡圖。

    1-2 能使用錄影設備拍攝影片並進行影像剪輯，上傳廣告作品，藉由網路傳遞藝術之美。

2. 情意、態度養成

    2-1 培養學生創意的思辨能力，兼具有人文藝術涵養、資訊數位、社會責任的基本素養的能力。

    2-2 培養同學達到審問、慎思、明辨，並運用創意與獨立思考的能力，人文關懷。

3. 資源的應用與思考

    3-1 藉由觀察人、事、時、地、物，去感受情緒上的變化，因而了解廣告要走什麼風格。

    3-2 透過聆聽不同風格的配樂，了解什麼音樂用在什麼場合，進而對聽覺多了一層敏銳度。

案例四課程內容為廣告設計，議題融入選擇環境教育。學習活動引導學生以環保主題進行廣告故事的企劃、腳本與分鏡、配樂的選擇、影片拍攝及最後廣告影片成果發表。

教學活動以環保議題新聞事件與廣告吸引學生學習興趣及討論，並討論開發廣告故事概念。當學生已具備廣告故事開發的引導後，導入廣告視覺符

號進行廣告腳本與分鏡的討論與設計。

課程設計中，以美術跨音樂作為跨學科的設計。本科以廣告為主，跨學科廣告音樂。課程單元中安排學習鑑賞廣告配樂與音樂風格，藉由跨學科的學習讓學生可以進行廣告配樂的挑選。

當廣告企劃與設計階段皆完成時，課程將進行實質製作與拍攝。此階段學生將進行廣告拍攝與後製，從實踐的過程中學習拍攝的技能，拍攝完成後將進行影片後製剪輯與配樂。

成果發表是課程成效的檢核。課程設計將安排學生進行廣告影片的成果發表，透過廣告設計作品發表，呈現學生對於環境議題的觀點，並從中發現學生在本科知識的學習成效。

從議題教育作為主題出發，融入本科課程模組。以技能跨學科結合，應用於生活情意當中。系統性組構而將議題當成學科主題融入課程規劃。在案例四中，可以發現課程以環境教育為主題，融入本科廣告學習知識，並由廣告學習知識中進行跨音樂學科的結合，表達對於環境議題的創作表現。

將議題教育作為課程主題或專題的議題融入方法，可以豐富本科課程學習的知識與內容，更可以讓課程隨著時代潮流的脈動與時俱進，完善本課程的學習知識。

第六章　結論

議題教育範疇含括全球及在地區域議題。課程規劃與設計時，議題融入需要構思全球議題、在地議題或是兩者議題均衡融入於課程設計當中，讓學習過程中能結合全球觀點及在地省思的均衡。

核心素養課程設計中，在進行議題融入的設計與選擇上，多數的教師都會以所要教授的教材思考適合的議題融入學習主題。如同釐析教材中的議題教育方法與模式，以教材開展議題融入學習主題的選擇，不僅可以使主要教授的課程可以活化學習內容，更能藉由議題融入讓教材符應時代當下所討論的議題。

　　如果教學知識範疇即包括議題教育，教師在遇到這類型的課程設計就比較得心應手。但是仍然建議當知識範疇即包括議題教育時，教師們可以多加舉例說明時代潮流中，大眾所關心及討論的議題面向及內容，讓授課學生可以更貼近社會群眾討論的核心與內容。

　　將議題教育作為課程主題或專題融入模式，係以議題教育為主題，導入主要學科學習當中。在學科學習知識不變之下，選擇不同的議題進行主題融入，課程設計的變化將比其他議題融入型態更為多變。

　　在課程設計的實質設計操作中發現，以議題教育當作主題引導學科知識的課程設計類型較具系統性。當系統性的建立課程架構後，選擇不同的議題教育當主題，在固定學科學習過程與知識之中，學習應用也將更加多元。教師採取將議題教育作為課程主題或專題此類系統性的課程設計，將可事半功倍且逐步提升課程設計內容。

溫馨小叮嚀

議題教育融入課程設計當中，以課程設計形式歸結有四種方法。教師也可以依據自己的課程內容，自由選擇議題教育的融入型態，發覺更多元的議題融入課程設計的樣態與形式。

單元11

核心素養導向教案設計
——多元評量

第一章　前言

　　多元評量施行是為能更全面性了解學生學習成效與歷程,以幫助學生學習之用。應兼顧形成性評量與總結性評量,並依學科／領域特質採用紙筆測驗或實作等不同型式的評量。另一方面,核心素養導向教育強調解決問題能力的培養。因此,可以透過多元評量的規劃安排,引導學生思考所學知識原理、主動發掘問題以及如何應用並解決問題。

　　多元評量施行對於教師、學生,各有不同助益。對於教師而言,多元評量可作為課程設計調整的參考;對於學生而言,多元評量可用來了解其學習狀況並提升其學習成效與學習興趣;就學校而言,學生的多元評量結果可作為課程改進方針。

第二章 多元評量設計理念與依據

一、多元評量建構機制

核心素養導向教育強調培養解決問題的能力，因此於規劃教案時在訂定學習目標時已將核心素養、學習重點及議題融入等因素納入考量。而教學活動規劃則是依據教學目標訂定內涵而來，因此規劃評量策略除了與教學活動搭配規劃，同時也應考量學習目標、核心素養及學習重點內涵，並與之呼應搭配。

(一) 與教學活動配合規劃

學習評量的主要目的為幫助學生學習，因此於規劃教學活動時應同步構想相對應的學習評量策略，如表11-1所示。

表11-1 教學活動對應學習評量表

討論歷程	教學活動設計階段IV			
小組討論紀錄（請詳細紀錄）	引起學習動機的活動規劃 ↕	發展教學活動（主、副科目）↕	導入學理知識的活動設計（主科目）↕	生活應用活動規劃 ↕
	評量策略規劃 ↕	評量策略規劃 ↕	評量策略規劃 ↕	評量策略規劃 ↕

上表第二列是以啟合學習法作為教學活動設計架構，分為四個部分。第三列則是針對每一部分教學活動設計相輔的評量策略。例如：「生活應用活動規劃」的評量策略規劃為何？應設計何種型式、內涵的評量策略？教師亦可從學生的評量成果審視教學活動設計是否適當？是否能夠真正幫助學生學習？

再者就表中虛線框線部分，透過橫向對照檢視在規劃評量策略時，是否

兼顧了歷程性評量與形成性評量,且評量形式是否具有多元形式?

溫馨小叮嚀

評量策略規劃的目的在於讓教師了解學生的學習狀況,不一定要規劃相當複雜完整的評量方式。當教授完一單元知識內容,可以針對教學內容規劃簡單的問答,了解學生對於所學的知識內容是否充分了解?

(二) 評量規劃設計參考依據

討論歷程	教學單元訂定I	學習目標擬定	查詢領域核心素養具體內涵階段II	查詢領域學習重點階段III	議題融入	跨學科
小組討論紀錄(請詳細紀錄)	1.國中/高中 2.授課年級: 3.設定單元: 4.授課時間:	1.單元基本核心知識、原理學習 2.情意、態度養成		1.學習內容 2.學習表現		主科目: 副科目:

上表中「教學單元訂定」至「跨學科」等欄位,均可作為評量策略規劃的參考依據。因此於規劃評量策略時,可就上述各欄位實際規劃情形進行評量策略規劃。

第三章　藝術領域多元評量策略設計與實踐

　　藝術領域在不同教育階段各自規劃了不同的學科，例如：國中階段藝術領域包括音樂、視覺藝術及表演藝術；在高中階段則分別規劃了必修課程及選修課程，必修課程包括音樂、美術及藝術生活。

　　藝術領域課程的學習，不僅著重於各科目知識、原理等，同時也希望培養學生的觀察力、想像力、合作溝通能力等。進一步帶領學生在參與、實踐藝術，以及過程中感知藝術的價值，而達到豐富心靈、生命深度的目標。

　　評量策略的規劃旨在幫助學生學習，不僅是課程所學知識、原理，同時也能引導學生主動思考、探索進行深度學習。因此，本小節將探討藝術領域多元評量策略的規劃方式、依據及形式種類等，以作為師資生及在職教師規劃參考及發揮之用。

一、多元評量策略規劃與依據

(一) 與學習重點呼應規劃

　　先前的章節提及於規劃教學活動時，可以參考所規劃的學習重點與核心素養內涵。而評量策略既是依據所規劃的教學活動內容而來，因此於規劃評量策略時亦可參酌所規劃的學習表現與學習內容。以下將舉例說明之。

　　表11-1中「能說出著名的闡伶歌手及其歷史淵源」評量規劃策略，乃是呼應所規劃的學習表現「音1-V-3能關注社會議題，運用記譜方式或影音軟體，記錄與分享作品」。即在學習音樂相關知識，能運用此知識主動發掘並關心社會議題。本教案的評量策略規劃著重在引導學生思考闡伶與所處時代環境的關聯，並就此開展讓學生思考闡伶音樂所涉及的議題，如性別教育、生命教育或是多元文化教育等議題。

表11-2　多元評量核心素養導向教案設計──第一組

討論歷程	查詢領域 學習重點階段III	教學活動設計階段IV			
小組討論紀錄（請詳細紀錄）	學習表現 1.音1-V-1能運用讀譜知能及唱奏技巧詮釋樂曲，進行歌唱或演奏，提升生活美感。 2.音1-V-3能關注社會議題，運用記譜方式或影音軟體，記錄與分享作品。	引起學習動機的活動規劃 1.天空之城 2.Film 3.絕代美聲	發展教學活動（主、副科目） 認識閹伶歌手 閹伶歌手的範例	導入學理知識的活動設計（主科目） 音樂在宗教儀式過程的認識 聲帶的認識與腹式呼吸之運用	生活應用活動規劃 欣賞假聲男高音的影片
	學習內容 1.音E-V-4音樂元素，如織度、曲式等。 2.音P-V-1當代多元文化 3.音A-V-1多元風格之樂曲	評量策略規劃 文字敘述曲風感受	評量策略規劃 能說出著名的閹伶歌手及其歷史淵源	評量策略規劃 分辨中世紀與其他樂派風格能指出聲帶的位置 能實際操作腹式呼吸法	評量策略規劃 能鑑賞音樂會中男高音的音色區別

　　另外，「能實際操作腹式呼吸法」評量策略則是呼應所規劃的學習表現「音1-V-1能運用讀譜知能及唱奏技巧詮釋樂曲，進行歌唱或演奏，提升生活美感」。讓學生實際體驗腹式呼吸法歌唱技巧，藉由一步步的參與實踐音樂，以培養學生生活美感以及對於音樂的喜歡與鑑賞能力。

(二) 與核心素養呼應規劃

　　評量策略規劃與核心素養呼應的方式有二：第一，評量策略與核心素養規劃方向一致；第二，評量策略與核心素養規劃方向不同，兩者相輔相成。以下舉例說明多元評量設計與規劃。

　　1. 評量策略與核心素養規劃方向一致

表11-3　多元評量核心素養導向教案設計——第二組

討論歷程	查詢領域核心素養具體內涵階段II	查詢領域學習重點階段III	教學活動設計階段IV			
小組討論紀錄（請詳細紀錄）	藝S-U-A1 參與藝術活動，以提升生活美感及生命價值。　　藝S-U-A2 運用設計與批判性思考，以藝術實踐解決問題	音3-V-1 能探究在地及全球藝術文化相關議題，並以音樂展現對社會及文化的關懷。	引起學習動機的活動規劃　社會議題	發展教學活動（主、副科目）1.音樂劇導讀 2.影片欣賞 3.悲慘世界簡介 4.問題討論	導入學理知識的活動設計（主科目）1.音樂劇的由來 2.各國音樂劇介紹	生活應用活動規劃 1.外來移民生活觀察 2.自我認同
			評量策略規劃　目前發生的重要社會議題有哪些？	評量策略規劃　分組活動（各組選一首歌曲，練習+表演）	評量策略規劃　寫出各國音樂劇名稱	評量策略規劃　分組活動：討論、展演

　　就表11-3可知其評量策略規劃形式，包括問答、分組歌唱表演、紙筆測驗及分組討論展演等。評量策略規劃著重在下列層面：

(1) 引領學生參與音樂劇展演構思，用來表達自我情感或是傳達社會議題。

(2) 帶領學生進行音樂劇演唱，讓學生親身體驗音樂劇之美與其藝術價值。

另一方面，就其核心素養內涵規劃來看，包括「藝S-U-A1參與藝術活動，以提升生活美感及生命價值」及「藝S-U-A2運用設計與批判性思考，以藝術實踐解決問題」。可知評量策略與核心素養規劃理念皆涵蓋藝術領域學習中的表現與實踐，而此是立足於學生具備音樂劇的基本觀念；透過自身實際參與音樂劇演唱以及進一步的音樂劇展演發想，體認音樂之美並透過音樂表達個人情感與對社會議題的觀點。這樣的教案設計讓學生能夠將身心沉浸於音樂劇之中，連結學習情境與生活情境。

由表11-4可知其評量策略規劃形式，包括問答、學習單與卡拉OK歌唱表演等。本教案評量策略規劃著重在下列層面：

(1) 直接讓學生觀看閹伶電影《絕代豔姬》，感受閹伶所處時代氛圍、與其歌唱特質。爾後再設計規劃相關問題，利用提問的方法引導學生針對影片進行更深入的探討與學習。上舉教案規劃除了中世紀閹伶音樂欣賞，另就閹伶特殊身分帶領學生進行生命議題探索，探討音樂與人的主體價值、或是音樂價值與道德價值之間的關係。

(2) 透過學習單進行紙筆測驗，以建構學生完整的音樂學理認知，包括聲帶構造、閹伶與男高音唱法及音域的差異，以及巴洛克時期音樂風格特色與作曲家等以閹伶為中心的相關音樂知識吸收。

(3) 舉辦卡拉OK歌唱，並透過自評與他評讓學生實際練習不同的演唱技巧與方式。

卡拉OK活動不僅讓每位學生都有參與歌唱的機會，同時利用他評與自評讓所有的學生共同參與歌唱活動。呼應所規劃的核心素養「藝S-U-C2透過藝術實踐，發展適切的人際互動，增進團隊合作與溝通協調的能力」。

另外，學習單中其中之一的評量策略為辨識不同音域，呼應規劃的「藝S-U-A1參與藝術活動，以提升生活美感及生命價值」，能運用課堂所學辨別不同音域，並指出不同音域之間的美，是參與演唱音樂會的重要基礎。具備鑑賞的能力之後進而參與音樂活動，讓多元的藝術活動豐富生活以提升生活美感。

表11-4　多元評量核心素養導向教案設計——第五組

討論歷程	查詢領域核心素養具體內涵階段II	查詢領域學習重點階段III	教學活動設計階段IV			
	藝S-U-A1參與藝術活動，以提升生活美感及生命價值。	學習內容音1-V-1能運用讀譜知能及唱奏技巧詮釋樂曲，進行歌唱或演奏，提升生活美感。	引起學習動機的活動規劃《絕代豔姬》影片欣賞	發展教學活動（主、副科目）主科目：音樂賞析副科目：小組討論—生命議題	導入學理知識的活動設計主科目：巴洛克時代人文藝術愛好	生活應用活動規劃唱卡拉OK
小組討論紀錄（請詳細紀錄）	藝S-U-C2透過藝術實踐，發展適切的人際互動，增進團隊合作與溝通協調的能力。	音2-V-1使用適當的音樂語彙，賞析不同時期與地域的音樂作品，探索音樂與文化的多元。學習表現音E-V-1各種唱（奏）技巧與形式音A-V-2音樂展演形式*音P-V-1當代多元文化*	評量策略規劃觀察法	評量策略規劃問答法	評量策略規劃書寫學習單1.畫出聲帶構造2.男生學習唱假聲唱法3.聽音樂辨識不同音域的聲音，並說出類別。4.說出巴洛克時期的代表作曲家5.說出巴洛克時期的特色與風格	評量策略規劃自評與他評

2. 評量策略與核心素養規劃方向互補

表11-5　教案評量與規劃——第一組

討論歷程	查詢領域核心素養具體內涵階段II	查詢領域學習重點階段III	教學活動設計階段IV			
小組討論紀錄（請詳細紀錄）	藝S-U-C1養成以藝術活動關注社會議題的意識及責任	學習表現 1.音1-V-1能運用讀譜知能及唱奏技巧詮釋樂曲，進行歌唱或演奏，提升生活美感。 2.音1-V-3能關注社會議題，運用記譜方式或影音軟體，記錄與分享作品。	引起學習動機的活動規劃 4.天空之城 5.Film 6.絕代美聲	發展教學活動（主、副科目）認識閹伶歌手 閹伶歌手的範例	導入學理知識的活動設計（主科目） 音樂在宗教儀式過程的認識 聲帶的認識與腹式呼吸之運用	生活應用活動規劃 欣賞假聲男高音的影片
		學習內容 1.音E-V-4音樂元素，如織度、曲式等。 2.音P-V-1當代多元文化 3.音A-V-1多元風格之樂曲	評量策略規劃 文字敘述曲風感受	評量策略規劃 能說出著名的閹伶歌手及其歷史淵源	評量策略規劃 能分辨中世紀與其他樂派風格 能指出聲帶的位置 能實際操作腹式呼吸法	評量策略規劃 能鑑賞音樂會中男高音的音色區別

表11-5第一組教案評量包括以文字敘述曲風感受、能夠指出中世紀閹伶發展歷史及代表伶人、分辨中世紀與其他樂派風格及鑑賞男高音音色等，以培養學生鑑賞能力為主。此評量策略規劃重點有四：

(1)引導學生能夠利用精準的音樂相關語彙，細膩描述曲子的風格與個人感受。

(2)讓學生了解曲風與時代精神、氛圍是息息相關的。

(3)由於本教案範疇為中世紀人聲，透過評量策略了解學生是否能夠辨別出中世紀音樂風格。

(4)能夠具備音樂相關知識，並進一步了解假聲男高音的聲音特質與男高音的差異。

另外，所規劃的核心素養為「藝S-U-C1養成以藝術活動關注社會議題的意識及責任」，以培養學生實踐層面的能力。評量策略規劃著重在聲樂鑑賞能力的培養與核心素養規劃著重在實踐。引導學生利用本單元知識，了解到性別生理不同對於歌唱聲音特色的影響，將之視為性別平等（社會議題）的切入點。即透過音樂感受不同性別聲音特質與其美聲，以建立學生正確的兩性平等知識。

(三) 與學習目標配合規劃

先前章節提及訂定學習目標時，可參酌學習內容、學習表現及核心素養具體內涵。依據所規劃的學習目標開展教學活動，再根據教學活動規劃的內容設計相對應的評量策略，如下圖所示。

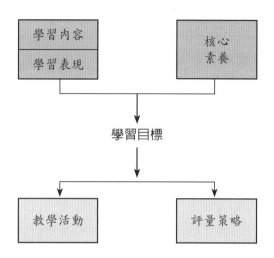

就上圖所示,可反思評量策略規劃不僅要與教學活動相對應,同時也應參酌訂定的學習目標。下舉數例評量策略規劃與學習目標呼應的示例說明之。

表11-6學習目標與評量策略規劃的對應關係,以各種線條框線表示。本教案規劃了四個學習目標,於規劃評量策略時透過不同的形態如紙筆測驗、演唱等方式,觀察學生的學習成效或是提升學生的學習興趣。學習目標與評量策略對應,如表11-7所示。

表11-6　核心素養導向教案示例──第一組

討論歷程	教學單元訂定I	學習目標擬定	教學活動設計階段IV			
小組討論紀錄（請詳細紀錄）	1.國中／高中 2.授課年級 3.設定單元 4.授課時間 1.高中 2.一年級 3.人聲／中世紀 4.2小時	1.單元基本核心知識、原理學習 2.情意、態度養成 1.認識中世紀音樂風格與人聲 2.學習如何發聲 3.認識閹伶歌手 4.學會唱和聲	引起學習動機的活動規劃 5.天空之城 6.Film 7.絕代美聲	發展教學活動（主、副科目） 1.認識閹伶歌手 2.閹伶歌手的範例	導入學理知識的活動設計（主科目） 1.音樂在宗教儀式過程的認識 2.聲帶的認識與腹式呼吸之運用	生活應用活動規劃 欣賞假聲男高音的影片
			評量策略規劃 文字敘述曲風感受	評量策略規劃 能說出著名的閹伶歌手及其歷史淵源	評量策略規劃 1.分辨中世紀與其他樂派風格 2.能指出聲帶的位置 3.能實際操作腹式呼吸法	評量策略規劃 能鑑賞音樂會中男高音的音色區別

表11-7　學習目標與評量策略對應表

學習目標	評量策略	評量策略形式	評量策略規劃理念
認識中世紀音樂風格與人聲	1.分辨中世紀與其他樂派風格 2.文字敘述曲風感受	紙筆測驗	了解中世紀音樂與人聲風格及特質,並能夠用準確的音樂專業術語記錄或表達曲風特色及個人對於音樂的感受或觀點。
認識閹伶歌手	能説出著名閹伶歌手及其歷史淵源	口頭發表	·明白閹伶歌手的歌聲特質,並檢視所處時代環境、文化及宗教信仰對於閹伶歌手發展的影響。 ·音樂發展與時代環境的關係。
學習如何發聲	1.能指出聲帶的位置 2.能實際操作腹式呼吸法 3.能鑑賞音樂會中男高音的音色區別	·腹式呼吸法 ·口頭發表／文字表達	不同於上面的評量策略,引導學生學習音樂相關知識。此部分的評量策略規劃從知識、原理導入,再進一步引導學生實踐練習腹式呼吸法。最後應用在男高音音色欣賞,以強化學生的學習印象。
學會唱和聲			

　　上舉示例的評量策略,具有下列特點:

　　1. 評量策略形式不同,包括紙筆測驗、口頭發表、腹式呼吸法或是文字表達等。

　　2. 同時其隱含的設計理念與藝術領域的「表現、鑑賞、實踐」三個學習構面相呼應。帶領學生從不同的面向學習藝術,不僅具備基礎的音樂相關知識,同時還能實際進行演唱豐富其生命美感與經歷。

表11-8　核心素養導向教案示例──第二組

討論歷程	學習目標擬定	教學活動設計階段IV			
小組討論紀錄（請詳細紀錄）	1.單元基本核心知識、原理學習 2.情意、態度養成 一、音樂劇的由來 二、自我意識 三、人權、尊重生命 四、自我成長、尊重他人 五、尊重生命、自我成長 六、音樂劇的由來	引起學習動機的活動規劃 1.太陽花學運 2.社會議題 3.戲劇導入	發展教學活動（主、副科目） 1.音樂劇導讀 2.影片欣賞 3.《悲慘世界》簡介 4.分組活動（各組選一首歌曲，練習＋表演） 5.問題討論	導入學理知識的活動設計（主科目） 1.音樂劇的由來 2.各國音樂劇介紹	生活應用活動規劃 1.外來移民生活觀察 2.自我認同
	決議 1.音樂劇的由來 2.自我意識與尊重人權	決議 社會議題	決議 1.音樂劇導讀 2.影片欣賞 3.《悲慘世界》簡介 4.問題討論	決議 1.音樂劇的由來 2.各國音樂劇介紹	決議 生活應用活動規劃 1.外來移民生活觀察 2.自我認同
		評量策略規劃 結論 目前發生的重要社會議題有哪些？	評量策略規劃 結論 分組活動（各組選一首歌曲，練習＋表演）	評量策略規劃 結論 寫出各國音樂劇名稱	評量策略規劃 結論 分組活動：討論、展演

　　表11-8所舉教案，其學習目標訂定含括兩個層面：一、知識原理的學習目標為認識音樂劇；二、情意、態度學習目標為自我意識與尊重人權。情意、態度學習是知識原理的延伸與開展，於進行規劃時可視知識範疇加以開展，如本教案的音樂劇相關知識學習是以《悲慘世界》開展，而從本齣音樂劇中展現的社會不公與身分歧視，以此進一步教導學生人權觀念。觀察其評量策略規劃脈絡及理念，與其規劃的學習目標相呼應。如表11-8中分別以灰階及虛線框線表達。

學習目標	評量策略	評量策略形式	評量策略規劃理念
音樂劇的由來	分組活動（各組選一首歌曲，練習+表演）	演唱練習	讓學生實際進行音樂劇歌曲演唱，以感受音樂帶給人的震撼感與渲染力。
	寫出各國音樂劇名稱	紙筆測驗	透過紙筆測驗，了解學生對於音樂劇學理的學習情形。
	分組活動：討論、展演	音樂劇展演	讓學生就課堂所學知識，包括音樂劇相關學理與議題發掘，以發想音樂劇主題與內容，最後演出實踐。
自我意識與尊重人權	目前發生的重要社會議題有哪些？	提問討論	利用重要社會議題討論，引導學生觀察或思考《悲慘世界》隱含的人權或其他相關社會議題，進而主動發掘生活周遭的社會議題。

　　從上表的分析，更可明白此示範教案評量策略與學習目標呼應的方式。然而，此評量策略規劃重點包括下列幾項：

　　1. 不僅規劃總結式的紙筆測驗評量，同時也規劃歷程性評量，用以引導學生思考。例如：本教案中《悲慘世界》音樂劇涉及的人權議題，透過提問討論方式，讓學生自動發掘社會、環境議題。

2. 著重同儕互動學習，透過分組歌曲表演與音樂劇展演設計等評量方式，讓學生學習團體分組合作的重要性。透過音樂活動參與，讓學生學習將理論實踐於應用。

表11-9　核心素養導向教案示例──第五組

討論歷程	學習目標擬定	教學活動設計階段IV			
小組討論紀錄（請詳細紀錄）	1.單元基本核心知識、原理學習 了解男女聲音不同的原因及castrato如何形成 2.情意、態度養成	引起學習動機的活動規劃 《絕代豔姬》影片欣賞	發展教學活動（主、副科目） 主科目：音樂賞析 副科目：小組討論一生命議題	導入學理知識的活動設計（主科目） 巴洛克時代人文藝術愛好	生活應用活動規劃 唱卡拉OK
		評量策略規劃 觀察法	評量策略規劃 問答法	評量策略規劃 書寫學習單 1.畫出聲帶構造 2.男生學習唱假聲唱法 3.聽音樂辨識不同音域的聲音，並說出類別。 4.說出巴洛克時期的代表作曲家 5.說出巴洛克時期的特色與風格	評量策略規劃 自評與他評

表11-9所舉教案學習目標，著重在人聲種類差異與闊伶發展、特色等學習。因此在規劃評量策略時著重在學習單設計，讓學生學習具系統、組織的人聲相關知識、原理。

除此之外，於規劃教學活動時引導學生深入探討《絕代豔姬》中涉及的議題，此教案選定「生命議題」發揮。因此，評量策略時仍考量培養學生發掘、關心身處環境、社會議題的能力。即從影片中展現的中世紀闊伶，規劃相關生命議題、開拓學生的學習視野。

(四) 與教學活動互相搭配規劃

表11-10所舉教案主要學習的知識為「音樂劇」，並以《悲慘世界》為音樂劇學習的示例，進行教學活動內涵規劃。如表中灰階框線部分，在教學活動安排了社會議題介紹導入，評量策略則是引導學生發掘生活周遭的重要社會議題。

教學活動設計以「音樂劇」為核心，首先以社會議題探討導入，讓學生置身於議題氛圍當中。其次則是以音樂劇《悲慘世界》為例，進行音樂劇導讀。再則進一步深入探究音樂劇由來，與各國音樂劇發展。最後，再讓學生運用課堂所學知識進行音樂劇展演規劃。各部分教學活動都規劃了相對應的評量策略，在表11-10中以不同樣式框線標示，對應的教學活動與評量策略以相同的框線樣式表示。

表11-10 核心素養導向教案示例——第二組

討論歷程	教學活動設計階段Ⅳ			
小組討論紀錄（請詳細紀錄）	引起學習動機的活動規劃 1.太陽花學運 2.社會議題 3.戲劇導入 決議 社會議題	發展教學活動（主、副科目） 1.音樂劇導讀 2.影片欣賞 3.《悲慘世界》簡介 4.分組活動（各組選一首歌曲，練習+表演） 5.問題討論 決議 1.音樂劇導讀 2.影片欣賞 3.《悲慘世界》簡介 4.問題討論	導入學理知識的活動設計（主科目） 1.音樂劇的由來 2.各國音樂劇介紹 決議 1.音樂劇的由來 2.各國音樂劇介紹	生活應用活動規劃 1.外來移民生活觀察 2.自我認同 決議 生活應用活動規劃 1.外來移民生活觀察 2.自我認同
	評量策略規劃 決議 目前發生的重要社會議題有哪些?	評量策略規劃 決議 分組活動（各組選一首歌曲，練習+表演）	評量策略規劃 決議 寫出各國音樂劇名稱	評量策略規劃 決議 分組活動：討論、展演

表11-11　教學活動與評量策略對應表

教學活動		課程主軸	評量策略	
知識	情意		知識	情意
啟	社會議題導入	音樂劇主題		社會議題探討、挖掘
承　音樂劇導讀	《悲慘世界》欣賞	音樂劇賞析 音樂劇樂曲演唱	演唱技巧	
轉　音樂劇由來 　　音樂劇發展		音樂劇由來發展	紙筆測驗	
合	外來移民生活觀察 自我認同	音樂劇原理知識應用		分組合作展演規劃

　　上舉第二組示例（表11-10），可知其評量策略規劃是依據教學活動而來的。例如：發展教學活動規劃了音樂劇導讀、音樂劇欣賞等，而其評量策略則是讓學生從音樂劇《悲慘世界》中選擇一首歌，以練習演唱技巧。表11-11是依據第二組教案分析而得，分為三大部分：左欄表示教學活動、中間欄位是課程主軸、右欄表示評量策略。

　　當教案單元知識範圍為「音樂劇」時，其課程主軸包括音樂劇由來與發展、音樂劇主題與思想、音樂劇賞析、音樂劇原理與知識應用等內容，屬於知識、技能或原理的學習內容。而在規劃教學活動時不僅要兼顧知識、原理的學習內容，同時也規劃了培養情意、態度的教學活動。如表11-11分析，此教案規劃了情意態度學習的教學活動。例如：透過社會議題導入，從此面向展示音樂劇創作的理念或是隱含的思想、觀念等。針對此教學活動規劃的評量策略，則是社會議題探討。一方面帶領學生進行音樂劇深度學習，同時也透過音樂劇欣賞與學習，養成主動關心、發掘周遭重要議題的探索能力。

　　除此之外，評量策略還另計畫了分組合作規劃音樂劇展演，用以培養學生具備與他人互動、合作的團隊精神，同樣屬於情意態度的培養。

(五) 與議題融入配合規劃

下舉示例其評量策略與所規劃的議題融入內涵相呼應，詳細內容與分析請見表11-12。

表11-12 議題融入規劃與評量策略呼應示例──第一組

討論歷程	議題融入	教學活動設計階段IV			
小組討論紀錄（請詳細紀錄）	性別平等／人權教育／環境教育／海洋教育 性別	引起學習動機的活動規劃 1.天空之城 2.Film 3.絕代美聲	發展教學活動（主、副科目） 認識閹伶歌手 閹伶歌手的範例	導入學理知識的活動設計（主科目） 1.音樂在宗教儀式過程的認識 2.聲帶的認識與腹式呼吸之運用	生活應用活動規劃 欣賞假聲男高音的影片
		評量策略規劃 文字敘述曲風感受	評量策略規劃 能說出著名的閹伶歌手及其歷史淵源	評量策略規劃 1.分辨中世紀與其他樂派風格 2.能指出聲帶的位置、能實際操作腹式呼吸法	評量策略規劃 能鑑賞音樂會中男高音的音色區別

上舉教案的教授知識範疇為中世紀人聲，此時因為教會唱詩班不允許女子參加，故逐漸發展出閹伶，所以在議題融入規劃選擇「性別平等教育」。評量策略「能說出著名的閹伶歌手及其歷史淵源」，可以引導學生了解閹伶發展與時代環境的關係。即性別差異不限於生理性別，還有社會、文化與宗教等形塑出的性別。透過了解閹伶歌唱音色特質等，並與一般男性歌手音色與女性歌手音色比較，了解三者之間的異同與各自的優點，以建立學生正確的性別平等觀念。

二、藝術領域多元學習策略形式

上小節已闡述了核心素養導向評量策略規劃依據與規劃方向思考脈絡，在此小節首先將探討並分析藝術領域評量策略的種類。誠如藝術領域課程綱要對於學習評量規劃的理念，即藝術領域更重視學習歷程與生活情境的連結，並能讓學生在生活中實踐藝術相關知識、原理與作品完成的整合應用。因此，規劃學習策略宜掌握下列原則：

(一) 應用實作

著重知識統合運用，例如：引導學生進行音樂劇展演或是廣告設計等。

(二) 形式多元

藝術領域以表現、鑑賞及實踐三個學習構面統整課程，同時也統合了藝術領域學習內容與學習表現。規劃評量策略時，宜將表現、鑑賞及實踐轉化為評量策略的實質內涵。

評量策略規劃應以協助學生學習為核心出發，同時也提供教師記錄、觀察學生學習歷程的方式。因此，評量策略形式宜多元且能涵蓋總結式與歷程式內涵。分析歸結藝術領域評量策略，可分為下列形式：

1. 紙筆測驗：可設計學習單或是一系列與教授課堂知識相關的題目並進行測驗，以訓練學生具備邏輯、組織的文字表達能力。

2. 口頭報告：口頭報告的方式可採個人或是團體的方式。口頭報告進

行前教師先規劃口頭報告方向，並培養學生具邏輯、組織的口頭表述方式，能言簡意賅表達想法或觀點。

3. 體感訓練：在藝術實踐及參與中相當關鍵的部分，即是感官、肢體的訓練，不論是對於人聲的音色辨別、腹式呼吸歌唱法、樂器演奏等技巧練習。

4. 繪圖：漫畫繪製、舞臺設計圖繪製等。

5. 獨創實作：例如：布偶縫製等。

6. 紙本報告：教師可以依學生學習需求或是欲培養學生哪方面的能力進而設計學習單，讓學生學習練習小論文寫作等。

7. 資料蒐集：教師可以依授課內容設計或規劃若干題目，讓學生從網路、書本或是期刊論文中蒐集相關資料。

8. 提問討論：教師可以依授課內容與教材等設計規劃提問，以引導學生學習或是培養學生思辨的能力。

9. 生活應用：如廣告設計、歌唱比賽、音樂劇展演規劃等。

10. 多媒體應用與學習：評量策略形式可視課程內容與學生學習需求，適時加入多媒體、電腦應用元素。

(三) 情意、態度的培養

利用資料蒐集、提問回答或是口頭報告等評量策略，引導學生主動挖掘問題、議題；或是針對教師提出的問題，蒐集或是尋找答案。在這過程中訓練學生分析歸納、資料閱讀的能力；或是獨立思考能力，與組員團隊合作溝通的能力。例如：讓學生進行音樂劇展演，可引導學生思考音樂劇的作用或意思為何？又構成音樂劇的元素有哪些？在進行展演的過程中，訓練學生主動尋求解決之道、團隊合作溝通能力、活用課程所學相關知識，或是能統合組織不同學科／領域知識、原理的能力。

表11-13　藝術領域核心素養導向多元評量策略規劃一覽表

	教案 名稱	實施教 育階段	主科目/ 領域	副科目/ 領域	評量策略形式
1	中世紀人聲	高級 中學	藝術─ 音樂	社會─ 歷史、 公民	・紙本報告（利用文字描述曲風） ・口頭報告 ・紙筆測驗 ・體感訓練（腹式呼吸、音色辨別）
2	音樂劇	高級 中學	藝術─ 音樂	社會─ 公民	・提問討論 ・體感訓練（歌唱練習） ・紙筆測驗 ・生活應用（分組音樂劇展演）
3	人聲種類	高級 中學	藝術─ 音樂	藝術─ 藝術生 活	・生活應用（歌唱比賽） ・體感訓練（音色辨別）
4	歌劇	高級 中學	藝術─ 音樂	無	・資料蒐集 ・體感訓練（音色辨別） ・紙筆測驗 ・生活應用（分組戲劇演出）
5	人聲分類	高級 中學	藝術─ 音樂	物理 護理	・紙筆測驗 ・體感訓練（假聲歌唱練習） ・生活應用（卡拉OK比賽） ・提問討論
6	解構、重 組、新造型	國民 小學	藝術─ 表演 藝術	藝術─ 視覺 藝術	・口頭報告 ・獨創實作（角色道具、服裝實作） ・體感訓練
7	神祕說書 人─鷸蚌相 爭	國民 小學	藝術─ 表演 藝術	國語文	・口頭報告（課前與課後各實施一次） ・繪圖（繪製漫畫）

（續）

	教案名稱	實施教育階段	主科目/領域	副科目/領域	評量策略形式
8	梁山伯與祝英台的音樂	國民中學	藝術—音樂	藝術—表演藝術	・提問討論 ・紙筆測驗（學習單） ・生活應用（以戲劇的方式呈現一段梁祝故事）
9	配色	國民中學	藝術—視覺藝術	藝術—表演藝術	・生活應用（色彩配色應用） ・口頭報告（配色原理闡述）
10	色彩動起來	國民中學	藝術—表演藝術	藝術—視覺藝術	・提問討論（含分組討論） ・體感訓練（肢體控制）
11	音符家族大合照	國民小學	藝術—音樂	藝術—視覺藝術	・口頭報告 ・生活應用
12	廣告與生活	高級中學	藝術—美術	藝術—音樂	・口頭報告（分組討論） ・生活應用（廣告創作）
13	原住民圖騰	國民中學	藝術—視覺藝術	藝術—音樂	・提問討論 ・紙筆測驗（美的形式原理） ・資料蒐集 ・生活應用（圖騰設計）
14	詩中一幅畫	國民小學	藝術—視覺藝術	國語文	・口頭報告 ・獨創實作
15	3D動畫世界	國民中學	藝術—表演藝術	藝術—美術	・口頭報告（針對課堂中所觀賞的影片） ・體感訓練（利用肢體動作模仿名畫） ・生活應用（肢體動作設計及表演）

（續）

	教案 名稱	實施教 育階段	主科目/ 領域	副科目/ 領域	評量策略形式
16	舞動華爾滋	高級 中學	藝術— 舞蹈	社會	・提問討論 ・體感訓練（肢體節奏練習） ・獨創實作 ・生活應用（短片、微電影創作）
17	跟著音樂劇 遊法國	高級 中學	藝術— 音樂	社會— 歷史、 地理、 公民	・生活應用（音樂會禮儀） ・多媒體應用與學習（網路資料蒐集） ・提問討論（以分組搶答方式進行）
18	叭ㄅㄨ偶戲	國民 中學	藝術— 表演 藝術	藝術— 視覺 藝術	・獨創實作（手偶製作） ・體感訓練（偶戲角色分辨） ・繪圖（偶戲草圖設計） ・紙筆測驗
19	Dance for Wawa舞動 海洋：達悟 族樂舞文化 賞析與體驗	高級 中學	藝術— 藝術 生活	語文、 歷史、 生活、 科技、 美術、 音樂	・口頭報告 ・生活應用（歌舞表演、藝術品創作設計） ・紙筆測驗
20	Hip-Hop達 人	高級 中學	藝術— 藝術 生活	資訊	・提問討論 ・獨創實作（以環保為議題，進行三十二拍文字節奏創作） ・多媒體應用與學習（以Launch Pad進行發表）

　　從表11-13二十組核心素養導向課程所規劃的評量策略形式與內容可知，其形式相當多元並能兼顧藝術領域課程特色。此外，即便同樣規劃了「口頭報告」或是「生活應用」形式，其規劃的實際內涵依據所教授的課程範疇不同以及課程實施年級不同等而有所不同。目的在於讓教師從不同層面

了解學生的學習狀況或成效，以幫助學生學習。

　　另一方面，當教授知識範疇相同時，因為課程規劃依據不同，預期培養學生具備的情意、知識及態度能力不同時，其評量策略規劃方式也隨之不同。表11-13中的課程1、3及5知識範疇相同，但深入探究其評量策略形式與評量策略規劃依據是不同的，如表11-14所示。

表11-14　知識範疇相同，評量策略形成與規劃依據不同分析表

組別	教案名稱	評量策略形式	評量策略規劃依據
1	中世紀人聲	・紙本報告（利用文字描述曲風） ・口頭報告 ・紙筆測驗 ・體感訓練（腹式呼吸、音色辨別）	・與學習目標搭配
3	人聲種類	・生活應用（歌唱比賽） ・體感訓練（音色辨別）	・與學習目標搭配 ・與核心素養搭配 ・與學習重點搭配
5	人聲分類	・紙筆測驗 ・體感訓練（假聲歌唱練習） ・生活應用（卡拉OK比賽） ・提問討論	・與學習目標搭配 ・與學習重點搭配 ・與核心素養搭配

三、多元學習策略規劃與教育階段的關係

　　規劃評量策略形式及內涵時，應考量不同教育階段的學生心智發展而進行差異規劃，以幫助學生適性學習。就表11-13「藝術領域核心素養導向多元評量策略規劃表」，可見教案施行教育階段包括國民小學教育階段、國民中學教育階段及高級中學教育階段。以下就各不同教育階段，進行評量策略規劃分析：

(一) 國民小學教育階段多元評量策略規劃

　　表11-15先就國民小學教育階段的多元評量策略，分析其評量形式與評量內涵。

表11-15　藝術領域多元評量策略分析表——國民小學教育階段

	教案名稱	實施教育階段	主科目	副科目	評量策略形式	評量策略內涵
1	解構、重組、新造型	國民小學	藝術—表演藝術	藝術—視覺藝術	口頭報告	引導學生根據所觀賞的影片進行觀察，並以口述方式說明所觀察的。
					獨創實作	利用手邊現有的回收品，根據自己設計的角色特質等進行角色道具或服裝製作。
					體感訓練	穿上所設計製作的服裝走秀，培養良好的走路姿勢。
2	神祕說書人—鷸蚌相爭	國民小學	藝術—表演藝術	國語文	口頭報告	訓練學生在閱讀課文之後，以具邏輯及組織的口語表達方式講述課文大意。
					繪圖	將課文內容化為漫畫（文字轉換為圖像）
					口頭報告	按自己設計繪製的漫畫，以表演藝術的形式進行課文故事敘述，並且同儕投票評分。
3	音符家族大合照	國民小學	藝術—音樂	藝術—視覺藝術	口頭報告	以提問的方式引導學生進行深度影片觀賞，讓學生以口述方式說明在影片中所觀察的人、事、物等。
					生活應用	將抽象的音符利用聯想力，化為具體事物或形象，進一步作為教室彩繪創作。

（續）

	教案名稱	實施教育階段	主科目	副科目	評量策略形式	評量策略內涵
4	詩中一幅畫	國民小學	藝術—視覺藝術	國語文	口頭報告	以口頭發表方式，闡明個人對某一首詩詞的感受（以人、事、時、地、物）。
					獨創實作	能根據心中對於詩的感受，擇定適合的藝術創作媒材進行創作。
					口頭報告	訓練學生以具組織統整的語言說明：1.創作媒材的選擇與運用；2.文字轉化為圖像的思考邏輯。

　　從分析表11-15可知於規劃小學教育階段的多元評量策略時，「口頭報告」規劃最為廣用。而依據教授單元知識範疇不同，並考量學生學習需求以及欲培養的知識、情意能力等，所規劃的口頭報告方式與實質內涵亦有所不同。歸結其口頭報告評量方式作用與意義如下：

　　1. 訓練學生具組織、邏輯的語言闡述能力。

　　2. 能夠將個人內心感受、情感或觀點等抽象感知，化為具體的語言表達。

　　3. 訓練學生分析或觀察人、事、物的能力。

　　4. 引導學生進行深度思考與探究事物的能力。

　　由此可知語言表達能力是學生感知人、事、物，並能加以分析、重組的基本能力，即藝術鑑賞能力的培養。在此基礎上，進行藝術參與、實踐與鑑賞，並能向他人闡述自己的想法、觀點與情感，以及與他人溝通互動的能力。

　　此外，就表11-15國民小學教育階段評量策略規劃形式與內涵，可歸結出其特色如下：

1. 以探索、觀察為主：透過帶領學生觀看與教授單元知識相關的影片、動畫等，甚至帶領學生閱讀詩作等文學作品。

2. 口語表達訓練：教師以提問的方式引導學生進行口頭報告，即規劃口語表達評量策略時，宜規劃好相關問題，一步步訓練學生組織、統整個人情感與觀點闡述。

3. 實作：引導學生運用所學知識原理，用以創作；從中得到成就感，提升其學習興趣。

(二) 國民中學教育階段多元評量策略規劃

表11-16　藝術領域多元評量策略分析表──國民中學教育階段

	教案名稱	實施教育階段	主科目	副科目	評量策略形式	評量策略內涵
1	梁山伯與祝英台的音樂	國民中學	藝術──音樂	藝術──表演藝術	提問討論	· 引導學生觀察音樂與情感表達的關係，並闡述個人對於音樂與情感傳達的看法或觀點。 · 透過提問引導學生以專業的音樂知識欣賞〈梁祝〉。
					生活應用	以小組合作方式，擇定一小段〈梁祝〉樂曲，並將內容以戲劇的方式呈現。
					紙筆測驗	針對〈梁祝〉，設計論述題目，引導學生思考此樂曲中涉及的性別平等議題，以增進學生深入學習。

（續）

	教案名稱	實施教育階段	主科目	副科目	評量策略形式	評量策略內涵
2	配色	國民中學	藝術—視覺藝術	藝術—表演藝術	生活應用	色彩配色應用，包括空間布置配色、造型配色等。
					口頭報告	·配色原理闡述。 ·個人配色創作理念闡述。
3	色彩動起來	國民中學	藝術—表演藝術	藝術—視覺藝術	提問討論	針對所觀看的影片內容提問，引導學生注意肢體動作與色彩的意象連結。
					體感訓練	肢體控制力練習。
					分組討論	針對以上肢體控制練習，說出個人較不擅長之處，並討論解決之道。
4	原住民圖騰	國民中學	藝術—視覺藝術	藝術—音樂	提問討論	於課堂播放影片、動畫等讓學生觀賞，再以提問的方式引導學生思索藝術如何表達，呈現在地人文風俗的關係。
					資料蒐集	讓學生探索並蒐集自己家鄉的風土民情資料。
					紙筆測驗	利用課程所學「美的形式原理」，進行原住民圖騰分析。
					生活應用	圖騰設計
5	3D動畫世界	國民中學	藝術—表演藝術	藝術—美術	口頭報告	針對課堂中所觀賞的影片內容，發表個人觀點與想法。
					體感訓練	利用肢體動作模仿名畫中的人物。
					生活應用	名畫人物模仿肢體動作設計及表演。

(續)

	教案名稱	實施教育階段	主科目	副科目	評量策略形式	評量策略內涵
6	叭ㄅㄨ偶戲	國民中學	藝術—表演藝術	藝術—視覺藝術	獨創實作	手偶製作
					體感訓練	偶戲角色分辨
					繪圖	偶戲草圖設計
					紙筆測驗	・偶戲角色分辨 ・故事背景分析

　　從表11-16分析，可知國民中學教育階段評量策略規劃著重下列特點：

　　1. 引導學生深度學習：不論是運用提問回答、學習單紙筆測驗或是獨創實作等形式，教師針對所教授的知識內容範疇設計一系列的問題，用以引導學生進行深入思考與探索，甚至是進一步將課堂所學知識、原理應用至藝術創作等。

　　2. 重視體感訓練：是幫助學生沉浸藝術與感受藝術薰陶的方法之一。透過個人參與或是團體練習等，讓學生親身體驗藝術的美好，訓練肢體及感官對於身處環境的觀察力。讓學生了解藝術即生活，是無所不在的。

　　3. 資料分析歸納能力訓練：不論是透過紙筆測驗或資料蒐集等評量策略，皆是訓練學生分析、歸納資料的能力。即知識、原理、學理不再是單純的記誦，而是反推讓學生思考知識、原理形成的原因，同時也是研究能力培養的基礎。

　　4. 文字表達敘述能力訓練：紙筆測驗規劃時，也能訓練學生的文字表達能力。

　　由前述國民中學教育階段評量策略分析可知此階段學生學習相較於先前分析的國民小學階段，是從探索、主動學習進階到資料分析、文字表達與深入思考的。例如：就同樣口頭報告的實質內涵規劃可窺知，國民中學教育階段不僅訓練學生表達情感或個人想法、觀點，同時也循序漸進培養學生能於口語報告時運用所學學科／領域知識、原理等專業術語。

(三) 高級中學教育階段多元評量策略規劃

表11-17　藝術領域多元評量策略分析表──高級中學教育階段

	教案名稱	實施教育階段	主科目	副科目	評量策略形式	評量策略內涵
1	中世紀人聲	高級中學	藝術—音樂	社會—歷史、公民	紙本報告	利用文字描述自身所感受的樂曲風格。
					口頭報告	能以自己對於課堂所學關於閹伶知識,進行有組織的口頭敘述。
					紙筆測驗	·分辨中世紀樂派與其他樂派風格的差異。 ·能指出聲帶的位置。
					體感訓練	·腹式呼吸法練習。 ·男高音與假聲男高音音色辨別與鑑賞。
2	音樂劇	高級中學	藝術—音樂	社會—公民	提問討論	引導學生觀察、發掘生活周遭的議題。
					體感訓練	以小組的方式,表演《悲慘世界》音樂劇歌曲。
					紙筆測驗	闡明音樂劇由來以及各國音樂劇發展。
					生活應用	以小組團體方式進行音樂劇展演。
3	人聲種類	高級中學	藝術—音樂	藝術生活	生活應用	歌唱比賽。
					體感訓練	音色辨別,播放音樂讓學生分辨人聲種類,以欣賞不同類型聲音之美。

（續）

	教案名稱	實施教育階段	主科目	副科目	評量策略形式	評量策略內涵
4	歌劇	高級中學	藝術—音樂	無	資料蒐集	引導學生蒐集重要社會、環境議題資料。
					體感訓練	音色辨別。
					紙筆測驗	歌劇相關知識、原理測驗。
					生活應用	以分組形式進行戲劇演出。
5	人聲分類	高級中學	藝術—音樂	物理、護理	紙筆測驗	規劃學習單,測驗學生關於巴洛克時期音樂相關知識。
					提問討論	採小組討論方式進行,討論生命議題。
					體感練習	假聲歌唱練習。
					生活應用	卡拉OK比賽。
6	廣告與生活	高級中學	藝術—美術	藝術—音樂	口頭報告	·針對所播放的議題相關影片、新聞等內容,讓學生進行分組討論。 ·以口頭報告的形式,敘明廣告設計題材與製作理念。
					生活應用	將課堂所學的音樂、視覺設計等元素融合,設計一則廣告。
7	舞動華爾滋	高級中學	藝術—舞蹈	社會	提問討論	播放《美女與野獸》,並引導學生注意其中的舞蹈元素。引導學生觀察、歸納出華爾滋的特色。
					體感訓練	模仿《美女與野獸》中,華爾滋的舞蹈動作。

(續)

	教案名稱	實施教育階段	主科目	副科目	評量策略形式	評量策略內涵
					獨創實作	帶領學生將課堂所學關於華爾滋起源地以及傳播地點等，繪製並設計華爾滋世界地圖。
					生活應用	利用華爾滋進行短片或微電影創作，並於校慶或畢業典禮等活動進行發表。
8	跟著音樂劇遊法國	高級中學	藝術—音樂	社會—歷史、地理、公民	生活應用	音樂會禮儀模擬。
					提問討論	引導學生思考音樂劇相關問題，例如：音樂劇起源或是發生背景等。
					提問討論	劇場相關知識、理論回答。
					多媒體應用與學習	讓學生課後蒐集近期音樂劇展演資訊。
9	Dance for Wawa舞動海洋：達悟族樂舞文化賞析與體驗	高級中學	藝術—藝術生活	語文、歷史、生活科技、美術、音樂	口頭發表	觀賞達悟族勇士舞紀錄片。規劃若干問題，讓學生根據問題進行小組口頭發表。
					生活應用	·分組進行達悟族歌舞表演。 ·能利用達悟族拼板舟特色設計生活用品，如提袋或鑰匙圈等。
					紙筆測驗	·利用「美的形式原理」分析達悟族圖騰的特色。 ·達悟族圖騰與文化的連結。

(續)

	教案名稱	實施教育階段	主科目	副科目	評量策略形式	評量策略內涵
10	Hip-Hop達人	高級中學	藝術──藝術生活	資訊	提問討論	播放周杰倫〈稻香〉，引導學生觀察RAP中隱含的議題。
					獨創實作	以環保議題，進行三十二拍文字節奏創作。
					多媒體應用與學習	以Launch Pad發表創作。

1. 社會議題導入：利用資料蒐集或獨創實作等，將重大社會或環境議題導入課程學習中。一方面連結學生的生活情境與學習情境，同時也能利用議題營造學習情境，提供學生知識原理應用之處。如「Hip-Hop達人」教案中的獨創實作，規劃實質內涵以環保議題為創作主題，讓學生據此創作三十二拍的文字節奏。

2. 資料比較分析的能力培養：相較於國民中學教育階段培養學生具備資料分析的能力，高級中學階段更進一步引導學生能立基於各別資料分析的基礎上，進行資料比較與分析。例如：教案「中世紀人聲」中規劃了「分辨中世紀樂派與其他樂派風格的差異」。意即不僅學生能利用課程所學中世紀樂派理論、知識分析音樂，同時還能指出中世紀與其他樂派風格的不同之處，即學生思辨能力的培養。

3. 與人合作溝通：能整合、整理與歸納他人意見或觀點，同時也能向他人闡述個人觀點與想法，整合眾人的意見與想法進行藝術創作或是口頭報告。如教案「Dance for Wawa舞動海洋：達悟族樂舞文化賞析與體驗」中所規劃的口頭報告，實質內涵是採小組口頭發表的形式。在傾聽組員的意見之後，將組員意見與個人意見整合後再進行報告。

4. 統整式學習：例如：音樂劇的起源與發展等，藝術學習必須與其他領域知識整合搭配才能幫助學生深入學習，同時也能增加學習的廣度。如教案「Dance for Wawa舞動海洋：達悟族樂舞文化賞析與體驗」透過紙筆測

驗，讓學生思考圖騰與文化的關聯。

　　5. 生活應用：相較國民小學及國民中學教育階段學生，高級中學學生具備更深厚的知識基礎，評量策略規劃則在此基礎上逐步引導學生將知識理論與生活中所遇問題結合，活用所學的知識。例如：音樂劇展演、文字節奏創作或是其他藝術品創作等。

溫馨小叮嚀

口頭報告作為評量策略，根據教育階段不同或是學生學習需求差異等，具有不同的效果，如下所列。因此，評量策略形式並不侷限於特定教育階段使用，應視學習需求而有不同的規劃內涵。

1. 知識、原理的闡述與應用。

2. 訓練學生聆聽組員或他人意見，並統整成有組織的看法或觀點。

3. 訓練臺風與口語表達能力。

四、多元學習策略規劃與跨學科／跨領域學習的關聯

　　以下將探討跨學科或跨領域課程中，學習評量規劃的方向與互相影響關係。

　　從表11-18可發現不論是跨學科或跨領域課程，其評量策略規劃與設計，均達到主科目與副科目整合設計。在此設計理念前提下，評量策略規劃對學生學習扮演了相當重要的角色，說明如下：

　　1. 提升學習興趣：教案9「Hip-Hop達人」帶領學生以Launch Pad發表文字節奏創作，與時代科技進步俱進。又教案17「神祕說書人一鷸蚌相爭」從表演藝術角度，重新演繹傳統的說書人角色。連結學生的生活情境與學習情境，從較貼近學生生活時代的Launch Pad（音樂創作軟體）或是表演藝術作規劃，以提升學生的學習興趣。

表11-18 跨學科／領域教案中的多元評量策略

	教案名稱	主科目	副科目	評量策略內涵	跨學科／領域與評量策略規劃的關係
1	中世紀人聲	藝術──音樂	社會──歷史、公民	能以自己對於課堂所學關於闔伶知識，進行有組織的口頭敘述。	與公民的連結：帶領學生了解並深思闔伶發展背後的人權、性別或是社會相關議題。
				分辨中世紀樂派與其他樂派風格的差異。	與歷史的連結：社會環境對於音樂樂派發展的影響。
2	音樂劇	藝術──音樂	社會──公民	引導學生觀察、發掘生活周遭的議題。	培養學生具備公民責任與公民意識，能夠運用所學音樂知識，追求公平正義、尊重他人，主動關懷社會、環境議題等。
3	歌劇	藝術──音樂	無	引導學生蒐集重要社會、環境議題資料。	與公民連結：從某一音樂劇中隱含的議題，引導學生主題關懷，並蒐集重要社會、環境議題。
				以分組形式進行戲劇演出。	與表演藝術連結：歌劇的組成成分不僅有音樂，還有劇情、舞臺設計規劃等。
4	人聲分類	藝術──音樂	物理、護理	假聲歌唱練習。	聲帶發聲原理。
5	廣告與生活	藝術──美術	藝術──音樂	將課堂所學的音樂、視覺設計等元素融合，設計一則廣告。	不論是主科目──美術，或是副科目──音樂，都是廣告構成的元素，透過學科知識整合應用才能進行廣告設計製作。

(續)

	教案名稱	主科目	副科目	評量策略內涵	跨學科／領域與評量策略規劃的關係
6	舞動華爾滋	藝術—舞蹈	社會	帶領學生將課堂所學關於華爾滋起源地以及傳播地點等，繪製並設計華爾滋世界地圖。	引導學生了解並分析華爾滋起源或傳播的地區與方式，與其當時的社會政治、經濟及文化的關係。
7	跟著音樂劇遊法國	藝術—音樂	社會—歷史、地理、公民	引導學生思考音樂劇相關問題，例如：音樂劇起源或是發生背景等。	與歷史、地理、公民作連結。藉由音樂劇推敲，並分析音樂劇主題、發展與傳播等。
8	Dance for Wawa舞動海洋：達悟族樂舞文化賞析與體驗	藝術—藝術生活	語文、歷史、生活科技、美術、音樂	觀賞達悟族勇士舞紀錄片。規劃若干問題，讓學生根據問題進行小組口頭發表。	透過問題提問，引導學生認識達悟族樂舞背後隱含的歷史、音樂及美術關係。
				達悟族圖騰與文化的連結。	帶領學生觀察達悟族圖騰與文化發展的關聯。
9	Hip-Hop達人	藝術—藝術生活	資訊	以Launch Pad發表創作。	讓學生了解藝術發表或是創作的形式是與時俱進的。在科技發達影響下，藝術表達又是呈現何種面貌？與傳統的表達方式、媒體又有何差異或是特色？
10	梁山伯與祝英台的音樂	藝術—音樂	藝術—表演藝術	以小組合作方式，擇定一小段〈梁祝〉樂曲，並將內容以戲劇的方式呈現。	將音樂轉化為戲劇的形式，以表達同樣的故事或情感，並體會兩種不同藝術形式。

（續）

	教案名稱	主科目	副科目	評量策略內涵	跨學科/領域與評量策略規劃的關係
11	配色	藝術—視覺藝術	藝術—表演藝術	色彩配色應用，包括空間布置配色、造型配色等。	將視覺藝術配色原理運用至表演藝術中的空間、造型色彩搭配設計。
12	色彩動起來	藝術—表演藝術	藝術—視覺藝術	針對所觀看的影片內容提問，引導學生注意肢體動作與色彩的意象連結。	引導學生在進行肢體表演藝術時，加入視覺藝術—色彩的元素。
13	原住民圖騰	藝術—視覺藝術	藝術—音樂	於課堂播放影片、動畫等讓學生觀賞，再以提問的方式引導學生思索藝術如何表達、呈現在地人文風俗的關係。	從原住民圖騰（視覺藝術）引導學生發掘隱含其中的在地人文風俗，再進一步引導學生思考如何以音樂的角度，探索隱含其中的在地人文風俗。
				讓學生探索並蒐集自己家鄉的風土民情資料。	
14	3D動畫世界	藝術—表演藝術	藝術—美術	利用肢體動作模仿名畫中的人物。	從名畫人物肢體動作模仿再到設計表演，引導學生從表演藝術的角度重新欣賞名畫中的人物畫像。另一方面，也拓展了表演藝術題材的廣度。
				名畫人物模仿、肢體動作設計及表演。	
15	ㄅㄆㄇ偶戲	藝術—表演藝術	藝術—視覺藝術	手偶製作	將視覺藝術—手偶戲的元素，融入至表演藝術當中，以豐富表演藝術的內容與廣度。
				偶戲草圖設計	

（續）

	教案名稱	主科目	副科目	評量策略內涵	跨學科／領域與評量策略規劃的關係
16	解構、重組、新造型	藝術—表演藝術	藝術—視覺藝術	利用手邊現有的回收品，根據自己設計的角度特質等進行角色道具或服裝製作。	運用視覺藝術所學的知識、原理等，進行道具或服裝製作，以豐富表演藝術內容。
17	神祕說書人—鷸蚌相爭	藝術—表演藝術	國語文	按自己設計繪製的漫畫，並以表演藝術的形式進行課文故事敘述，以同儕投票評分。	將表演藝術的特色運用至國語文課文敘述，讓課文敘述方式更多元、生動。
18	音符家族大合照	藝術—音樂	藝術—視覺藝術	將抽象的音符利用聯想力，化為具體事物或形象，進一步作為教室彩繪創作。	帶領學生將音樂符號轉化為具體形象或圖案等，培養學生的聯想力以及創造力。
19	詩中一幅畫	藝術—視覺藝術	國語文	能根據心中對於詩的感受，擇定適合的藝術創作媒材進行創作。 訓練學生以具組織統整的語言說明：1.創作媒材的選擇與運用；2.文字轉化為圖像的思考邏輯。	帶領學生將文學內涵轉化為創作題材與內容。文字、思想（國語文）與圖像、色彩或是媒材（視覺藝術）之間的互相轉化，兩者互為輔助，以開拓學生的學習廣度與深度。

　　2. 開拓學習視角：教案1「中世紀人聲」分別由公民、歷史的角度探討中世紀閹伶的人權問題，並從歷史變遷、時代環境氛圍與音樂樂派探討音樂派的發展。教案2「音樂劇」則是從公民培養的角度，引領學生發掘音樂劇

中隱含的議題，並能培養學生成為主動關心、發掘生活周遭的社會、環境議題的公民。教案6「舞動華爾滋」就社會領域中的地理、歷史等觀點，引導學生了解並分析華爾滋起源或傳播方式，讓學生了解藝術的發展與時代氛圍的關係。又如教案8「Dance for Wawa舞動海洋：達悟族樂舞文化賞析與體驗」，以達悟族圖騰文化探究其歷史、語言及音樂的關係，讓學生知道所有人、事、物皆是互相影響，牽一髮而動全身。而這樣的設計理念，可以培養學生從不同的學科或領域的知識視野，重新審視同一人、事、物，以達到深入學習並融會貫通。

3. 學理整合與應用：教案5「廣告與生活」帶領學生拆解廣告組成元素，讓學生了解廣告並非單純的視覺藝術，副科目——音樂也是廣告製作與構成的關鍵元素。並透過廣告製作評量此策略，讓學生練習將所學知識、原理進行整合應用。教案12「色彩動起來」在教導學生肢體表演藝術時加入視覺藝術——色彩的元素，透過不同學科的知識、原理，豐富表演藝術內涵與形式。教案15「叭ㄅㄨ偶戲」及教案16「解構、重組、新造型」亦是同樣的設計理念，帶領學生整合所學知識、原理等進行藝術創作，以深化藝術創作、鑑賞的內涵與廣度。

4. 豐富藝術創作內涵：如何帶領學生尋找並發掘藝術創作的主題或是激發其思想、情感等，並轉化為創作主題，副科目提供了相當多元且豐富的切入角度。例如：表11-16教案10「梁山伯與祝英台的音樂」、教案14「3D動畫世界」與教案19「詩中一幅畫」，其副科目分別為表演藝術、美術及國語文。不論是將相同的作品如樂曲〈梁祝〉轉化為戲劇形式，或是將畫作的人物肢體動作轉化為表演藝術的肢體表演，乃至於將具體的文學作品轉化為視覺藝術創作等，都是表演藝術、視覺藝術創作主題的探索。

將跨學科或跨領域的主、副科目整合，並作為評量策略規劃的實質內涵，對於學生的學習具有相當助益。這樣的設計理念從主、副科目互相對調教案的評量策略規劃，更可看出其豐富且多元的面向。下舉國語文跨藝術、藝術跨國語文教案中的評量策略內涵規劃作闡述。

表11-19 國語文跨藝術與藝術跨國語文評量策略內涵規劃比較表

	教案名稱	教案類型	主科目	副科目	評量策略內涵
1	國文音樂相遇	國語文跨藝術	國文	音樂	能夠運用具體事物表達抽象的音樂或聲響。
					利用國語文修辭技巧,將所聽到的音樂轉化為文字敘述。
					聆聽鈴聲或微電影配樂等,透過想像力將音樂化為動人的文字。
2	神祕說書人—鷸蚌相爭	藝術跨國語文	藝術—表演藝術	國語文	訓練學生在閱讀課文之後,以具邏輯及組織的口語表達方式講述課文大意。
					將課文內容轉換為漫畫。
					按自己設計繪製的漫畫,以表演藝術的形式進行課文故事敘述,並同儕投票評分。
3	詩中一幅畫	藝術跨國語文	藝術—視覺藝術	國語文	以口頭發表方式,闡明個人對某一首詩詞的感受(以人、事、時、地、物)。
					能根據心中對於詩的感受,擇定適合的藝術創作媒材進行創作。
					訓練學生以具組織統整的語言說明:1.創作媒材的選擇與運用;2.文字轉化為圖像的思考邏輯。

　　表11-19教案1為國語文跨藝術,即主科目為國語文,教授知識範疇為運用文字描述、重現各種聲音變化與特色,並以〈明湖居聽書〉為講述教材。副科目為音樂,帶領學生欣賞韋瓦第的〈四季〉,並觀察曲中以音樂的方式表達四季的各種聲響。不論是文字或是音符描述聲響,都是需要作者的想像力與聯想力,因此,第一個評量策略則是啟發學生的想像力與聯想力,將所

聽見的音樂或是聲響化為具體可見的事物。接著訓練學生的文字敘述、描寫能力,將所聽見的音樂或聲響轉化成文字。在此副科目—音樂所扮演的角色之一,便是豐富學生的國語文描寫能力,同時也是文字創作、書寫的題材之一。

　　表11-19教案2及教案3則是藝術跨國語文,主科目分別為表演藝術與視覺藝術,副科目皆為國語文。以副科目—國語文引導學生進行表演藝術與視覺藝術創作的主題、內涵的發想與挖掘。例如:教案2評量策略的第二部分,讓學生將課文內容繪製成漫畫,即將文字轉換為圖像。漫畫情節架構、風格、筆觸、色彩的搭配等,均必須圍繞著所選的課文內容,如何在此框架限制之下,以漫畫的形式忠實表達原文所欲表達的思想或情感等。

　　從前述三則教案中可明白了解跨領域中,主、副科目對於學生學習相輔相成的作用。當主、副科目對調之後,其在學生學習過程中所扮演的角色亦有所不同,連帶將影響評量策略的規劃。

第四章　跨領域課程多元評量策略設計與實踐

一、自然跨藝術領域多元評量規劃

　　本章主要探討以自然領域任一學科或是數學領域為主科目,以藝術領域任一學科為副科目的跨領域課程評量策略規劃形式與內涵。另外,上一章節則介紹了以藝術領域任一學科為主科目的跨學科或跨領域課程多元評量策略形式與內涵。據此觀察領域課程特色對於多元評量策略形式與內涵的影響,以及跨學科或跨領域課程對於多元評量策略形式與內涵規劃的影響。

　　首先表11-20歸納了自然跨藝術領域課程多元評量策略規劃,包括評量形式與所規劃的實際內涵。

表11-20 自然跨藝術領域核心素養導向多元評量策略規劃一覽表

	教案名稱	主科目/領域	副科目/領域	評量策略形式	評量策略內涵
1	彈「指」色變—指示劑的介紹與應用	化學/自然	視覺藝術/藝術	·實驗操作	酸鹼反應
				·筆試	記錄實驗結果
2	酸鹼指示劑	化學/自然	視覺藝術/藝術	·筆試	(1)實驗結果記錄 (2)申論題
				·口頭報告	以小組發表方式,分享實驗結果以及酸鹼指示劑使用方式。
				·實驗操作	酸鹼反應
3	氧化還原	化學/自然	視覺藝術/藝術	·提問討論	蠟燭的顏色
				·實驗操作	操作焰色蠟蠋燃料錠
				·筆試	實驗結果記錄
				·生活應用	控制煙火的形狀及高度
4	酸鹼反應	化學/自然	視覺藝術/藝術	·實驗操作	酸鹼反應
				·筆試	實驗結果記錄
				·生活應用	利用試劑調色,並用來創作上色。
5	多采多姿的生態系—森林生態系	生物/自然	視覺藝術/藝術	·提問討論	(1)根據觀看影片回答問題 (2)根據所閱讀的相關文獻回答問題
				·口頭報告	報告小組蒐集的樹葉種類與顏色的關係
				·紙本報告	申論題
6	化學反應當中的沉澱反應	化學/自然	視覺藝術/藝術	·實驗操作	實驗用廢液處理操作
				·筆試	實驗結果記錄
				·多媒體應用與學習	利用縮時攝影APP拍攝創作過程(以沉澱原理做出各種色彩)

(續)

	教案名稱	主科目／領域	副科目／領域	評量策略形式	評量策略內涵
7	演化與生物多樣性	生物／自然	視覺藝術／藝術	・提問討論	蟲媒花的鮮豔顏色
				・口頭報告	以小組發表的方式進行
8	酸鹼中和（指示劑）	化學／自然	視覺藝術／藝術	・口頭報告	分析實驗操作情形
				・筆試	實驗結果記錄
9	光學─折射	物理／自然	視覺藝術／藝術	・提問討論	請學生討論日常生活中事物色彩現象
				・筆試	光學折射相關問題申論
10	光學	物理／自然	視覺藝術／藝術	・提問討論	以小組的方式討論光學現象
				・實驗操作	製作光譜儀
11	自然界的現象與交互作用	物理／自然	視覺藝術／藝術	・實驗操作	自製手搖手電筒
				・筆試	電磁感應原理
12	薄膜干涉與七彩繽紛的光碟片	物理／自然	視覺藝術／藝術	・筆試	配合學習單，讓學生繪出光的干涉情形
				・筆試	讓學生思考廢棄光碟片對於環境的影響
				・生活應用	引導學生以廢棄光碟片進行藝術作品創作（減少廢棄光碟片數量）
13	光學	物理／自然	視覺藝術／藝術	・口頭報告	以小組的方式報告肥皂泡泡顏色現象
				・實驗操作	以不同的雷射光或是鎢絲燈照射光碟片，並記錄實驗過程。
				・生活應用	引導學生利用所學原理，應用至紙鈔辨識、眼鏡鍍膜等。

以上十三組自然跨藝術課程多元評量策略形式與內涵，其特點如下：

1. 評量策略形式多元，包括筆試、提問討論、實驗操作或是口頭報告等。

2. 評量策略兼顧總結性與歷程性，不僅利用筆試了解學生的學習成效，同時也透過實驗操作與記錄實驗結果等方式，了解學生的學習情形與過程。

3. 著重科學文本閱讀能力與資料分析、歸納能力的訓練。因此，配合學習單或是相關影片觀看等，規劃了口頭報告、紙本報告等評量內容。

二、數學跨藝術領域多元評量規劃

表11-21　數學跨藝術領域核心素養導向多元評量策略規劃一覽表

	教案名稱	主科目／領域	副科目／領域	評量策略形式	評量策略內涵
1	地磚的美學	數學	視覺藝術／藝術	・口頭報告	以小組為單位觀察地磚，並說明、歸納出直角三角形三邊關係。
				・筆試	能利用畢氏定理推算出直角三角形斜邊長度。
				・生活應用	讓學生應用畢氏定理設計，並畫出「畢氏樹」。
2	數列與級數—遞迴關係	數學	美術／藝術	・生活應用	配合學習單，引導學生利用所學原理算出地磚圖形。
3	藝術中的比例與一元二次方程式	數學	美術／藝術	・生活應用	能利用比例原理說明著名建築或是商標比例（黃金比例或是白銀比例）
				・筆試	能利用白銀比例推算題目（配合學習單）

（續）

	教案名稱	主科目／領域	副科目／領域	評量策略形式	評量策略內涵
4	由黃金比例探討無理數	數學	美術／藝術	·筆試	能利用黃金比例推算題目（配合學習單）
				·生活應用	(1)畫出五芒星 (2)製作黃金比例尺
5	畢氏鸚鵡尺	數學	視覺藝術／藝術	·生活應用	應用畢氏定理摺出「鸚鵡螺尺」

以上五組數學跨藝術課程多元評量策略形式與內涵，其特點如下：

1. 評量策略形式多元，包括筆試、動作操作或是口頭報告等。

2. 連結生活情境與學習情境：帶領學生從日常生活找出或觀察隱藏的數學現象或問題。

3. 將抽象化為具象：讓學生應用所學數學原理做數學，將抽象的數學公式或原理化為具象。

三、跨領域課程規劃與多元評量規劃的關係

從上面章節分析可知，以主科目／領域為藝術、自然及數學所規劃的核心素養導向課程，其多元評量策略規劃形式相當多元；同時也展現了不同學科及領域的特色，例如：同樣安排了動手操作評量，藝術領域可能是運用所學知識、技能進行藝術品創作，而數學領域則是應用所學數學原理製作出「鸚鵡螺尺」。

前述所介紹的三種跨領域課程的多元評量策略規劃內容，可再深入觀察所跨學科或領域，即文中所言的「副科目或副領域」對於多元評量策略規劃的影響。

1. 生活應用：不論是應用數學知識繪製五芒星，還是利用氧化還原原理設計控制煙火色彩。評量策略規劃整合了主、副學科知識，引導學生將數學公式、物理原理、化學原理等應用至解決生活問題。

2. 領域知識整合：活用自然或數學知識、原理，引導學生以調色、摺

紙等進行藝術作品創作，讓學生了解不同領域之間的知識、原理並非孤立存在，而是整合運用的。

3. 拓展學習視角：引導學生觀察整齊排列的地磚，並找出其中的數學原理，或是從樹葉、生物顏色發掘並推測所處的生態系，甚至從煙火繽紛的色彩探索隱含其中的化學原理、知識等。即引導學生從所學的不同學科／領域知識視角探索同一事物，拓展學生的學習視野。

國家圖書館出版品預行編目資料

核心素養導向課程設計：理論、方法、實作技
　巧與研究／黃瑞菘著. ——初版.——臺北
市：五南圖書出版股份有限公司，2018.06
　面； 公分
　ISBN 978-957-11-9730-2（平裝）

1.國民教育　2.核心課程　3.課程規劃設計

526.8　　　　　　　　　　107007289

1I1U

核心素養導向課程設計
理論、方法、實作技巧與研究

作　　者— 黃瑞菘（306.6）

發 行 人— 楊榮川

總 經 理— 楊士清

總 編 輯— 楊秀麗

副總編輯— 黃文瓊

責任編輯— 張苙珊、陳俐君、李敏華

封面設計— 陳姿穎、黃瑞菘、姚孝慈

出 版 者— 五南圖書出版股份有限公司

地　　址：106台北市大安區和平東路二段339號4樓

電　　話：(02)2705-5066　　傳　　真：(02)2706-610

網　　址：https://www.wunan.com.tw

電子郵件：wunan@wunan.com.tw

劃撥帳號：01068953

戶　　名：五南圖書出版股份有限公司

法律顧問　林勝安律師事務所　林勝安律師

出版日期　2018年 6 月初版一刷
　　　　　2021年12月初版六刷

定　　價　新臺幣440元

經典永恆・名著常在

五十週年的獻禮 —— 經典名著文庫

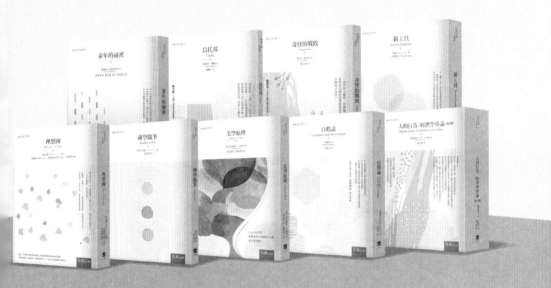

五南，五十年了，半個世紀，人生旅程的一大半，走過來了。

思索著，邁向百年的未來歷程，能為知識界、文化學術界作些什麼？

在速食文化的生態下，有什麼值得讓人雋永品味的？

歷代經典・當今名著，經過時間的洗禮，千錘百鍊，流傳至今，光芒耀人；

不僅使我們能領悟前人的智慧，同時也增深加廣我們思考的深度與視野。

我們決心投入巨資，有計畫的系統梳選，成立「經典名著文庫」，

希望收入古今中外思想性的、充滿睿智與獨見的經典、名著。

這是一項理想性的、永續性的巨大出版工程。

不在意讀者的眾寡，只考慮它的學術價值，力求完整展現先哲思想的軌跡；

為知識界開啟一片智慧之窗，營造一座百花綻放的世界文明公園，

任君遨遊、取菁吸蜜、嘉惠學子！